Henry BLOUD

AVOCAT A LA COUR D'APPEL DE PARIS
DOCTEUR EN DROIT

LE
PROBLÈME COTONNIER

ET

L'AFRIQUE OCCIDENTALE FRANÇAISE

UNE SOLUTION NATIONALE

PARIS
LIBRAIRIE ÉMILE LAROSE
11, RUE VICTOR-COUSIN, 11

1925

LE PROBLÈME COTONNIER

ET

L'AFRIQUE OCCIDENTALE FRANÇAISE

UNE SOLUTION NATIONALE

Henry **BLOUD**

AVOCAT A LA COUR D'APPEL DE PARIS

DOCTEUR EN DOIT

LE
PROBLÈME COTONNIER

ET

L'AFRIQUE OCCIDENTALE FRANÇAISE

UNE SOLUTION NATIONALE

PARIS

LIBRAIRIE EMILE LAROSE

11, RUE VICTOR-COUSIN, 11

1925

LE PROBLÈME COTONNIER

ET

L'AFRIQUE OCCIDENTALE FRANÇAISE

UNE SOLUTION NATIONALE

INTRODUCTION

1. — L'importance de la question cotonnière. La production mondiale. La consommation mondiale et la consommation française. Les prix et l'influence du change. Le quasi-monopole des Etats-Unis. L'effort de production coloniale par la France et l'Angleterre.

2. — L'Afrique Occidentale Française. Aperçu géographique cultural et administratif.

3. — Notions élémentaires sur la culture cotonnière et l'utilisation du cotonnier.

Si les idées mènent le monde et si la valeur morale des peuples, comme celle des individus, est la source profonde de leur bien-être, les événements politiques qui ont accumulé les ruines matérielles depuis 1914, n'en ont pas moins donné aux questions économiques une importance de premier ordre.

L'attention générale a été portée avec intensité sur le besoin de reconstituer les richesses détruites par cinq années de guerre et de se procurer les matières premières indispensables à la vie : le blé, le charbon, le pétrole, les métaux, les textiles. De là, les termes généraux : politique du blé, politique du pétrole, etc...

Parmi les matières premières, le coton est, sans conteste, une des plus importantes. Le coton est le textile par excellence des classes laborieuses. Il n'y a donc pas lieu de s'étonner que si les classes prolétariennes aspirent à plus de bien-être sur toute la surface du globe, la consommation de cette matière première prenne un grand développement, qu'accroîtra rapidement la création de voies de communication pénétrant de plus en plus profondément dans les centres populeux de l'Asie et de l'Afrique. Le monde jaune, le marché asiatique avec ses centaines de millions d'habitants fournira peut-être un jour un débouché important à l'exportation européenne malgré la concurrence de l'industrie américaine, japonaise, chinoise et indienne. Une augmentation, si faible soit-elle, du pouvoir d'achat individuel de 750 millions d'asiatiques représente évidemment un chiffre énorme dont l'influence se fera sentir sur les marchés du monde. Il faut songer que parmi le milliard et demi d'habitants que renferme la terre, il n'y en a que 500 millions complètement vêtus, 750 millions ne connaissant qu'imparfaitement l'usage du vêtement et pour le moins 250 millions ne le connaissant pas du tout. Afin de pourvoir à l'habillement de l'humanité entière, la production annuelle de coton devrait s'élever pour le moins à 42 millions de balles.

La production réelle est loin de correspondre à ce chiffre (1).

Le problème cotonnier se pose donc avec force pour le monde entier. Il se pose particulièrement pour notre pays, surtout depuis la fin de la guerre.

*
* *

En 1921-1922 et 1922-1923, le monde entier a produit environ 16.000.000 de balles de coton et, pour le moment, il en consomme annuellement 20.000.000. Cette consommation augmentera sensiblement le jour

1. D'après le « Cotton Year Book » de 1918 cité par Yves Henry « Plantes à fibres » la production mondiale du coton est la suivante, en balles, en tenant compte du poids respectif des balles d'après leur origine: 220 kilos pour l'américaine, 333 kilos pour l'égyptienne, 180 pour l'Inde. Etats-Unis, 15.000.000 (64 o/o) ; Inde, 5.250.000 (18 o/o) ; Egypte 1.000.000 (6 o/o) Russie 800.000 (4 o/o); Chine 400.000 (2 o/o) ; Brésil 400.000 (2 o/o); Divers 1.150.000 (4 o/o). Les Etats-Unis sont les plus gros producteurs. La récolte varie entre 9.000.000 et 15.000.000. Les récoltes mondiales influencées par la situation du marché et la température varient dans une proportion allant jusqu'à 33 o/o.

où l'Europe Orientale, la Russie et la Chine seront rentrées dans l'ordre économique.

Jusqu'en 1916, la consommation mondiale était de 21.000.000 de balles et la production ne la dépassait pas de beaucoup, cependant chaque année amenait des variations importantes. Durant quatre ou cinq ans, la production et la consommation baissèrent jusqu'à 19.000.000 de balles en moyenne. Pendant les années 1923-1924 la consommation a été en augmentation, et il est évident que le monde consomme actuellement plus de 20.000.000 de balles (1) alors que la production

1. Les besoins de la consommation sont indiqués appproximativement par le nombre de broches existant dans chaque pays et les balles sont comptées au poids de 200 kilos adopté dans l'Ouest-Africain.

Grande–Bretagne.	60.000.000	broches exigeant		5.500.000 b.
France............	9.600.000	—	1.200 à	1.300.000 b.
Allemagne........	9.000.000	—	1.100 à	1.200.000 b.
Italie............	4.000.000	—		700.000 b.
Tchéco-Slovaquie.	3.600.000	—		600.000 b.
Espagne..........	1.800.000	—		400.000 b.
Belgique..........	1.600.000	—		350.000 b.
Suisse............	1.450.000	—		300.000 b.
Pologne..........	1.000.000	—		250.000 b.

Noter que l'industrie polonaise est en progression rapide et que le marché russe peut lui ouvrir un jour un immense débouché. Suède, Hollande, Portugal, Finlande, Danemark et Norvège :

       1.700.000 broches exigeant   400.000 b.

Asie

Indes Orientales.	5.600.000	broches exigeant	700.000 b.
Japon...........	3.700.000	—	600.000 b.
Chine...........	1.300.000	—	400.000 b.

Amérique

Etats-Unis.......	37.000.000	broches exigeant	3.500.000 b.
Canada..........	700.000	—	200.000 b.
Mexique et Brésil.	500.000	—	150.000 b.

Ces chiffres ne sont à accepter qu'à titre d'indication. Les statistiques et le nombre de broches en activité sont variables. De plus l'Asie consomme une part importante de la production dans le tissage à la main.

reste faible, puisqu'elle n'a guère dépassé 16.000.000 de balles durant ces dernières années.

En d'autres termes, si on se base sur la consommation de l'année 1923, consommation aussi importante en 1924, le monde consomme près de 4.000.000 de balles de plus qu'il n'en produit et vit sur des réserves. Au 1ᵉʳ août 1921, les réserves mondiales étaient de 14.000.000 de balles ; au 1ᵉʳ août 1922, elles n'étaient plus que de 9.000.000. Si la consommation continue à être telle, les réserves sont appelées à être très réduites, à moins de récoltes exceptionnellement productives.

Les Etats-Unis, principal producteur de coton, voient depuis quelques années leur récolte diminuer, surtout par le fait du manque de main-d'œuvre. Les noirs des Etats du Texas, de la Louisiane, du Mississipi et de la Géorgie, jusqu'ici spécialisés dans la culture du coton, sont attirés par les hauts salaires de l'industrie, le bien-être apparent des villes, et émigrent même dans les villes du Nord.

Les besoins dépassent 21.000.000 de balles. Remarquons que la Grande-Bretagne possède plus de 40 o/o des broches du monde entier avec 60.000.000 de broches. Les Etats-Unis viennent immédiatement après avec 37.000.000 de broches, la France ensuite avec 9.600.000 de broches. Viennent ensuite comme consommateurs importants l'Allemagne, les Indes, le Japon, l'Italie, la Tchéco-Slovaquie, la Chine, la Pologne, l'Espagne, la Belgique et la Suisse.

La consommation française qui, par suite de la crise économique, n'avait pas atteint 800.000 de balles en 1921, est montée à 1.179.000 de balles en 1923 et il ne paraît pas exagéré de prévoir en période normale une consommation de 1.300 à 1.400.000 de balles (1).

Les filatures et tissages de coton occupent environ 250.000 ouvriers. Avec les draperies, bonneteries, teintureries et industries diverses, l'effectif des ouvriers travaillant le coton est d'environ 300.000 ouvriers. Si on ajoute les membres des familles de ces ouvriers, entretenus par eux, les commissionnaires, les ouvriers de la confection, de l'ameublement, etc.., transformant ou travaillant les tissus de coton, il ne semble pas exagéré de dire que l'industrie du coton fait vivre environ un million de Français.

* * *

Nous avons vu combien la production était insuffisante par rapport à la consommation. Il s'ensuit que les

1. Dans les quinze années précédant la guerre nos importations de coton étaient voisines d'un million de balles de 200 kilos par an.

De 1914 à 1918 inclus, nos entrées de coton furent d'environ 1.200.000 de balles annuellement, représentant 3 milliards et demi de francs (moyenne annuelle, 700 millions). Afin d'éviter la hausse des prix par la concurrence entre industriels acheteurs, il fut créé un consortium cotonnier, analogue aux divers consortiums, laine, pétrole, bureau des charbons, etc... Ce consortium avait le monopole d'achat aux producteurs et le monopole d'importation. Il cédait le coton aux industriels en tenant compte des marchés passés avec l'Armement, l'Intendance ou le service de Santé et les besoins de la population civile. Le consortium du coton liquidé à la fin des hostilités a laissé un solde bénéficiaire d'une vingtaine de millions, mis à la disposition du ministre du Commerce.

Une fraction importante de ces 20 millions est passée au ministère des Colonies en vue d'encourager la culture du coton dans les colonies. Le retour de l'Alsace-Lorraine à la France a augmenté d'environ 2.000.000 le nombre des broches françaises et d'environ 400.000 de balles les besoins de la consommation.

prix de vente, même abstraction faite de la dévalorisation du franc, atteignent un niveau inconnu jusqu'à ce jour, si ce n'est durant la guerre de Sécession. Dans les années précédant la guerre, le coton valait au Havre environ de 70 à 80 francs les 50 kilos, soit de 250 à 320 francs la balle de 200 kilos. Ces dernières années, le coton est coté au Havre un prix variant entre 500 et 1.000 francs les 50 kilos, soit de 2.000 à 4.000 francs la balle de 200 kilos. Mais si les prix ont décuplé, c'est qu'aux difficultés provenant de l'insuffisance de la production sont venues s'ajouter celles causées par la crise des changes. Les Américains fournissent les huit dixièmes du coton importé en France ; le reste provient d'Egypte, et, pour une très faible part, des Indes. Nous avons un exemple frappant de l'influence de la dépréciation du franc par rapport au dollar et à la livre sur les prix des matières premières dans la variation des cours du coton, marchandise à prix éruptifs. Sous l'influence de la hausse du dollar, lors de la fameuse offensive contre le franc en février 1924, le coton, ce même mois, a franchi au Havre le cours de 1.000 francs les 50 kilos, soit 4.000 francs la balle. Jamais on n'avait vu, depuis le début de la guerre le coton à un si haut prix. En avril 1920, on avait connu la parité de 970 francs, puis en mars 1924 on a vu le coton au Havre à 1.050 fr. sous la pression du dollar coté à 26 fr. 26, ce qui remettait le coton de filature à 4.200 francs la balle.

L'importation de coton en France, en 1923, a été de 1.179.000 de balles, soit en chiffres ronds 1.200.000 de balles, mais les besoins sont supérieurs à 1.300.000 de balles. 1.200.000 de balles à 4.200 francs la balle représenteraient une exportation de capitaux de 5.080.000.000.

On peut soutenir que depuis la fin des hostilités l'approvisionnement du pays en coton a coûté une moyenne de 3 à 4 milliards annuellement.

Quand on est obligé de faire des paiements aussi énormes que ceux auxquels nous obligent les variations du change, on imagine facilement les répercussions sur notre situation monétaire et sur le coût de la vie. C'est un devoir de ne pas s'endormir dans une situation pareille, et, d'autant mieux qu'avec le coton, la laine, les oléagineux, le café, le thé, etc..., on a un moyen d'y échapper, c'est de développer la production de ces matières premières ou denrées dans nos possessions d'outre-mer. Ainsi, le problème du change vient aggraver la difficulté des approvisionnements et lui donner un caractère d'acuité qui la souligne à l'attention générale ; mais en dehors même de cet accident, la question de la production coloniale était déjà posée devant la difficulté de plus en plus grande de s'approvisionner chez les fournisseurs traditionnels qui utilisent de plus en plus leur propre production.

* * *

Aux difficultés provenant de l'insuffisance de la production, de la situation monétaire interne, de l'instabilité des changes vient s'ajouter la gêne du quasi-monopole américain. Les récoltes de l'Inde et de la Chine sont consommées dans le continent asiatique. Il est vrai qu'une part de la production indienne vient en Europe, principalement en Angleterre, mais la plupart des filatures, notamment en France, ne peuvent utiliser le coton indien, à fibre courte et ne convenant pas aux machines. Aussi les Etats-Unis ont été et sont encore les grands fournisseurs de l'Europe, livrant à l'Angleterre

75/100 de sa consommation et à la France les 8/10 (1).

L'Angleterre, en vue d'obtenir un approvisionnement suffisant a créé il y a une trentaine d'années une grande association « la British Cotton Growing Association » chargée de susciter dans tous les pays de l'Empire sus-

1. L'Association cotonnière coloniale a exclu l'Indo-Chine de son champ d'action. Quelle que soit la production indo-chinoise, il est à remarquer, en effet, que le coton parvient en Europe grevé d'un frêt élevé provenant de la distance du pays d'origine. Mais là n'est pas la principale cause de l'abstention de l'A. C. C. L'Indo-Chine n'utilise qu'une partie de sa propre production mais nous ne pouvons empêcher la Chine et le Japon d'absorber le disponible pour l'exportation sans employer les mesures de protection qui provoqueraient des représailles douanières sur les autres produits exportés de France ou d'Indo-Chine.

D'ailleurs, la concurrence du Japon s'exerce de façon particulièrement intense. A l'heure actuelle, les Anglo-Indiens ont des filatures et des tissages qui industrialisent le coton pris sur place à Bombay. Sur ce même marché, les Japonais qui n'ont pas de coton chez eux, achètent la matière première, la transportent au Japon, l'y industrialisent et rapportent aux Indes l'objet fabriqué. Et après tant de frais, ils vendent à Bombay même, moins cher que ne vendent les Anglo-Indiens sur place.

En Indo-Chine, la culture est pratiquée dans le Bas-Annam et surtout au Cambodge. La zone de production se divise en deux régions bien distinctes : berges du Mékong, où le coton est cultivé de longue date par l'indigène, et terres hautes, dites terres rouges, où la culture n'a commencé à s'implanter que vers 1918.

La culture des berges qui se pratique après décrue du fleuve, ne s'étend guère sur plus de 20.000 hectares. Elle aurait besoin d'être améliorée en vue de rendements plus importants et de qualités plus relevées. La fibre est courte (18-20 mm.), irrégulière, laineuse, nécessitant des métiers spéciaux. Ce coton est inutilisable dans les filatures françaises. L'avenir est surtout dans l'utilisation des hautes terres ou terres rouges où 2 millions d'hectares, en plusieurs tenants, d'une extrême fertilité sont tout à fait propices à la production du coton. La culture, ne se réglant pas sur les dates de crue et décrue du Mékong, peut y être pratiquée aux époques les plus favorables. Les rendements à l'hectare atteignent plus de la moyenne observée aux Etats-Unis. Le coton des berges s'y est aisément acclimaté et, grâce à la sélection des graines, il donne une fibre de 25-26 millimètres, comme e coton américain, mais un peu plus grosse, plus raide et plus

ceptible d'y participer un développement intensif de la culture cotonnière.

Les Gouvernements de la Métropole, des Dominions et des colonies encouragent énergiquement cette culture et n'hésitent pas à exécuter dans ce but des travaux publics considérables : barrages de fleuves et travaux d'irrigation aux Indes, en Egypte, dans le Soudan Egyptien et en Mésopotamie, routes et voies ferrées en Afrique Orientale, Afrique du Sud, Australie (1).

La France n'est pas demeurée inactive. En 1903, un groupe d'industriels du textile fonda l'Association cotonnière coloniale sous la présidence de l'un d'eux, M. Esnault-Pelterie. Cette association, d'un caractère désintéressé, a pour objet de rechercher les régions des colonies françaises aptes à fournir le coton, d'y encou-

cassante. Néanmoins, ce nouveau coton est utilisable dans les filatures françaises.

L'administration locale et l'initiative privée se sont déjà nettement occupées d'étendre la culture cotonnière sur les terres rouges. Depuis 1915, des crédits budgétaires ont été ouverts pour la création de champs d'essais, la distribution de primes et le développement des routes desservant cette région. D'autre part, le Comptoir industriel cotonnier de Paris s'est fait attribuer une concession de 18.000 hectares. Il a commencé ses opérations en mai 1919. Plus de 2.000 hectares sont mis en culture aujourd'hui. Une usine d'égrenage a été installée à Kompong-Chané avec un matériel du dernier modèle, provenant d'Amérique.

D'autres initiatives se sont manifestées. Le taux élevé et les fluctuations de la piastre indo-chinoise ne sont pas sans contrarier toutefois le mouvement de participation française. Il faut compter aussi avec les faibles disponibilités en main-d'œuvre locale ; il y a là un sérieux obstacle qui pourrait être aplani partiellement par un apport de main-d'œuvre étrangère particulièrement chinoise.

1. L'exportation des tissus de coton représente en Angleterre les 5/6ᵉ de la production. Aussi la question est-elle vitale. La plaie du chômage qui sévit en Angleterre depuis 1919 est due en grande partie aux hauts prix de la matière première et au bouleversement des courants commerciaux.

rager et améliorer l'agriculture, d'y installer des usines d'égrenage et de pressage. Ses moyens furent infiniment moins puissants que ceux de l'Association anglaise. Néanmoins, après une série d'essais plus ou moins heureux, l'Association est arrivée à déterminer, au moins approximativement, les régions où une culture rationnelle peut être établie et à provoquer une production croissante.

D'après ses derniers rapports, la production annuelle coloniale est passée de 3.000 à 5.000 balles avant guerre, à 10.000 balles en 1920-1922 et 45.000 balles en 1923. La production de 1924 est sensiblement supérieure. Mais sur cette production qui représente environ 6 o/o de nos besoins, il faut prendre garde que tout ne vient pas en France. La presque totalité des cotons de l'Indo-Chine, environ 15.000 balles en 1923, reste en Extrême-Orient, notamment au Japon. Une grande part des cotons de l'Afrique Occidentale Française, environ 25.000 balles en 1923, est utilisée sur place par les tisserands indigènes qui font une concurrence active aux tissus manufacturés, en majeure partie de provenance anglaise (1).

Des études et des essais faits depuis vingt ans dans nos diverses colonies, il résulte que ni le Congo, ni la Guyane ne peuvent devenir des pays producteurs. La

1. M. A. Fauchère, Inspecteur général d'Agriculture coloniale estime que nous devons attendre de nos colonies une production de 350.000 tonnes de coton, soit 1.750.000 de balles de 200 kilos (*Le Parlement et l'Opinion*, 20 février 1924). Cette production ajoutée à celle des colonies anglaises et portugaises d'Afrique n'aurait rien d'exagéré, car les industries de l'Europe centrale dépourvue de colonies ont à satisfaire leurs besoins en coton. Remarquons même que des capitanx français importants sont engagés dans l'industrie textile polonaise: nous aurions tout intérêt à la pourvoir.

Nouvelle-Calédonie et les Nouvelles-Hébrides sont simplement aptes à fournir un appoint. A Madagascar, la culture cotonnière est de très minime importance et des essais sérieux n'ont pas encore été faits. Une mission de l'Association cotonnière envoyée à Madagascar dans le 2ᵉ semestre 1924, conclut que la partie ouest de la grande île est apte à devenir un pays cotonnier, mais tout est à créer à ce point de vue dans la colonie. L'Afrique du Nord Française a produit du coton en culture sèche durant la guerre de Sécession alors que les prix étaient devenus prohibitifs. Les hauts prix pratiqués actuellement on fait réapparaître cette culture qui, par suite de l'irrégularité des récoltes causée par la sécheresse, ne peut se maintenir en période normale. Par contre, la culture irriguée au Maroc, en Algérie, notamment dans la vallée du Chéliff et en Tunisie donne les mêmes rendements qu'en Egypte, mais l'absence de cours d'eau importants rend les surfaces irrigables peu étendues. C'est en Indo-Chine et en Afrique Occidentale que la culture du coton est possible sur de vastes espaces et légitime les plus sérieux espoirs.

Nous avons vu qu'il ne fallait pas compter sur l'Indo-Chine pour alimenter les usines européennes. Reste l'Afrique Occidentale française où les essais répétés depuis une vingtaine d'années ont démontré que la culture irriguée comme en Egypte était possible sur une partie importante du cours du Sénégal et du Moyen Niger et la culture sèche sur certains territoires remplissant les conditions voulues de chute annuelle des pluies, hygrométrie et qualité du terrain.

Les débuts des Etats-Unis furent aussi modestes que ceux de l'A. O. F. En 1747, la première exportation de coton des Etats-Unis fut de 7 balles et à leur arrivée en Angleterre, la douane en contestait l'origine, les Etats-Unis étant considérés comme ne pouvant pas produire de coton : ils n'en produisaient pas en effet. En 1784, l'exportation n'était encore que de 71 balles. Or, cent ans après, en 1884, on fêtait aux Etats-Unis le centenaire de l'établissement définitif de la culture du coton dans ce pays. Cette année-là, la récolte fut de 5.700.000 de balles (1).

La lente progression des Etats-Unis ne doit ni nous surprendre, ni nous décourager, car il est démontré que les produits coloniaux, textiles, oléagineux, caoutchouc, café, etc., ne se récoltent pas comme produits naturels du sol. Ils exigent une main-d'œuvre suffisamment éduquée et habilement dirigée, des capitaux, du travail, des exploitations scientifiquement organisées et méthodiquement conduites, des moyens de transport économiques.

L'effort demandé en A. O. F. est immense. Le pays est encore primitif, les Européens y sont en nombre infime et, malgré une expérience de vingt ans, nous sommes à la période des débuts. Dans un pays aussi neuf, avec une main-d'œuvre aussi peu nombreuse et inexpérimentée, il n'est pas douteux que l'entreprise sera longue, mais suivant les données acquises, il n'est pas téméraire d'espérer que l'A. O. F. pourra un jour approvisionner la majeure partie de l'industrie française. Ceux qui encouragent la culture du coton en A. O. F. ne sont pas des visionnaires et sont loin de croire que dans un très proche avenir, ce pays produira des quantités suffisantes pour influencer le marché mondial.

1. M. Lecomte, *La culture cotonnière aux Etats-Unis*, 1 vol. in-16. Paris.

A l'heure actuelle, il s'agit d'organiser ; pour ce faire, on doit s'inspirer de l'exemple des Etats-Unis.

Les Etats cotonniers du sud des Etats-Unis, notamment le Texas (1) ont un climat analogue à celui d'une grande partie de l'Ouest-africain. Leur population rurale, est composée en majeure partie de noirs, descendants des esclaves importés principalement de l'Ouest Africain. La vie sociale, les cultures, la vie économique et l'histoire de ces Etats sont des indications précieuses dans le programme à réaliser en A. O. F.

Cette organisation faite, quel bel avenir s'ouvrira à l'A. O. F.

Dakar est notre port tropical le plus rapproché de la Métropole et la réalisation peut-être assez prochaine du Transsaharien mettra le Niger à cinq jours de Paris. Etant donnée notre situation financière et économique, n'est-il pas utile et urgent d'orienter vers ces régions, non seulement l'attention des intellectuels et des industriels, mais de l'opinion publique tout entière. La proximité de l'Ouest-Africain fait qu'il est appelé à jouer dans l'économie de la France et de l'Europe occidentale un rôle analogue à celui des Etats du Sud aux Etats-Unis ; il paraît utile d'habituer les Français à considérer dès aujourd'hui ces régions comme nos provinces du Sud.

Avant d'entrer dans le vif de notre sujet, rappelons tout d'abord brièvement ce qu'est l'A. O. F., et ses possibilités culturales ; nous donnerons ensuite quelques notions sommaires sur la culture cotonnière.

1. Les Etats cotonniers des Etats-Unis du Sud comprennen principalement l'Arizona, le Texas, la Louisiane, le Mississipi, l'Alabama, la Géorgie et la Caroline du Sud.

II

L'Afrique Occidentale Française

Aperçu géographique. cultural et administratif

Avec l'Afrique du Nord, l'Afrique Occidentale Française formé un immense empire, coupé en deux par un désert, qui n'est pas infranchissable par voie ferrée. Elle comprend huit colonies administrées par des lieutenants-gouverneurs sous l'autorité d'un gouvernement général qui a son siège à Dakar (1).

Ces territoires comprennent le bassin fluvial du Sénégal, la presque totalité du bassin du Niger Supérieur et Moyen, les bassins des petits fleuves cotiers se jetant au sud-ouest et sud dans le golfe de Guinée. Ils couvrent une superficie d'environ 3. millions 900.000 kilomètres carrés (2). La population indigène est de 12.500.000 habitants, soit une moyenne de 3 habitants 20 par kilomètres carré (3) et la popula-

1. Le Sénégal, chef-lieu Saint-Louis ; la Guinée Française, chef-lieu Conakry ; la Côte d'Ivoire, chef-lieu Bingerville, le Dahomey, chef-lieu Porto-Novo ; Le Soudan Français, chef-lieu Bamako ; la Haute-Volta, chef-lieu Ouagadougou ; la Mauritanie, chef-lieu Saint-Louis ; le Niger, chef-lieu Zinder.

2. La Surface de l'Europe, y compris la Russie est de 10 millions de kilomètres carrés. Celle de la France de 550.924 kilomètres carrés. La surface de l'A. O. F. est près de sept fois et demie plus grande que celle de la France.

3. Cependant, ces chiffres donnés d'après les annuaires officiels de l'Administration sont trop pessimistes. L'Administration ne tient compte que de la population soumise à l'impôt et

tion européenne, groupée à Dakar et dans les grands centres, de 12.500 habitants, soit 1 européen pour 333 kilomètres carrés. Sauf de rares exceptions, il n'y a pas encore d'européens en dehors des villes. Presque tous sont fonctionnaires, officiers ou commerçants. Les femmes européennes se chiffrent à environ 2.300. Cependant et depuis 1922, on compte un certain nombre de colons européens établis en dehors des centres. Ce mouvement paraît devoir grandir.

La population indigène appartient à une grande diversité de races et parle une multitude d'idiomes différents (1). Les seules langues écrites sont l'arabe et le français. On trouve au nord les nomades maures et touaregs, qui ne sont pas des noirs, mais des sémites souvent métissés de noirs. Partout ailleurs la population est de race noire et sédentaire, divisée en tribus et villages, sauf les Peulhs au teint cuivré, probablement d'origine éthiopienne, et répandus du Tchad au Sénégal. Parmi ces nombreuses races, les unes sont très proches de l'animalité et atteintes d'une avarie héréditaire comme dans la Basse-Casamance ou cer-

exclut de ses statistiques les vieillards et les enfants. Pour déterminer la population réelle, il convient donc d'augmenter d'un tiers les totaux obtenus dans les recensements de la population sédentaire. La densité de la population est très variable. Alors qu'elle n'atteint pas généralement cinq habitants au kilomètre carré dans la zone nord, et les régions deltaïques du Niger, elle est de quinze habitants au kilomètre carré dans une importante partie du Soudan et de la Côte d'Ivoire et dépasse vingt habitants au kilomètre carré dans certaines régions du Dahomey, du Togo et de la Haute-Volta.

1. Il est vraisemblable que les idiomes sont appelés à disparaître avec le temps et d'autant plus rapidement qu'il n'y a pas de langue écrite. L'étude scientifique du langage d'une humanité primitive ne serait pas sans présenter de l'intérêt au point de vue de la formation et de l'histoire du langage, de la grammaire historique et de la phonétique.

Bloud   2

taines régions de la Côte d'Ivoire et de la Haute-Guinée alors que d'autres, soit par suite d'une longue paix et de la fertilité naturelle du sol, comme au Mossi, en Haute-Volta, soit par suite de rapports déjà anciens avec l'Européen comme les Ouolofs et les Serrères du Sénégal et les Djeddés du Dahomey, jouissent d'un état social plus élevé.

La faible densité de la population n'est pas due à l'insalubrité du pays, généralement sain, ou à la pauvreté du sol, souvent très productif, sauf dans les régions semi-désertiques voisines du Sahara. Un passé historique millénaire et récent, notamment la traite des noirs et de nombreuses guerres intestines ont détruit une notable partie des habitants. L'imprévoyance du noir et sa paresse native, une agriculture primitive et la plaie fréquente des feux de brousse, un état social foncièrement collectiviste sont cause d'une insuffisance de productions alimentaires. L'indigène est insuffisamment nourri. L'absence de réserves alimentaires et de moyens de transport provoquent de véritables cataclysmes dans les régions ou par suite des circonstances atmosphériques une récolte est déficitaire. La mortalité infantile atteint alors des proportions insoupçonnées. Ajoutons à cela l'ignorance des règles élémentaires de la propreté et de l hygiène, l'absence de vêtement pour se protéger du froid, (1) et l'avarie provenant d'un état moral et social rudimentaires.

La religion la plus répandue en A. O. F. est le féti-

1. Il peut paraître étonnant à certains que dans un pays tropical on ait à se protéger du froid. La différence de température entre le jour et la nuit atteint quelquefois 30 degrés au Soudan et au Sénégal. Dans quelques régions et dans la saison d'hiver, la température est de 15 à 18 degrés durant le jour.

chisme ou mieux l'animisme avec ses nombreuses variantes. Les Maures, les Touaregs, les Peulhs, quelques Soudanais et les Sénégalais forment une minorité musulmane. Les missions catholiques, notamment les missions des Pères Blancs, des Pères du Saint-Esprit et des Missions africaines de Lyon ont une influence croissante mais leurs ressources en personnel et en argent sont très insuffisantes.

L'instruction élémentaire n'est donnée qu'à 3/100 de la jeunesse d'âge scolaire.

* * *

Les climats et les productions de l'A. O. F. sont très variés. Ils sont conditionnés principalement par la chute des pluies et le régime des vents. Au point de vue de la chute des pluies, si nous prenons comme point de comparaison le département de la Seine, où la chute annuelle est de 5o à 6o centimètres, nous constatons que la chute annuelle sur les côtes sud de Guinée et de la Côte d'Ivoire est voisine de 3 mètres par an, soit environ six fois plus qu'à Paris. Ces 3 mètres d'eau tombent en majeure partie sous forme de pluies diluviennes durant la saison des pluies. Elles s'espacent ensuite et deviennent moins abondantes. De février-mars à juin, il arrive qu'il ne tombe pas une goutte d'eau. Cette chute annuelle de 3 mètres va en diminuant progressivement si l'on remonte des côtes sud de la Guinée vers le nord. Elle tombe à 2 mètres sur la limite nord de la république de Liberia, à 1 mètre à hauteur de la Casamance, à o m. 5o à hauteur de Dakar, à o m. 25 à faible distance de Tombouctou, à o sur le désert.

Le vent d'est ou harmattan est un vent sec et chaud

provenant du désert, qui, durant la saison sèche, souffle durant de longues semaines plusieurs heures par jour avec des alternatives de calme sur la majeure partie du Soudan septentrional et central, et du Sénégal. Il se déclanche quelquefois subitement avant la fin de la saison des pluies et détruit les récoltes à maturité.

On peut diviser l'A. O. F. en trois grandes zones climatériques.

1° La zone côtière et sud, à climat équatorial, où les chutes d'eau sont abondantes et la température journalière annuelle assez égale, 28 à 30 degrés descendant rarement au-dessous de 20 degrés. On distingue deux grandes saisons, en Guinée, dans l'hinterland de la Côte d'Ivoire, au Dahomey, ainsi que dans la partie méridionale du Soudan et de la Haute-Volta : une saison sèche, de novembre à avril et une saison des pluies, de mai à octobre. Dans les régions côtières de la Côte d'Ivoire et du Dahomey, le climat reste équatorial mais il existe deux saisons des pluies (d'avril à juillet et de septembre à octobre) séparées par deux saisons sèches. Exception faite de cette alternance spéciale des pluies, le climat est le même que dans les régions voisines plus septentrionales avec une hygrométrie plus élevée dûe au voisinage de la mer.

2° La zone centrale, à climat tropical, dite zone des savanes où la saison des pluies commence en juin et se termine en octobre, novembre. La chute annuelle d'eau est sensiblement moins élevée que dans les régions sud (1 m. 50 à 0 m. 75) et la végétation est moins luxuriante. La température n'a plus la même régularité et varie suivant les saisons et le jour ou la nuit entre 10 et 40 degrés ;

3° La zone nord, dite du Sahel fait suite au climat

saharien. La chute annuelle d'eau durant la saison des pluies de juin à octobre, varie entre o m. 25 et o m. 50. Le climat est très chaud et très sec durant le jour, sauf pendant la saison des pluies, froid la nuit.

Ces divers climats sont généralement sains et le pays est habitable pour les Européens, qui y vivent aussi longtemps qu'en Europe à condition de ne pas se livrer eux-mêmes au travail agricole.

*　*　*

Les productions sont aussi variées que les climats. La zone sud ou équatoriale est le pays de la grande forêt, des bois précieux et des bois d'œuvre, des produits naturels, de la cueillette, de la chasse et des cultures riches : cacao, bananes, ananas, huile de palme, caoutchouc, café.

La zone centrale des savanes est surtout agricole. On y cultive le maïs, le mil, le sorgho, l'arachide, le manioc, le coton, les patates et sur quelques terres d'alluvion, le riz.

Dans la zone nord, dit du Sahel, la culture est impossible, sauf sur les cours d'eau et par irrigation. C'est la région des graminées rigides qui nourrissent des troupeaux de bœufs, de chèvres et de moutons et des arbrisseaux épineux, acacias, gommiers, palmiers doume, mimosées.

*　*　*

Le cotonnier croit partout à l'état sauvage en A. O. F. Il est cultivé dans de nombreux villages, à proximité des cases, par l'indigène, qui l'espace dans ses cultures vivrières, en grattant superficiellement la terre avec la houe. Le noir ignore l'usage de la charrue et des animaux de trait. Il plante un peu au hasard et obtient un rendement de 5o à 6o kilos de fibres à l'hectare contre 200 à 250 aux Etats-Unis. Dans la partie sud où la chute d'eau annuelle est supérieure à 1 m. 5o, le cotonnier est souvent attaqué par les insectes et les parasites. Dans la zone médiane dès savanes, où la chute annuelle d'eau est suffisante, le cotonnier donne des fibres assez fines et assez longues pour rivaliser avec le coton américain et la culture sèche paraît possible sur des terrains judicieusement choisis, avec les procédés modernes et scientifiques. Dans la partie centrale et nord de la colonie où la chute annuelle d'eau est inférieure à un mètre, la culture devient aléatoire et le cotonnier est souvent détruit par la sécheresse et le vent d'est ou harmattan. La fibre devient courte et grosse. Elle est plus difficilement utilisable par la filature.

*
  * *

Le Gouvernement général des huit colonies a son siège à Dakar et doit son existence au décret du 16 juin 1895. Ses fonctions et sa compétence ont été successivement élargies ou déterminées par les décrets du 17 octobre 1899, 1er octobre 1902, 18 octobre 1904. Ce dernier décret a doté le Gouvernement général d'un budget de recettes propres, dont le plus important est constitué par les droits de douane perçus à l'entrée et à la sortie des possessions.

Le Gouverneur général est le dépositaire des pouvoirs de la République et a seul le droit de correspondre avec le Gouvernement métropolitain. Il est assisté d'un Conseil de gouvernement dont la composition a été modi-

fiée par le décret du 4 décembre 1920 et qui comprend :
Le général commandant supérieur des Troupes ; le pro-
cureur général, chef du service judiciaire ; le président
du Conseil colonial ; les différents lieutenants-gouverneurs ; les chefs des différentes administrations ou
services, des représentants du commerce et des notables européens et indigènes. Ce conseil siège à Dakar
et tient au moins une session annuelle.

Le Gouvernement général est un organe de coordination et de contrôle. Son autorité ne se superpose pas
à celle des lieutenants-gouverneurs des colonies du
groupe qui conservent leur autonomie administrative et
financière (1).

Chaque colonie a également un Conseil où sont
représentés les Chambres de commerce et les notables
indigènes.

1. Le Gouvernement général exerce une action régulatrice
respectueuse d'une sage décentralisation que les gouverneurs
généraux et notamment M. le gouverneur général Carde s'attachent à appliquer, suivant en cela la tradition de ses prédécesseurs MM. Merlin, Angoulvant, Roume.

III

Notions élémentaires sur la culture cotonnière et l'utilisation du cotonnier (1)

Le cotonnier (2) est un arbuste d'une hauteur moyenne de 1 m. 5o à 2 mètres. Certaines espèces arborescentes atteignent une hauteur de 3 mètres. Sa croissance est rapide. Dans un terrain humide, les graines lèvent après cinq ou six jours. Il atteint sa hauteur normale

1. Voir Yves Henry, *Culture pratique du cotonnier*, 1 vol. in-16 (Challamel) dont nous avons adopté les directives, et Géo Bailleux, chargé de mission du ministère belge des Colonies, *la Culture du coton aux Etats-Unis*, Bruxelles, 1923, 1 vol. in-8.

2. Le cotonnier est un arbuste de la famille des malvacées. Les espèces qui ont fourni les variétés cultivées dans les centres de production d'Amérique, d'Egypte, des Indes et du Turkestan se classent en :

Cotonnier des Barbades, Gossypium barbadeuse, originaire des Antilles, qui a pour type le Sea Island, des Iles côtières de la Géorgie, remarquable par la longueur et la finesse des fibres qu'il produit. Il a donné la plupart des variétés à longue soie, qu'elles soient américaines comme le Sea Island, le Géorgie longues soies ou égyptiennes comme l'Abassi ou le Mit–Afifi.

Cotonnier hirsute, Gossypium hirsutum, originaire des régions chaudes de l'Amérique Centrale et du Mexique, donnant des fibres de longueur et de finesse moyenne. On compte aux Etats-Unis plus de 6oo variétés de cotonniers, dont la plupart dérivent des cotonniers hirsutes. Cette espèce a fourni quelques variétés à longue soie, soit par sélection directe, soit par croisement avec le Sea-Island.

Cotonnier herbacé, Gossypium herbaceum. C'est l'espèce indigène asiatique, assez voisine du cotonnier hirsute d'un moindre intérêt pour le planteur. Les fibres sont généralement courtes et grosses. Les cotonniers indigènes de l'A. O. F. appartiennent

en cinq mois et les capsules mûrissent à partir du sixième mois.

Cet arbuste, remarque M. Yves Henry, subit très sensiblement les conditions climatériques et les qualités ou défauts des terres. Outre que leur répercussion est directe sur la qualité des fibres, elles obligent souvent le planteur à adopter un mode de culture déterminé.

Le climat et le sol agissent séparément et par action combinée pour constituer un milieu de culture à caractères nettement déterminés.

Les éléments du climat qui interviennent particulièrement sont le régime des pluies et l'humidité atmosphérique. La température n'a d'importance que lors-

pour la plupart à cette espèce, dont plusieurs variétés donnent des fibres de longueurs et de finesse moyennes, semblables aux produits américains du cotonnier hirsute, mais le plus souvent semblables aux produits de l'Inde ou du Turkestan.

Cotonnier des religieux ou du Pérou, Gossypium religiosum. Cette espèce à grand développement se rencontre dans toute l'Amérique du Sud. Les fibres sont nerveuses et quelquefois longues. Il fournit quelques types culturaux intéressants pour l'industrie, mais l'accolement des graines forme des rognons très gênants à l'égrenage.

Cotonnier arborescent, Gossypium arboreum. Il prend des proportions arbustives et atteint quelquefois une grande dimension. On le cultive à peine pour ses graines et jusqu'ici ne présente pas d'intérêt pour le planteur.

Chacune de ces espèces se subdivise en un très grand nombre de variétés suivant le climat, la nature du terrain, la sélection, les croisements, le mode de culture. La longueur des fibres varie de 3o à 55 millimètres pour les longues soies et de 20 à 28 millimètres pour les courtes soies.

Il y a lieu de retenir que la variété à longue soie Mit-Afifi représente 90 o/o de la production égyptienne et n'est cultivée que par irrigation. Les courtes soies fournissent la grande majorité de la production américaine. La plupart des courtes soies sont cultivées sans irrigation dans des sols ciliceux ou silico-argileux très répandus dans les Etats cotonniers américains et en A. O. F.

qu'elle s'abaisse au point d'amener des gelées ; elle fixe la limite extrême nord et extrême sud de la culture.

Les températures élevées sont sans mauvais effet sur le cotonnier, s'il a par les pluies ou les irrigations une quantité d'eau suffisante. Le régime des pluies est l'élément le plus important du succès de cette culture.

Des chutes abondantes de pluies s'opposent radicalement à la culture, soit qu'elles entravent la récolte, du coton et le pourrissent, soit qu'elles développent à l'excès les parasites et les maladies. Il est rare que l'on puisse se livrer avec profit à cette culture dans les régions où les pluies dépassent 1 m. 25 par an. Dans cette limite même, il est des régions à climat équatorial et à double saison des pluies, comme les régions côtières de la côte d'Ivoire, dans l'Ouest africain, où une culture payante est impossible.

A la température et au régime des pluies s'ajoute le régime des vents, d'une grande importance au Soudan central, septentrional et au Sénégal. Dès la fin de la saison des pluies apparaît le vent d'est ou Harmattan, qui se manifeste avec brusquerie dans la première quinzaine d'octobre. Il arrive qu'il dessèche en quelques jours la végétation dans toute sa vigueur. Il détruit les récoltes lorsqu'il souffle prématurément et cause de grands ravages, quelquefois une véritable famine dans un pays dénué de moyens de transport. On le combat par l'irrigation.

La poussée de la végétation est si rapide durant la saison des pluies que la plupart du temps les récoltes sont faites à l'apparition de l'Harmattan. Il n'en est malheureusement pas ainsi du cotonnier dont la cueillette commence en novembre et se prolonge quelquefois jusqu'en mars. A de nombreuses reprises, l'harmattan a fait échouer les essais de culture cotonnière au Sénégal et au Soudan, faits dans une région trop septentrionale et sujette à l'action de ce vent desséchant. Sa présence rend souvent préférable une culture bisannuelle et même trisannuelle, les plans de 2 et 3 ans offrant une plus grande résistance à la sécheresse (1). L'harmattan nécessite l'irrigation sur les jeunes plants de l'année, tout au moins au Sénégal et dans toute la partie du Soudan où la saison des pluies est courte et la précipitation annuelle inférieure à o m. 8o. La preuve semble faite aujourd'hui qu'il y a lieu de rechercher les terres à coton, à culture rationnelle comme aux Etats-Unis, au sud des régions habituellement parcourues par l'harmattan (2).

1. La culture est annuelle dans tous les pays à culture rationnelle afin d'éviter les maladies et parce que les rendements deviennent inférieurs à partir de la deuxième année.

2. Les expériences pour atténuer les effets de ce vent sont à ce jour très peu nombreuses. Il semble démontré, par quelques essais, que l'établissement de rideaux d'arbres protecteurs est efficace. Non seulement ces essais sont à poursuivre mais on pourrait peut-être là où une culture rationnelle serait établie envisager l'obligation de planter et d'entretenir les rideaux d'arbres, sur un plan déterminé par l'administration afin d'éviter les feux de brousse. Cette servitude dans un intérêt commun ne devrait suggérer aucune opposition raisonnable et servirait les intérêts de la communauté.

En France même, les rideaux d'arbres comme les résineux en Provence et notamment les cyprès donnent un résultat pratique contre le mistral. En Bretagne, les prairies et terres de culture sont encloses par un mur épais en terre d'environ 1 m. 5o de hauteur sur lequel sont plantés des chênes. Ce travail est l'œuvre de plusieurs siècles.

Une expérience intéressante fut faite à Podor (Sénégal) en 1911 par l'Association cotonnière coloniale. On arriva aux conclusions suivantes : le filao et le parkinsonia venant très vite peuvent entrer dans la constitution des abris. Le long d'un canal d'irrigation furent plantés au début de l'hivernage des parkinsonias et des filaos de o m. 5o. Quelques semaines après, les parkinsonias formaient une haie de 1 m. 5o de haut et les filaos avaient 3 à

Le cotonnier n'a pas d'exigence spéciale au point de vue du sol (1). Il préfère les terrains siliceux, silico-argileux et les alluvions. Les sols silico-argileux sont les meilleurs. Les sols très riches en humus poussent à la végétation au détriment de la fibre ; les sols siliceux hâtent la maturité et fournissent de faibles rendements. Dans les sols argileux, le cotonnier est sujet à des affections cryptogamiques qu'il est difficile d'enrayer.

Les qualités physiques du sol sont souvent plus importantes que les qualités chimiques. Elles permettent ou ne permettent pas la culture et alors que, par l'adjonction d'engrais on peut modifier plus ou moins la nature chimique des sols, cela devient impossible pour leur texture physique. Des qualités physiques dépendent les relations de l'eau avec les différents sols, que l'on peut classer en sableux ou siliceux, silico-argileux, marneux ou alluvions. Les sols sableux laissent filtrer l'eau

4 mètres. Le parkinsonia est estimé des moutons et des chevaux. Le filao donnerait en peu d'années des matériaux de vente facile. Le dâ forme un abri de 2 m. 50 à 3 mètres de haut.

Il sera peut-être démontré un jour que l'harmattan porte en lui-même son remède par l'utilisation du moteur éolien partout où l'eau souterraine est suffisamment abondante. Le moulin à vent n'est pas une nouveauté. Il existe aujourd'hui des appareils de modèles variés, puisant à toute profondeur et doués d'une force suffisante pour assurer l'arrosage par la force du vent. Des expériences sont à faire afin de connaître les appareils types et l'agencement convenant le mieux à chaque région. mais il est probable que ce procédé de pompage, à rendement irrégulier ne devra souvent être considéré que comme un moyen de secours.

1. La question des sols a été particulièrement étudiée par le Département de l'Agriculture des Etats-Unis, où le cotonnier est cultivé sur la plupart des types de sols : sableux, argileux, silico-argileux, marneux et terres de vallées. L'étude chimique des sols a été faite en Europe dans la seconde moitié du XIXe siècle. Aux Etats-Unis, de nombreuses recherches ont été faites sur la composition chimique des sols. Les principales sont dues à Hilgard.

très facilement et sont sensibles à la sécheresse. Ces sols étant secs, le cotonnier ne se développe que modérément et a tendance à se former plutôt à fruits. Les sols argileux, au contraire, sont compacts et retiennent l'eau en saison humide. Les plantes ont alors un feuillage très développé avec une faible quantité de capsules. Les maladies parasitaires se développent facilement. Les labours sont difficiles et nécessitent de gros attelages. L'entretien est coûteux, mais dans une saison favorable et sèche le rendement peut être très élevé. En saison sèche, il se forme des crevasses qui, par exemple, sur les terrains argileux des abords du Sénégal, atteignent de grandes dimensions. A cette époque, il est pratiquement impossible de travailler la terre, qui est cimentée. On doit procéder à des drainages dans les pays où la chute des pluies est trop abondante, comme cela se fait dans les terrains argileux aux Etats-Unis. Les terrains marneux, souvent très riches, sont un mélange d'argile, de chaux et de sable. Ils servent aussi, aux Etats-Unis, à amender les autres sols. Les sols d'alluvion, sont le plus souvent argileux avec une forte proportion de sable. Ainsi est formée la plaine du Mississipi, dont le sol a une réserve d'éléments nutritifs de toute sorte et qui est le plus grand centre de production cotonnière du monde.

*
* *

La culture sèche. — La nécessité de défricher se présente dans les pays à culture extensive comme les Etats-Unis et les pays neufs comme l'A. O. F.

Aux Etats-Unis, le labour, qui aère le sol et le prépare pour les ensemencements, est la principale opération culturale. Il se fait avec des instruments variés :

la charrue, l'extirpateur, le scarificateur, le pulvériseur mais seule la charrue permet d'aboutir au résultat cherché et est nécessairement employée lors de la première opération culturale d'un assolement. Les labours sont profonds, moyens, ou légers allant de 6 à 3o centimètres.

En A. O. F. le labourage à la charrue est inconnu de l'indigène, sauf de très rares exceptions. L'indigène travaille à la main avec la houe et se contente le plus souvent de gratter la terre.

Les bœufs existent en abondanee, mais n'ont jamais été dressés.

Le fumage a une action salutaire, car le cotonnier est très sensible à l'application des matières fertilisantes. Les engrais jouent un rôle important aux Etats-Unis et en Egypte. Leur emploi rationnel est ignoré du noir africain, qui se contente de répandre les ordures ménagères, sur le champ le plus voisin de sa case (1).

Le hersage qui ameublit et nivèle la surface du sol après le labour, constitue une opération d'autant plus indispensable que la culture du cotonnier nécessite une parfaite préparation et la propreté constante du sol. Les scarificateurs servent seulement à tracer les sillons. Le roulage prépare la surface du sol en complétant le

---

1. Les quantités et mélanges d'engrais diffèrent suivant les conditions de la terre. La science s'occupe en Amérique de ces problèmes, afin de les résoudre suivant les nécessités locales. La potasse a une grande influence sur le développement des branches et pousses et augmente par conséquent le nombre des fleurs et fruits. Elle est soutenue dans cette action par les phosphates qui contribuent à un bon développement des semences. L'azote, que l'on produit au moyen d'azotate de soude, de semence de coton pulvérisé, de déchets d'abattoirs, ou en recouvrant à la charrue des légumineuses, agit favorablement sur la formation des branches et des feuilles (D'après Yves Henry).

travail de la herse. Il lui donne plus de fermeté et de cohésion, tasse et unit la terre. Il contribue à maintenir dans le sol une humidité qui facilite la décomposition des matières organiques. Les graines adhèrent mieux au sol et ne se dessèchent pas dans un milieu plus compact. Une fois le sol préparé on dispose les buttes ou billons sur lesquels on sème les graines de coton. Ces billons sont de largeur différente suivant que l'on pratique ou non la culture par irrigation, et suivant l'humidité du terrain. Le billonnage soustrait la terre à l'humidité excessive et augmente la profondeur du sol cultivé et meuble.

L'ensemencement se fait, soit à la main, sur billons ou non sur billons, dans les petites exploitations, soit à la machine sur terrains non billonnés dans les grandes exploitations. On sème le coton en ligne dans les sillons, mais le plus souvent en poquets sur billon. Le semeur fait de place en place des trous où il pose quelques graines et les referme ensuite avec le pied.

Le binage et le sarclage, qui nettoient la terre en enlevant les mauvaises herbes, se font quelque temps après l'ensemencement. Le buttage, qui consiste à ramener une certaine quantité de terre sur le plant aère les racines et maintient une température de 1 à 2 degrés supérieure à celle du sol uni. Dans la culture extensive, on se sert du buttoir. Pendant la croissance, il est procédé à l'écimage (1).

---

1. Le dry-farming est un ensemble de procédés agricoles très anciens, perfectionnés et vulgarisés par les grands fermiers de l'Ouest américain et destinés à obtenir un rendement régulier et rémunérateur de la terre dans les régions semi-arides, où l'insuffisance des précipitations pluviales rend inefficaces les méthodes habituelles de culture.

Ces procédés consistent essentiellement en un labourage pro-

* * *

La culture irriguée. — Très différente de la culture sèche elle est pratiquée dans les pays chauds où la présence d'un cours d'eau permet de remédier à l'insuffisance ou à l'absence des pluies. Elle est limitée aux points où l'eau du fleuve peut être transportée. Le riz et la canne à sucre en Extrême-Orient, aux Indes et à Java, le coton en Egypte, au Turkestan Russe, dans le Pendjab indien, dans l'Etat américain d'Arizona sont les grandes cultures par irrigation.

Il y a deux méthodes de culture par irrigation : la

fond permettant l'infiltration de l'eau dans le sous-sol et dans l'ameublement parfait de la surface, qui restreint grandement l'évaporation causée par la chaleur ou le vent. Le problème essentiel du dry-farming est le problème de l'eau ; assurer l'emmagasinage immédiat dans le sol de la plus grande partie des précipitations et réduire au minimum l'évaporation inévitable par l'entretien, la pulvérisation et le roulage de la surface. L'expérience a démontré que l'évaporation par les couches inférieures était à peu près nulle.

La récolte n'est demandée à la terre qu'après emmagasinement de l'eau durant deux ans, de sorte que la moitié du terrain reste en jachère et doit néanmoins être entretenue.

Le dry-farming exige des connaissances agronomiques, une direction particulièrement expérimentée et un matériel agricole spécial. Il n'est pas praticable sur tous les sols, principalement sur les sols argileux plus ou moins imperméables. Les vents violents qui accroissent démesurément l'évaporation superficielle sont l'adversaire du dry-farmer, beaucoup plus que l'élévation de la température.

Il ne semble pas douteux que le dry-farming pourra s'appliquer à de nombreuses régions de l'A. O. F. mais il est actuellement impraticable par suite de l'absence de chefs de culture européens et d'une main-d'œuvre capable.

Ce mode de culture est appliqué à la culture cotonnière aux Etats-Unis dans les régions où la chute d'eau est à peine suffisante.

méthode par pompage consistant à élever l'eau par la force hydraulique, par moteurs ou à la main, qui ne permet pas d'arroser de grandes surfaces ; la méthode par gravité consistant à édifier un barrage du fleuve en amont des surfaces irrigables et à distribuer l'eau à droite et à gauche des rives au moyen de canaux de plus en plus petits terminés par les rigoles qui alimentent les cultures et forment un ensemble comparable au système artériel.

Les champs de culture, travaillés préalablement comme en culture sèche, doivent être très exactement nivelés et munis de rigoles parallèles suffisamment distantes pour permettre d'imbiber d'eau toute la plantation. En Egypte où les pluies abondantes n'existent pas, on sème le coton en mars ; or, de cette époque à octobre, il ne pleut pratiquement plus. Le planteur doit fournir pour les arrosages des quantités considérables d'eau allant jusqu'à 1.200 mètres cubes par hectare tous les dix à quinze jours (1).

*
* *

La cueillette est la plus longue et la plus coûteuse opération de la culture du coton. Les capsules mûrissent les unes après les autres pendant une période de plusieurs mois durant laquelle on doit, plusieurs fois par semaine, recueillir les capsules mûres. Le coton, tombé à terre sous l'action du vent ou par simple maturité se salit et se tache. La cueillette est faite par les hommes, les femmes et les enfants.

---

1. Etant donnés les frais nécessités par la culture irriguée, le planteur fait surtout la culture des longues soies qui rapporte davantage.

Un bon ouvrier doit réunir dans sa journée, aux Etats-Unis, une moyenne de 45 kilos de coton brut. La surface ensemencée en coton devra donc être limitée à la main-d'œuvre disponible au moment de la récolte. La population exclusivement rurale des États cotonniers américains s'élève à 6.800.000 habitants, et c'est sur ce chiffre que sont basées les possibilités de la production (1).

Le rendement en coton fibre, influencé par la température et la qualité de la culture, est des plus variables. Il oscille entre 180 à 250 kilos à l'hectare aux Etats-Unis en culture sèche.

En Egypte où la variété à longue soie Mit-Afifi est presque exclusivement employée en culture irriguée, certains propriétaires obtiennent couramment 450 kilos de fibres à l'hectare.

Aux Indes, la culture est souvent mal faite et placée dans des mains inaptes. Elle comprend les variétés herbacées indigènes à courte soie. Les rendements sont faibles et oscillent entre 100 et 150 kilos de fibres à l'hectare.

En A. O. F., le rendement est le plus souvent de 50 à 60 kilos de fibres à l'hectare, en culture indigène. Mais la raison de ce faible rendement réside, le plus souvent, dans les procédés culturaux rudimentaires.

La proportion des fibres par rapport au coton brut varie de 22 à 30 o/o, suivant les pays, les variétés et la qualité de la récolte (2)

1. De nombreuses recherches ont été faites en vue de trouver une machine à cueillir le coton, mais la maturité des capsules s'échelonnant sur 5 mois, il est difficile d'obtenir un résultat pratique.

2. De très nombreux essais ont été faits en Amérique dans les différentes stations d'études. J. F. Dugar, dans le *Bulletin 107* de

Assolement. — La culture du cotonnier épuise rapidement le sol. Aussi, en Amérique et en Egypte, les cotonniers sont-ils arrachés annuellement et souvent brulés sur place, les cendres donnant un excellent engrais. Le cultivateur qui ne fait que du coton est dans de mauvaises conditions financières. Il se livre en même temps à d'autres cultures et, s'il le peut, à la production animale. Les monocultures sont, la plupart du temps peu rémunératrices et, si la récolte est mauvaise, c'est le désastre.

L'assolement est le plus souvent triennal et la culture de légumineuses, de maïs, de pois, de blé, d'avoine et de fourrage succède à celle du coton à moins que la terre ne soit laissée en jachère. En A. O. F. l'indigène n'arrache pas le cotonnier. Il le recèpe chaque année et le garde durant une période qui, au Soudan, atteint quelquefois une dizaine d'années. Le rendement de la deuxième année est souvent supérieur à celui de la première. Il décroit ensuite.

La question si essentielle de l'assolement est encore très peu connue en A. O. F. (1) Dans ce vaste pays où la

la station d'Alabama dit ce qui suit : « Dans les recherches faites, malgré des résultats très précis obtenus, il est impossible de répondre à la question souvent posée : quelle est la meilleure variété de coton ? Une variété qui produira le plus grand rendement sur un sol sera surpassée par une autre sur un autre terrain. Les conditions sont même variables pour une même station ; par là, la liste des variétés les plus productives change d'année en année. »

1. Un essai d'assolement a été fait à Richard-Toll (Sénégal), en 1911 par l'Association cotonnière, en culture irriguée. On avait fait des semis de plantes fourragères d'Europe, luzerne, théosinte sulla sur un hectare et demi, il apparut que la nécessité d'irriguer rendait l'exploitation trop coûteuse pour être pratique. L'assolement doit être fait avec des plantes indigènes, arachides, bersim, doliques, etc. Les Anglais ont procédé en Nigéria à de

précipitation annuelle des pluies varie de 3 mètres à o m 25, suivant la latitude, où les productions sont nécessairement variées, on ne peut poser de règle générale.

nombreuses expériences d'assolement avec le maïs, les haricots et d'autres produits indigènes.

Les fourrages européens essayés à Podor (Sénégal) en 1911, trèfle blanc, trèfle violet, n'ont rien donné. Le teosinte, fortement irrigué, produisit une belle récolte, mais le prix de revient était trop élevé. Un mélange de sorgho à balai, de maïs et de niébés, semé le long d'un canal d'irrigation a bien réussi. Le niébé, coupé quand les gousses sont formées, produit un foin très apprécié de tous les animaux et très nutritif. L'expérience démontra que par un hivernage ordinaire, on peut, sans irrigation avoir d'excellents rendements. L'arachide donna un bon fourrage de rendement moindre que le niébé. Le sésame, d'après un essai à Podor (Sénégal) 1910, semble devoir réussir comme culture d'assolement. A Richard-Toll l'assolement triennal prévu à la station en 1913 était le suivant : 1º sole préparatoire, cultures fourragères ; 2º sole, culture du coton ; 3ᶜ sole, cultures vivrières, diverses et jachères. Toutes les cultures comportaient : arachides 4 hectares, niébé 4 hectares, maïs 1 hectare, théosinthe, bersim, luzerne, riz de montagne, 1 hectare. Les travaux préparatoires du sol furent réduits à un labour sans fumure. Arachides et niébés semés au début de l'hivernage souffrirent des mauvaises herbes et furent binés en partie à traction animale. Ils reçurent deux irrigations et donnèrent une assez bonne récolte produisant environ 5 tonnes d'un excellent fourrage. Le maïs ne trouva pas un terrain à sa convenance. Le riz de montagne avait très bien levé, mais fut étouffé par les mauvaises herbes, en l'espèce du bakett et le tout fut récolté ensemble. Bersim et luzerne ne donnèrent rien, bien qu'ils fussent semés à plusieurs époques et de plusieurs façons. En résumé, les deux cultures qui semblent devoir former la base de l'assolement sur le Bas-Sénégal, sont arachides et niébés. La valeur des récoltes doit couvrir les frais de culture, et il reste tout l'avantage de l'amélioration du sol. On peut constater cet avantage, car l'eau des irrigations, non seulement développa immédiatement la végétation des plantes, mais elle se conserva assez longtemps dans le sol pour faciliter les labours. Enfin, la station fit une récolte abondante d'une graminée, dont les indigènes utilisent la graine pour remplacer le mil dans leurs couscous. Le foin fut fauché et récolté comme en France et mis en meules ou en balles.

Des études suivies et des expériences persévérantes indiqueront les meilleures solutions adaptées à chaque climat et à chaque terrain. Une monoculture, celle du coton est impraticable en A. O. F. comme dans les autres pays producteurs. Cette culture est nécessairement liée aux diverses cultures du pays qui prennent leur place dans le cours de l'assolement. Aussi peut-on dire que le développement de l'agriculture en A. O. F. et la mise en valeur de la colonie dépendent, pour une part importante, du développement de la culture cotonnière.

L'utilisation du cotonnier : les usines d'égrenage et de pressage. — L'organisation de l'égrenage et de pressage du coton joue un rôle important dans la production.

Les fibres de coton ne représentent que 25 o/o environ du poids de la graine complète, mais leur valeur est au moins cinq fois supérieure à celle de l'amande. Les capsules complètes ou les fibres séparées ont un faible poids sous un grand volume. Elles sont une marchandise encombrante dont l'exportation n'est avantageuse qu'après compression en balles d'une densité suffisante.

La récolte terminée chez le planteur, le coton est transporté à l'usine d'égrenage la plus rapprochée où l'on sépare la fibre de la graine (1). Avant de sortir de l'usine d'égrenage, le coton est pressé au moyen de machines dont il existe de multiples modèles. On forme des balles parallélipipédiques dont la densité

---

1. On distingue les égreneuses à rouleau et les égreneuses à scies employées suivant la nature du coton à traiter. Il existe des égreneuses à main.

varie de 500 à 600 kilos au mètre cube. La balle terminée pèse environ 200 kilos (1). Les balles pressées sont expédiées sur les marchés cotonniers.

La qualité des fibres se reconnaît à la longueur, l'homogénéité, l'épaisseur, la nervosité, l'élasticité et la résistance. Les cotons des pays producteurs, Etats-Unis, Egypte, Inde, Indo-Chine, Turkestan remplissent les conditions exigées d'un travail industriel. Cependant, les qualités sont des plus variées et les fibres courtes d'Indo-Chine, les Indes et du Turkestan ne peuvent être utilisées dans les mêmes filatures que les longues soies égyptiennes. Il a été reconnu que le coton indigène de l'A. O. F. réunissait les qualités des cotons indiens et qu'on pouvait, par sélection, obtenir la même qualité que les cotons d'Amérique.

Une des principales fonctions de l'usine d'égrenage pour le planteur est la sélection des graines. Les variétés à ensemencer varient suivant la nature du terrain et le mode de culture. Il importe que les graines ne soient pas mélangées, ne serait-ce que pour conserver intacte la variété en évitant l'hybridation. De plus, dans la même variété de graine, on doit sélectionner les graines de bonne dimension et d'un parfait état de conservation en vue d'améliorer la variété à cultiver ou d'éviter tout déboire à l'ensemencement.

En A. O. F. où les moyens de transport sont très insuffisants et onéreux, les produits d'exportation doivent être présentés sous la forme qui rend leur expédition la plus facile et la moins coûteuse. Les graines de coton étant d'un prix trop faible pour que leur exportation soit

1. Les presses usitées sont les presses simples hydrauliques mues à main ou à la vapeur, les presses doubles rotatives, les presses doubles alternatives.

actuellement avantageuse, il est préférable de les laisser dans le pays et de les employer à la fabrication d'huile, de tourteaux ou au chauffage des machines à vapeur.

L'Association cotonnière coloniale possède ou a en cours de construction neuf usines d'égrenage en A. O.F. Il existe neuf usines appartenant à des sociétés ou particuliers et deux usines à l'administration ; presque toutes ont été édifiées par les soins de l'Association cotonnière (1). On compte 3o.ooo usines d'égrenage aux Etats-Unis (2).

1. Les usines de l'A. C. C. sont à Ségou, San, Koutiala, Sikasso et Bougoumi au Soudan, Ouogadougou, Bobo Dioulasso en Haute-Volta, Bouaké en Côte d'Ivoire, Kankan en Guinée. Les usines privées sont celles de Kayes, Diré, Bamako, M'Pésoba au Soudan, Cotonou, Abomey, Savé, Bohicon, Savalou, au Dahomey. Les usines de l'Administration sont à Korogho en Côte d'Ivoire et Parachoué au Dahomey. L'usine type en A. O. F. est munie d'une machine à vapeur de 20 à 25 C. V., chauffée au bois ou à la graine de coton, avec des constructions en pierre ou en bois, de deux égreneuses de 70 scies et d'une presse hydraulique pour balles de 200 kilos. La production annuelle peut atteindre 1.5oo tonnes par usine.

2. *Les sous-produits.* — Les sous-produits du cotonnier sont les graines, les tourteaux, les coques de graines, le feuillage et le bois.

Autrefois, aux Etats-Unis, on utilisait les graines crues, bouillies ou étuvées pour la nourriture du bétail. L'emploi de plus en plus développé de l'huile de coton a fait que toute usine d'égrenage comporte maintenant une huilerie. L'huile extraite de la graine est utilisée dans la savonnerie, la parfumerie et différentes autres industries. Elle a également une valeur alimentaire au même titre que l'huile d'arachide et est employée comme huile de table ou à la fabrication des conserves de poisson (sardines, thons, etc.),

Le tourteau est le résidu provenant du pressage de la graine. L'expérience a démontré sa valeur alimentaire pour la production de la viande, du lait et du beurre. Il est au Texas une des bases de la nourriture du bétail. Une ration de tourteau mélangée au maïs ou au fourrage, dans une faible proportion, augmente la production du beurre, lui donne plus de fermeté et permet une plus longue conservation. Les coques de graines mélangées au tourteau n'en diminuent pas la valeur alimentaire et leur usage comme aliment est actuellement répandu.

Les huileries américaines engraissent annuellement un grand nombre de bœufs avec une ration contenant de 6 à 8 livres de farine de coton, comme aliment concentré, mélangé avec les enveloppes de graines de coton ou fourrage de maïs, comme aliment grossier.

PREMIÈRE PARTIE

LA CULTURE SÈCHE DU COTONNIER

AVANT-PROPOS

Les essais de culture sèche du cotonnier sont poursuivis depuis le début du siècle dans toutes les colonies de l'A. O, F. sous deux formes différentes.

La première a consisté à distribuer aux indigènes des semences américaines ou des semences indigènes sélectionnées, à encourager la culture indigène par des mesures administratives et à assurer l'écoulement de leurs récoltes en en garantissant l'achat.

Cette méthode n'a pas réussi, soit parce que les indigènes, abandonnés à eux-mêmes, ne modifiaient pas leur mode rudimentaire de culture, soit parce que les variétés de semences américaines, n'étaient pas adaptées au sol et au climat. Si cette méthode ne doit pas être totalement abandonnée, elle ne justifie plus des sacrifices pécuniaires importants.

La deuxième a consisté en des essais, restreints à quelques hectares, de culture rationnelle sous surveillance européenne, sur des terrains choisis par les agents de l'Association cotonnière ou dans les stations agricoles de l'Administration. Les résultats ont été très inégaux parce que les essais ont été faits la plupart du temps dans des régions, sur des sols et dans des conditions variés, ne convenant pas souvent à une culture payante du cotonnier et parce qu'ils n'ont pas été poursuivis avec ténacité.

Il eut paru plus logique de présenter les résultats sous forme de synthèse applicable à l'ensemble de la colonie. Comme nous nous trouvons en présence d'expériences sporadiques sur un immense pays à climats, sols et productions variés, les résultats ont été si différents qu'ils ne permettent pas encore une généralisation, basée sur un ensemble de faits probants. Aussi a-t il paru préférable d'exposer rapidement la situation présente, colonie par colonie, en groupant le Sénégal et la Mauritanie, le Soudan Français, la Haute-Volta et le Niger, puis la Guinée et la Côte d'Ivoire, enfin le Dahomey et le Togo. L'historique des essais ou campagnes cotonnières est présenté sous forme d'appendice à la fin du volume (1).

Si les expériences faites n'ont pas encore abouti à une solution nettement positive, elles ont du moins permis de démontrer que l'Ouest-Africain, où le cotonnier pousse partout à l'état sauvage, remplissait les conditions climatériques favorables à la culture sèche et de déterminer la zone où cette culture pourra être faite avec des rendements réguliers et payants, permettant d'envisager une production importante et un marché du coton susceptible de lutter avec les autres pays producteurs.

C'est dans cette zone que tout l'effort prochain devra être porté (2).

1. L'historique des essais est peut-être appelé à rendre quelques services aux colons et administrateurs ne connaissant pas les expériences passées et qui tentent vainement de nouveaux essais dans les régions où leurs prédécesseurs n'ont recueilli que des déceptions.

2. On trouvera dans le chapitre V « Résultats et avenir de la culture sèche » la délimitation de la zone de production avec un projet de première mise en valeur.

CHAPITRE PREMIER

I. — Le Sénégal. — Le Sénégal, possession ancienne, a une superficie de 192.000 kilomètres carrés et 1 million 225.000 habitants, soit une densité moyenne de 6,3 habitants au kilomètre carré. On peut le diviser au point de vue physique en trois régions : 1º le fleuve ; 2º la partie centrale : Cayor, Siné-Saluom ; 3º la Casamance. Les villes principales sont Dakar (33.000 habitants), Saint-Louis (18.000 habitants), Rufisque (11.500 habitants). On compte 5.300 Européens, dont 4.400 Français.

Le climat est très chaud, mais un des plus salubres de l'A. O. F. et l'Européen s'acclimate facilement. L'année se divise en deux saisons : la saison sèche, qui dure d'octobre à juin durant laquelle la température du jour est élevée et sèche. Les nuits sont fraiches et il se forme une abondante rosée. La saison des pluies, ou hivernage. de juin à octobre est chaude et humide. La chute annuelle d'eau est d'environ 0 m. 50. La température annuelle moyenne est de 23 degrés, mais n'est pas uniforme dans toute la colonie. A Saint-Louis et à Dakar, elle varie entre 9 degrés et 35 degrés. Le climat est tempéré pendant huit mois de l'année. A l'intérieur, la température s'élève parfois à 45 degrés à l'ombre. Le vent d'Est domine durant la saison sèche et le vent d'ouest durant l'hivernage.

Le territoire de la Casamance au sud présente un climat tout différent. La chute d'eau annuelle est de o m. 75 à 1 mètre. La saison humide y occupe une large place et le vent d'est est moins prolongé.

Les sols de la vallée du Sénégal sont de deux types : sols sableux, sols argileux. Leur mélange donne souvent des sols silico-argilenx. Les sols argileux sont imperméables et la sécheresse persistante du climat leur donne une dureté telle qu'ils ne sont cultivables qu'après avoir été largement et longtemps imbibés d'eau. Ce sol se crevasse profondément par la sécheresse qui amène la mort des arbustes un peu délicats comme le cotonnier. Les sols sableux absorbent rapidement l'eau et la laissent s'écouler à une grande profondeur, si elle n'est pas arrêtée à faible distance par un sol imperméable. Les terrains qui conviennent le mieux à la culture du còton et que l'indigène sait d'ailleurs choisir sont les silico-argileux. Les régions les plus favorables au point de vue de la nature du sol seraient les provinces Serères, le Siné, le Saloum et la Haute-Casamance, cette dernière région étant favorisée par des rosées abondantes.

Le cotonnier se rencontre à l'état naturel sur toute l'étendue du Sénégal et la culture indigène existait à l'état rudimentaire avant que l'introduction des tissus européens et la culture plus lucrative de l'arachide ne l'ait presque détruite, si ce n'est dans les centres éloignés des moyens de transport.

La culture du coton est peu pratiquée par les indigènes dans la vallée du Sénégal et seulement dans la limite étroite où la crue du fleuve apporte chaque année l'eau indispensable à la fécondation et à la croissance du cotonnier.

Le cotonnier est semé immédiatement après le retrait des eaux, alors que la graine trouve une terre profondément imbibée. Il est traité en plante vivace et recépé chaque année afin de donner des rejets capables de fructifier normalement. On trouve des cotonniers de 7 à 8 ans d'existence, mais la plupart n'ont que 4 à 5 ans. Si la crue du fleuve est basse, les cotonniers de l'année précédente, qui ne reçoivent pas d'eau, sont rabougris ou périssent. Le rendement en fibres à la deuxième année est supérieur à celui de la première ; il ne commence réellement à décroître qu'à partir de la troisième ou quatrième année. L'indigène a dû se plier aux conditions d'un climat semi-désertique, dans une région où les chutes annuelles de pluies ne dépassent pas 50 centimètres en année moyenne et où le cotonnier, sans irrigation artificielle, n'atteint pas la première année une vigueur normale.

Il faut bien dire que malgré la culture perannuelle (1) l'indigène n'évite pas au cotonnier les effets du climat : le rendement reste très faible, la qualité des fibres est au-dessous de la moyenne.

Il est donc difficile de fixer une importance même approximative à cette culture réduite et les chiffres fournis quant à quelques provinces ne peuvent être pris que comme de simples indications.

La culture est en décroissance marquée, sauf dans les régions où les marchandises européennes pénètrent plus difficilement. La vente des cotonnades européennes et la culture plus rémunératrice d'autres produits, telle l'arachide, devaient en effet faire diminuer et même supprimer une culture qui, pour être rémunératrice,

1. La culture perannuelle par opposition à la culture annuelle consiste à laisser plusieurs années le même arbuste en terre.

exige des procédés modernes et scientifiques. Les hauts prix atteints actuellement ont pu donner un regain d'activité à cette culture, mais c'est là une situation toute temporaire.

La région de Bakel, où les ensemencements se font en juillet, produisait avant 1914 une récolte évaluée en moyenne à 120 tonnes, celle de Kaedi, environ 3oo tonnes. Toute la récolte était consommée sur place. Dans cette dernière région, les ensemencements s'y font en juillet-août et la récolte dure de mi-novembre à mai inclus à raison d'une cueillette par semaine. La culture est abandonnée dans les régions de Matan, Podor, et Dagana. Dans la région de Djolof, la culture a presque disparu entièrement devant l'importation des tissus européens. Le cotonnier est cultivé dans le Baol et les Pays Serères, mais c'est seulement dans les provinces Sérères, que cette culture se pratique sur une certaine étendue, dans le Dioba et le Dieghan, principalement, où les villages produisent une petite quantité. Les plantations durent en moyenne quatre ans. Dans le Siné et le Saloum, M. Yves Henry évaluait à environ 3.000 hectares les surfaces cultivées en cotonniers auprès des villages, par petits champs de 100 à 125 pieds. Les indigènes recèpent tous les deux ans et leurs cotonneraies durent quatre ans en moyenne. (1)

La récolte se fait par les femmes et les enfants chaque semaine, de novembre à avril, suivant les variétés et les

1. Toutes les variétés connues de cotonnier indigène, cultivées en Sénégambie peuvent se ramener aux trois types suivants : le N'Dargau, d'un blanc terne, le Mokko d'un beau blanc brillant, le N'Guiné, plus ou moins rouge. La variété N'Dargau qui peut atteindre l'âge de 10 ans, est la plus répandue et la plus employée.

Sur la description de ces espèces et la culture indigène, voir Yves Henry, Le coton dans l'A. O. F., vol. in-8, 1906.

régions. Les femmes commencent l'égrenage après la récolte des arachides. Il se fait à la main à l'aide d'un instrument très rudimentaire composé d'une pièce de bois et d'une tige de fer servant à pousser les graines sur la pièce de bois, en retenant les fibres par pression sur le billot.

Le rendement à l'hectare est insignifiant dans les années de sécheresse. Dans les années moyennes, on peut estimer celui-ci de 150 à 200 kilos de coton brut à l'hectare ne donnant pas plus de 22 o/o de fibre nette, soit environ 40 kilos à l'hectare.

Le filage et le tissage se font à la main suivant des procédés analogues à ceux employés autrefois dans les villages de nos vieilles provinces françaises.

Le coton se vend non égrené et l'indigène n'apporte jamais au marché du coton égrené.

L'exportation du coton a toujours été inexistante si ce n'est dans des circonstances particulières, comme durant la guerre de Sécession ou grâce aux subventions de l'Administration lors des essais de Richard-Toll en 1910.

En résumé, par suite de l'insuffisance des pluies et du régime des vents, les faibles rendements à escompter en culture rationnelle rendent la culture sèche du coton industriellement impraticable en Sénégambie. Par ailleurs, il a été obtenu dans la culture irriguée sur le Sénégal, à Richard-Toll et à Podor, des rendements égaux et même supérieurs à ceux de l'Egypte. (1)

II. La Casamance. — La Casamance et principalement la Haute-Casamance diffèrent assez sensiblement

---

1. Sur les essais de culture sèche sous direction européenne voir l'appendice.

du reste de la colonie du Sénégal. Le pays est plus accidenté. On y rencontre les premiers contreforts du massif du Fouta-Djalon. Le climat tient le milieu entre celui de la Guinée et celui du Sénégal. Il n'est jamais bien chaud, contrairement au reste de la colonie et les saisons, tout en participant du climat tropical par l'alternance des pluies et de la saison sèche, sont influencées par la situation maritime du pays. Les chutes annuelles de pluies, sans atteindre la hauteur de 3 mètres comme sur les côtes de Guinée, donnent une moyenne d'un mètre, contre o m. 40 à o m. 5o à Saint-Louis.

La colonie borde les deux rives du fleuve la Casamance navigable en toutes saisons jusqu'à Zighinchor et jusqu'à Sedhiou pour les petits vapeurs fluviaux. De très nombreux cours d'eaux sillonnent le pays et on peut dire que tous les villages peuvent communiquer avec le fleuve par barques ou pirogues. Ce pays donnerait la plupart des produits tropicaux. Le climat est sain et habitable pour les Européens ; les seuls jusqu'ici qui y résident, à part de rares exceptions, sont les fonctionnaires coloniaux et quelques commerçants. Si le développement de ce pays cependant proche de l'Océan a été très lent, c'est que son accès est rendu fort difficile par la barre de l'embouchure de la rivière et un barrage de sable ne laissant le passage qu'aux petits vapeurs. Il est par ailleurs dénué de moyens de transport et dépourvu d'une main-d'œuvre sérieuse. Les peuplades qui l'habitent (Balantes, Diolas et Bagnouns) semblent être les débris de nations plus nombreuses qui auraient été refoulées vers le littoral sous la pression continue de races mieux douées au point de vue de l'intelligence et des vertus guerrières. Elles vivent dans un état affligeant de dégradation physique et morale. (1)

Le coton existe à l'état sauvage dans la Casamance et les indigènes de quelques districts de la Haute-Casamance le cultivent dans leurs lougans, en mélange avec le mil, pour leur usage personnel. Il n'existe pas, à notre connaissance, de documents sur l'importance et la valeur de ces cultures qui sont peu étendues.

En résumé, la Casamance, principalement la Haute-Casamance paraît remplir au point de vue de la chute annuelle des pluies, du régime des vents et de l'hygrométrie, des conditions favorables à la culture sèche du cotonnier, mais les rares essais auxquels il a été procédé jusqu'ici par les Européens ne permettent pas une conclusion affirmative (2).

III. La Mauritanie.

— La colonie de la Mauritanie, au nord du Sénégal, comprend la partie ouest de la zone saharienne de l'A. O. F. qui s'étend du Sahel soudanais à l'Océan. La superficie est supérieure à 3oo.ooo kilomètres carrés et la population de 26o.ooo habitants, inférieure à 1 habitant par kilomètre carré. Cette population est composée d'un mélange d'arabes et de berbères, connus sous le nom de Maures, peuple de pasteurs peu apte au travail manuel.

La chute moyenne annuelle d'eau n'est pas supérieure à o m. 3o et l'aridité du pays s'oppose à la culture

---

1. La Casamance, par sa situation géographique, son climat. l'infériorité et le petit nombre des autochtones, les immenses étendues de terres libres semblerait désignée pour une expérience d'immigration d'une race asiatique ; par exemple la création de deux ou trois petits villages asiatiques sur la rive du fleuve. Nous renvoyons à ce sujet à la partie de ce travail consacrée à la main-d'œuvre.

2. Sur les essais de culture sèche sous direction européenne, voir l'appendice.

sauf sur la frontière sud limitée par le fleuve Sénégal et sur les dépressions où se trouvent les points d'eau.

Le coton n'est cultivé de manière appréciable que par les noirs, dans le cercle de Guidimaka, sur le Sénégal, où il trouve des conditions climatiques assez favorables. Il fait l'objet d'un commerce de bandes tissées à usage de pagnes. L'exportation est évaluée à 60 tonnes. Il est vraisemblable que la culture cotonnière n'existera jamais en Mauritanie si ce n'est peut-être un jour sur le fleuve Sénégal et par irrigation.

CHAPITRE II

**1. — LA CULTURE SÈCHE AU SOUDAN FRANÇAIS |
2. — LA CULTURE SÈCHE DANS LA HAUTE-VOLTA
ET LA COLONIE DU NIGER**

I

Le pays, le climat et les sols. — Le Soudan français, chef-lieu Bamako, a été fixé dans ses limites actuelles par le décret du 4 décembre 1920. Il est délimité au nord par le désert, à l'ouest par la Mauritanie et le Sénégal, au sud par la Guinée et la Côte d'Ivoire, à l'est par la Haute-Volta. La jonction de Bamako avec Dakar a été effectuée le 5 septembre 1923 par l'achèvement de la voie ferrée. Le trajet est de trente-huit heures. La colonie comprend 21 cercles civils dont 4 ressortissent à l'autorité du commandant de Tombouctou.

La superficie est d'environ 1.700.000 kilomètres carrés en comprenant les espaces sahariens, mais la partie actuellement habitée ne dépasse pas 350.000 kilomètres carrés. On compte environ 2.500.000 habitants dont 2.000.000 de noirs sédentaires agriculteurs, et dans la partie septentrionale environ 500.000 nomades appartenant au groupe sémite : Maures, Touaregs, Peulhs (1).

1. Les populations du Soudan se classent en races aborigènes et en races envahissantes. Les races autochtones sont les Mandès, les Bambaras, les Malinkès, les Soninkès, les Hobès, les Sorkos, les Somonos et les Bozos. Les races envahissantes sont

Le pays est peu montagneux et arrosé par les bassins du Haut-Sénégal et du Moyen-Niger avec son affluent le Bani. On distingue deux zones climatériques différentes : le climat sahélien entre le 16e degré de latitude nord et le désert. avec une chute annuelle d'eau de o m. 60 à o m. 25, suivant la proximité du Sahara et le climat soudanien, au sud du 16°, avec une chute d'eau variant de o m. 60 à 1 mètre en se dirigeant au sud. Trois saisons, d'une durée variable suivant la latitude, de novembre à février, fraîche et sèche ; de mars à mai, chaude et sèche ; de juin à octobre, pluvieuse. Le climat du Soudan, climat continental est chaud et sec (le thermomètre varie entre $+ 7°$ et $+ 46°$). Ce climat est propice à l'Européen, qui n'est pas exposé à la fièvre des régions équatoriales où la chaleur est moins élevée mais constante et où l'atmosphère est humide.

Les parties centrale et septentrionale sont soumises au vent d'est, chaque jour durant cinq à six heures, dès la fin de l'hivernage, en octobre, avant la pleine maturité du cotonnier. La température élevée absorbe une trop grande partie de l'humidité du sol durant la saison des pluies et la culture du cotonnier ne semble payante que dans la partie méridionale de la colonie et en utilisant la méthode du dry-farming.

Les sols d'une région aussi vaste sont nécessairement variés et nous n'en donnons qu'un très rapide aperçu.

Ceux du Haut-Sénégal sont généralement pauvres et le peu d'étendue des terres cultivables fait que la culture du cotonnier y est et restera restreinte. Le bassin

les Maures, les Touaregs et les Peuhls installés par la conquête. Les Toucouleurs, Khassonkès et Ouassoulenkès sont installés dans la vallée du Sénégal, les Bobos dans le cercle de Sikasso.

supérieur du Niger est formé de massifs montagneux
composés de granits et autres roches cristallines, de
gneiss, de grès, de shistes primaires. Il est coupé en tous
sens par de nombreuses rivières coulant dans des vallées encaissées et rocheuses où les surfaces cultivables
sont faibles. La flore est celle de la Guinée. Plus au
nord, les vallées s'élargissent et laissent des étendues
cultivables de plus en plus vastes. Les terrains sont
généralement argileux. On en trouve cependant de
nature légère, formés par des débris plus ou moins fins
de latérite. Au nord de Kouroussa et jusqu'au Moyen-
Niger, de vastes plaines de formation argileuse, recouvertes souvent d'un terrain siliceux, silico-argileux ou
d'humus d'épaisseur variable, bordent les rives des
rivières. La flore soudanaise y remplace la flore de
Guinée. Une bonne partie de ces plaines est inondée à
l'hivernage, principalement dans le voisinage de Siguiri.
C'est là que se font les cultures, particulièrement celle
du riz dans les régions inondées. Ce pays est le grenier
du Fouta-Djalon.

Le Moyen-Niger et le Moyen-Bani son grand affluent
de droite, commencent à hauteur de Bamako et forment
deux immenses vallées de formation homogène, séparées par de simples ondulations. C'est une large nappe
d'argile, où des formations sableuses ou silico-argileuses
ont rempli les dépressions sur de vastes étendues. Les
éléments sable et argile sont mieux mêlés que dans la
vallée du Sénégal. Sauf des massifs granitiques très peu
nombreux, on ne trouve, en général, qu'un terrain
silico-argileux convenant au cotonnier. Leur mélange
avec l'humus donne des terres arables supérieures à
celles de Sénégambie. Dans le cercle de Ségou, on rencontre des formations importantes de sols humifères

propres à la culture du coton, principalement sur la rive gauche du Bani.

Des environs de Sansanding à Tombouctou, sur une longueur de 3oo kilomètres et une largeur, à hauteur de Mopti de 15o kilomètres, s'étend une vaste dépression de 100.000 kilomètres carrés inondée durant quatre à cinq mois de l'année, entre septembre et mars, à une époque variant suivant la région nord ou sud du lac Débo. Ce pays est plus vaste que le delta du Nil. Il est peuplé de bœufs, de moutons, de chèvres et attend que la voie ferrée permette la mise en valeur.

Après Tombouctou, le Niger est encaissé dans une vallée assez étroite, longeant le désert au nord et ne recevant aucun affluent important sur la rive droite (1).

*
* *

La culture indigène. — Le cotonnier se rencontre à l'état naturel dans presque toute l'étendue du Soudan.

Comme au Sénégal, le noir travaille de façon primitive et n'apporte que peu de soin à ses cultures, limitées au voisinage des cases. Il ignore l'usage de la charrue et de l'animal de trait. Son outil est la houe, de forme variable suivant les régions (2).

1. D'après Yves Henry.

2. Ses goûts sont modestes et il ne travaille que dans la mesure indispensable à ses maigres besoins familiaux. Les pagnes et boubous en tissus grossiers suffisent à son habillement. Les cotonnades européennes attirent les femmes par leurs voyantes couleurs, mais le pagne, dont le poids moyen est de 5oo grammes, est d'un usage général à l'exception des grands centres où sont fixés les comptoirs européens. Le mil, le maïs, le sorgho sont à la base d'une alimentation frugale. Une case aux murs en terre pilée, couverte de chaume, suffit le plus souvent au logement de la famille.

Au début de l'hivernage, en mai, l'indigène pioche superficiellement, et de préférence une terre vierge insuffisamment désouchée. Le terrain est aussitôt ensemencé, rarement après une fumure légère. Les cultivateurs sèment à la volée et recouvrent les graines à la houe ou bien les laissent à la surface du sol. Quelques-uns font des trous distants d'environ o m. 80 les uns des autres et y déposent deux ou trois graines recouvertes d'un peu de terre. Le cotonnier est le plus souvent intercalé avec le maïs et le gros mil, variétés plus hâtives que les autres variétés de sorgho comme le kenéki, le bimbéri et le sani. Ces graminées, pendant la période de croissance du cotonnier entretiennent l'humidité au pied de la plante et la mettent à l'abri des coups de soleil ou de sécheresses prolongées qui parfois se produisent vers le milieu de la saison des pluies.

Un mois après l'ensemencement, les plants ayant 5 à 10 centimètres de hauteur, il est procédé à l'éclaircissage ; on ne laisse jamais plus de deux pieds réunis. L'entretien du terrain est le plus souvent négligé.

La période de développement de la plante est de cinq à six mois.

La récolte qui dure trois à quatre mois, commence dans la première quinzaine de novembre. La cueillette des capsules est faite par les femmes et les enfants une fois par semaine. Souvent le coton est ramassé dans la poussière, taché ou brûlé par les rayons du soleil. Le coton des premières cueillettes est seul réellement bon et celui des dernières cueillettes n'a pas de valeur industrielle. Au moment de l'égrenage, les femmes le divisent en lots de diverses qualités.

Chaque année, le coton est recépé à 15 ou 20 centimètres de terre. Les capsules sont plus nombreuses et plus hâtives la seconde année.

Dans une partie de la vallée du Bani, les Foulbès et Habès apportent un peu plus de soins à cette culture et, en arrosant leurs petites plantations, obtiennent des fibres de meilleure qualité.

Le cotonnier est partout cultivé, comme plante vivace. Les plants ne sont pas arrachés. Ils végètent durant quatre à cinq ans et ne sont remplacés qu'au fur et à mesure de leur disparition. On rencontre ainsi des cotonniers de tous âges dans la même plantation (1).

Le filage et le tissage se font dans la famille, à la main, suivant le mode primitif. Le tisserand de village procède à la confection de bandes de toile de 10 à 20 centimètres de largeur utilisées pour les pagnes et couvertures.

La diversité de la végétation sur une étendue aussi vaste que le Soudan ne permet pas d'indiquer les rendements avec exactitude. Cependant, il est permis d'affirmer qu'avec le mode primitif de culture employé, le rendement ne dépasse pas, en année moyenne, dans les régions les plus productives, 200 à 250 kilos de coton brut, à l'hectare donnant 22 à 25 o/o de fibres nettes, soit de 50 à 70 kilos (2).

---

1. Le cotonnier indigène est un Gossypium hirsutum. On en distingue deux variétés principales, l'une à fibres courtes, grosses, d'un blanc mat, qui fournit le plus haut rendement en coton brut ; l'autre à fibres plus fines, plus longues et plus brillantes, mais les capsules en sont petites et le rendement moins élevé. Une troisième variété, à fibres de teinte plus ou moins rougeâtre, se rencontre un peu partout, mais en très faible quantité.

2. Une expertise du Jardin colonial donna le résultat suivant : toucher rude et grossier ; courtes soies de 20 à 23 millimètres se rapprochant des cotons indiens ; soie grosse avec un diamètre variant de 25 à 35 millièmes de millimètre ; beaucoup de coton

***

Les centres de production. — La culture du cotonnier est restreinte, dans le Haut-Sénégal où les terres cultivables sont pauvres et peu étendues. Cette culture est également médiocre dans le bassin supérieur du Niger, où l'indigène se livre à la récolte du caoutchouc, à la culture du mil ou du riz et ne cultive le cotonnier que dans une mesure à peine suffisante à ses propres besoins.

Le cotonnier trouve des conditions assez favorables de développement dans les territoires très étendus que forme le bassin moyen du Niger et y est généralement cultivé.

Les tissus fabriqués dans les cercles de Ségou et Djenné ont une réputation établie au Soudan et constituent une des plus originales productions de cette région. Le cotonnier est cultivé dans le cercle de Bamako. Dans le cercle de Ségou, les terrains favorables à sa culture couvrent des étendues importantes entre le Niger et le Bani. Les tissus de Ségou sont en honneur au Soudan, et exportés dans le nord de la colonie où ils sont échangés contre le sel. A Djenné, les indigènes récoltent également un beau coton. Dans le cercle de San le cotonnier est très répandu. Sa culture se fait soit sur butte dans les terrains humides, soit à

mort, résistance moyenne 6 à 8 grammes par fibre, à classer à côté des Western Madras ; ne vaut pas le Broach ; pourrait servir en filature à la fabrication des filés nº 14 à 20. Un essai industriel dans une filature des Vosges détermina les observations suivantes : coton plus facile à travailler que le coton des Indes et pouvant, à la rigueur, remplacer le coton d'Amérique pour les gros numéros. Pour arriver à de bons résultats il ne faut pas dépasser le nº 1, 15 en chaîne et 20 en trame. Les filés donnent un tissu dit cretonne de Rouen de bonne qualité marchande.

plat et par semis serrés dans les autres sols. Les régions de Bambas et Gao ne produisent que de petites quantites de coton (1).

* * *

Qualité, quantité, intervention européenne. — La qualité du coton est variable. Alors qu'il est laineux et court, assez semblable au coton indien dans la partie centrale du Soudan, il est plus long et plus fin dans la partie méridionale et peut lutter avec le coton d'Amérique.

La quantité produite était faible jusqu'à 1922. Depuis, les hauts prix payés par les acheteurs ont été d'un grand encouragement pour les indigènes et il est incontestable que la production a considérablement augmenté. Celle-ci était évaluée à 1.000 tonnes, soit 5.000 balles en 1923, sur lesquelles il a été exporté 350 tonnes, soit 1.750 balles. Elle est en progression croissante. Les maisons de commerce n'ont pu donner à leurs achats toute l'ampleur qu'elles auraient voulu, les lenteurs d'égrenage et les difficultés de transport ayant été des obstacles sérieux (2).

Les usines d'égrenage de l'Association Cotonnière et les Usines privées ont été munies depuis 1922 d'un outillage moderne capable de produire de 1.200 à 1.500 tonnes de fibres par an et par usine, à Kayes, Ségou, San, M. Pesoba, Bamako et Koutiala. D'autres usines sont en cours de construction à Sikasso, Bougouni et Mopti.

L'expérimentation européenne, commencée en 1903

1. D'après Yves Henry.

2. Le prix du coton brut oscille entre 1 fr. 80 et 2 fr. 10 le kilo en 1925. On estime à 1.000 tonnes ou 5.000 balles de 200 kilos en 1924, l'exportation du Soudan et de la Haute-Volta.

a été arrêtée à plusieurs reprises et poursuivie sans une méthode précise, qu'il était d'ailleurs impossible de déterminer dans l'incertitude des débuts avec des crédits insuffisants, dans un pays encore peu connu et dénué de moyens de transport.

La méthode consistant à encourager la culture indigène par la distribution de semences américaines ou indigènes sélectionnées, l'allocation de primes, l'achat des récoltes, les encouragements variés, est loin d'avoir donné les résultats escomptés au début. Il a été finalement reconnu que l'indigène étant très attaché à ses procédés rudimentaires de culture n'évoluait qu'avec une extrême lenteur. Les encouragements administratifs ou l'autorité lointaine de l'européen ont été le plus souvent inopérants. Aussi l'Administration s'est-elle décidée à créer des fermes cotonnières sous surveillance européenne dans les principaux cercles, ceux de Kayes, Bamako, Ségou, San, Koutiala, Sikasso, Bougouni. Ces fermes sont rattachées aux stations d'essai de Niénébalé, Soninkoura, Bamandora et Diaférabé.

De son côté l'Association Cotonnière Coloniale inspirée des mêmes principes, a créé à Koutiala, une importante ferme école et son président, M. Waddington, a procédé en janvier 1924 à une enquête personnelle qui a permis de préciser un programme d'action.

Une inspection générale des textiles a été instituée à Bamako par le Gouvernement Général en 1924.

Les prix élevés du coton peuvent donner à ces régions une apparence de prospérité en matière cotonnière, mais l'irrégularité et l'insuffisance des récoltes ne semblent pas permettre d'envisager une culture commercialement payante dans une période normale de production et de consommation équilibrées. Aussi est-il à craindre que les expériences actuelles soient poursuivies en vain.

Dans la réalité, la culture rationnelle, avec les animaux de trait, est encore insignifiante, limitée, à quelques centaines d'hectares sur un immense pays.

Les usines d'égrenage en exploitation sont au nord du 12° de latitude nord. Les expériences passées ont toutes été faites et sont continuées au nord du 12°. Elles ont démontré que la culture sèche au nord du 12° était aléatoire. Par contre, au sud du 12°, dans les régions de Sikasso et Bougouni, où il n'a jamais été fait d'essais sérieux à cause de l'éloignement de tout moyen de transport et de l'absence d'Européens, une plus grande pluviosité, l'atténuation du vent d'est, l'examen des cultures indigènes et de la qualité des fibres démontrent que nous nous trouvons dans une région où une culture rationelle et très probablement payante pourra être établie.

II

La Haute-Volta et la colonie du Niger

La colonie de la Haute-Volta, créée en 1919, a été formée de l'ancienne colonie du Haut-Sénégal-Niger, divisée en deux fractions, dont l'une est devenue le Soudan français et l'autre la Haute-Volta. Sa capitale est Ouagadougou. Elle est limitée au nord et à l'ouest par le Soudan français, à l'est par la colonie du Niger et le Dahomey, au sud par la Côte de l'Or anglaise et la Côte d'Ivoire. Sa superficie est de 300.000 kilomètres carrés.

Comprise entre le 10° et le 15° parallèle nord, elle est

d'une surface assez uniforme, ne comprenant pas de hautes ni moyennes montagnes. Le pays comprend les bassins supérieurs des Hautes-Volta et ceux de quelques affluents de droite du Niger.

Le climat est analogue à celui du Soudan avec une tendance plus grande à la pluviosité et une atténuation sensible du vent d'Est. La saison des pluies s'étend des premiers jours de juin aux premiers jours d'octobre (1).

Les sols de la Haute-Volta ne paraissent avoir été étudiés que dans leurs grandes lignes. De grands fleuves comme au Soudan n'ont pas déposé de vastes nappes d'argile ou de sable. Les terrains silico-argileux recouverts d'humus sont abondants et favorables à la culture. C'est un pays de savanes, d'où la grande forêt est absente, mais des peuplements très importants d'essences diverses se rencontrent partout, sauf au nord.

La Haute-Volta est la colonie la plus peuplée de l'A. O. F. avec 3.000.000 habitants, dont la densité atteint parfois jusqu'à 35 habitants au kilomètre carré dans le cercle de Ouagadougou. La race dominante est celle des Mossis, qui vivent dans un état social voisin de la féodalité et plus élevé que la plupart des autres noirs de l'A. O. F. Ils sont sédentaires et s'adonnent aux travaux agricoles. Parmi les autres races, les Niounioussé, les Sissala et les Bobos, également sédentaires, forment des groupes compacts. Le nord est habité par les nomades Touaregs et Peulhs. Ce pays agricole est

1. Le climat est excellent pour les Européens. Certains Pères blancs ont passé vingt ans à Ouagadougou sans rentrer en Europe. Le P. Leray y compte dix-neuf année de séjour ininterrompu. La maladie du sommeil ne se rencontre que sur les berges de la Volta. Elle est complètement inconnue en plein **Mossi.**

riche et de grand avenir, la population relativement travailleuse. L'éloignement de la mer, l'absence de moyens de transports et notamment de voies ferrées a retardé jusqu'à nos jours sa mise en valeur. Les Européens y sont en nombre infime, quoique le climat soit très salubre.

* * *

Comme au Soudan, le cotonnier est cultivé, peut-être avec un peu plus de soin (1) par l'indigène qui l'intercale également dans les cultures vivrières. Les variétés indigènes sont les mêmes qu'au Soudan. Le rapport par hectare, dans une culture mal faite, est d'environ 5o kilos de fibres de bonne qualité, d'une longueur de 24 à 27 mètres.

Le coton, généralement supérieur à celui du Soudan, est l'objet d'un commerce assez important dans toute la colonie. Son industrie est exclusivement familiale. Comme dans toute l'A. O. F. le tisserand de village fait des bandes de toile qui servent à la confection des pagnes. Les exportations sont insignifiantes ; elles ne se font que dans les colonies voisines. Sous l'impulsion de l'Administration, on compte rendre de 3 à 4.000 balles disponibles pour l'exportation en 1925 et 1926.

La culture rationnelle est encore totalement inconnue. Des essais sont faits présentement avec des variétés américaines.

L'Association Cotonnière Coloniale a en cours d'installation des usines d'égrenage à Ouogadougou, Bobo et Dédougou et a envoyé quelques égreneuses à main.

---

1. L'Administration évalue à 36.000 hectares les surfaces cultivées en cotonniers.

La Haute-Volta jouissant d'une main-d'œuvre nombreuse et d'un climat approprié, peut, au sud d'une ligne passant par Ouagadougou, devenir un pays cotonnier d'avenir. La question des transports subordonne tout, en matière économique et agricole dans cette colonie. Les transports automobiles sont trop coûteux ; l'achèvement de la première voie ferrée de Bouaké à Ouagadoudou, est d'une extrême urgence (1).

La colonie du Niger. — Le Territoire militaire du Niger a été constitué en 1922 en colonie autonome, sous l'autorité d'un lieutenant gouverneur relevant du Gouvernement de l'A. O. F. La capitale est Zinder.

La superficie est d'environ 1.200.000 kilomètres carrés. Il existe deux massifs montagneux, ceux de l'Air (800 mètres) et du Tibesti (1.200 mètres). Cette immense région peut être divisée en deux contrées bien distinctes, l'une au sud, d'une largeur moyenne de 150 kilomètres qui appartient à la zone des steppes et savanes, couverte d'une brousse arbustive peu épaisse, de champs de mil et d'herbages où paissent les troupeaux, l'autre

1. La région de Bobo-Dioulasso et de Dedougou a été explorée par un agent de l'A. C. C. M. Level en 1911. Il estimait qu'elle était susceptible de donner une importante production. M. Waddington, président de l'A. C. C. a conclu comme suit, lors de son enquête en Haute-Volta de janvier 1924 : Région plus favorable que le Soudan avec une qualité de coton supérieure, surtout comme résistance. Il est probable qu'à culture égale, ce résultat est dû à une plus grande humidité du sol. On peut espérer qu'une graine américaine, sélectionnée et acclimatée, donnerait dans ces régions de bons résultats. L'effort administratif en Haute-Volta est considérable, très bien dirigé, accepté et bien interprété dans les divers cercles : champs du commandant, culture collective au profit du village qui reçoit le produit de la récolte après réalisation à un prix avantageux par l'Administration.

au nord, désertique, dans laquelle se trouvent disséminées les oasis. Elle est limitée au nord par le désert, à l'est par le territoire du Tchad, au sud par la Nigéria anglaise, à l'ouest par le fleuve le Niger qui longe les limites de la Haute-Volta et du Dahomey. Il n'y a pas de fleuves ou rivières importants. Le lac Tchad, au sud-est, reçoit quelques rivières de la colonie.

La population est d'environ 1.200.000 habitants, dont environ 250.000 nomades touaregs ou peulhs et 950.000 noirs sédentaires.

Cette colonie est un pays agricole et surtout d'élevage. Le cotonnier s'y rencontre et est cultivé comme au Soudan, mais le climat lui paraît moins favorable. D'autre part, l'éloignement de la côte, l'absence de main-d'œuvre et de moyens de transport font que cette culture exigeante ne présente pas d'intérêt à l'heure actuelle. Les rives du Niger mériteront peut-être une attention particulière lorsqu'elles seront reliées à la côte par le prolongement des chemins de fer du Dahomey et du Togo.

CHAPITRE III

LA CULTURE SÈCHE AU DAHOMEY ET AU TOGO

I. — Le Dahomey

On compte au Dahomey (1) environ 900.000 habitants, dont seulement 538 Européens sur un territoire de 107.000 kilomètres carrés, soit une densité moyenne de 8 habitants au kilomètre carré, La population noire appartient à des groupements ethniques variés.De bonne heure en contact sur la côte avec l'élément européen, où les Portugais ont laissé de nombreux métis, elle est moins évoluée et souvent très primitive au nord, où la pénétration européenne est toute récente.

La température est assez uniforme + 18° à + 30° et ne présente pas comme au Soudan des écarts variant entre + 6 et + 46. La chute d'eau annuelle varie de o m. 75 à 1 mètre dans la moitié sud et de o m. 5o à o m. 75 dans la moitié nord, avec une pluviosité d'un mètre dans les montagnes de l'Atacora.

1. Le Dahomey, capitale Porto-Novo, situé sur le Golfe de Guinée, entre les 6°22 et 12° de latitude nord, a la forme d'un rectangle de 107.000 kilomètres carrés, limité au nord par le cours du Niger soudanais, à l'est par la Nigeria anglaise, à l'ouest par le Togo, au sud par l'Océan. Il est arrosé par quatre grandes rivières à régime torrentiel, se dirigeant parallèlement du nord au sud. Les reliefs les plus saillants sont constitués à l'ouest par les montagnes de l'Atacora, dont les sommets les plus élevés ne dépassent pas 800 mètres.

La zone côtière du Dahomey et du Togo, où l'influence de la mer se fait sentir à une profondeur de 100 à 150 kilomètres, est couverte d'une végétation luxuriante formant une forêt où domine le palmier à huile qui est la richesse du pays, auquel sont venus se joindre tout dernièrement la culture du cacaoyer et du caféier.

A hauteur de Miso et d'Abomey, le pays se découvre largement et laisse place à des cultures d'arachide, de maïs, de manioc, d'igname et de coton. A partir de cette limite seulement on rencontre en étendue appréciable des terrains de culture avec toutes les variétés de sols silico-argileux mélangés à de notables quantités d'humus dans les alluvions récentes des cours d'eau.

Le Haut-Dahomey, comme le Haut-Togo, diffère sensiblement du reste de la colonie. Les montagnes de l'Atacora traversent cette partie du sud au nord, alimentant les fleuves Ouémé, Mono et de nombreuses rivières.

Les vastes plaines du Borgou et de Kandi s'étalent à à l'est des monts de l'Atacora. Elles sont constituées par des terrains silico-argileux, riches en humus et pourvues en eau pendant la saison sèche. On y rencontre une forêt légère, composée principalement de Karités et de nètés. Ces plaines sont en majeure partie incultes. Elles se transforment durant la saison des pluies en pâturages où vont paître les nombreux troupeaux des indigènes.

Le Gourma s'étend à l'ouest des monts de l'Atacora. Cette région est, au sud, bien arrosée et pourvue d'arbres vigoureux qui dénotent la fertilité du sol. Au nord les terrains sont arides et secs. Comme au Borgou, ils se transforment en pâturages durant la saison des pluies. La population est très clairsemée. L'eau manque en saison sèche et les indigènes s'alimentent au moyen de puits.

Les montagnes de l'Atacora se prolongent en collines dans le Togo, séparent le bassin du Mono de celui de la Volta.

*
**

Le cotonnier existe à l'état naturel au Dahomey comme dans la majeure partie de l'A. O. F. On le dit importé à une époque lointaine par les Brésiliens.

Sa culture était en honneur bien avant l'occupation française à partir du 7° de latitude nord, au sortir de la forêt côtière, jusqu'aux rives du Niger et sa production suffisait aux besoins locaux.

L'industrie familiale du tissage disparut dans le Moyen Dahomey avec l'occupation française, qui fit pénétrer les tissus européens, mais la culture a toujours subsisté. Plus au nord, à Say, la fabrication des pagnes constitue la seule industrie agricole du pays et elle est encore importante à Djougou.

Le noir dahoméen est assez intelligent et actif, si on le compare à la plupart des races de l'Afrique Occidentale. Il ne connaît pas l'usage de la charrue, mais il pratique bien le labourage à la main, le billonnage et le buttage. Il n'ignore pas nos procédés culturaux, la méthode des assolements et a recours à la jachère afin de faire reposer une terre fatiguée.

Le cotonnier se cultive sur buttes, isolément ou associé à diverses plantes vivrières, la plupart du temps à l'igname. Dans ce dernier cas, l'igname plantée en mars, a déjà atteint en mai-juin un fort développement.

On fait alors, dans les champs d'igname, un léger binage et on sème quatre ou cinq graines de cotonnier dans un poquet fait avec le talon au tiers de la hauteur de chaque butte. Les graines germent au bout de cinq à six jours et les cotonniers croissent rapidement. Les indigènes les éclaircissent quand ils ont 20 à 25 centimètres de hauteur ; ils ne laissent par butte qu'un ou deux pieds très vigoureux, ces cotonniers continuent à croître, mais ils se développent surtout en hauteur ; les indigènes, en effet, pratiquent rarement l'écimage, qui consiste à couper le bourgeon terminal des cotonniers au moment de la floraison, de façon à obliger les branches latérales qui portent les capsules à prendre un plus grand développement. Quand la culture du cotonnier se fait isolément, les semis ont lieu environ un mois plus tard que dans le cas précédent, en juillet, et les indigènes laissent 3 ou 4 cotonniers par butte au lieu d'un ou deux. La durée de la végétation est d'environ six ou sept mois. La culture sur buttes est ainsi faite afin d'augmenter l'épaisseur de la terre végétale qui la plupart du temps ne dépasse pas 15 à 20 centimètres (1).

** **

Les cotonniers indigènes se ramènent à deux types botaniques distincts : le Gossypium arboreum est un type arborescent, atteignant une hauteur de 3 mètres à 3 m. 50, qui vit par pieds isolés dans le Moyen-Dahomey et le Moyen-Togo. Le Gossypium herbaceum est un type arbustif comprenant diverses variétés qui atteignent 1 mètre à 1 m. 50 de hauteur. Les capsules sont moyennes avec de grosses graines, fortement velues et couvertes de fibres d'un blanc mat ou légèrement beur-

---

1. D'après Yves Henry, *Le Coton en A. O. F.*, 1 vol in-8.

rées, moyennement fines et très nerveuses. Lé cotonnier indigène se plait dans une terre légère et pousse vigoureusement lorsque l'abondance des pluies donne au sol une humidité suffisante.

Depuis quelques années on a introduit une variété dérivée du G. Barbadense, le Sea-Island, acclimaté par les allemands au Togo, où il s'est légèrement modifié par hybridation avec les espèces locales, principalement à la suite du mélange des graines dans les usines d'égrenage. Les hybrides ainsi formés sont résistants et de belle productivité.

La fibre du coton indigène est courte, forte et nerveuse, d'une longueur de 22 à 25 millimètres. On obtient en petites quantités des soies de 25 à 28 millimètres, Les essais en filature ont été satisfaisants et le coton du Dahomey est couramment employé dans l'industrie (1).

Le service de l'Agriculture de la colonie estime que

1. Un essai Industriel a donné lieu au rapport suivant :

Le filé fabriqué avec du coton du Dahomey se comporte au tissage d'une façon presque identique à celui du coton d'Amérique; il y a lieu d'excepter de cette remarque générale les numéros de trame dépassant 3o. La faible longueur des fibres, la torsion exagérée donnée au fil aux métiers Self actings, sa tendance à vriller ne permettent pas, en effet, d'obtenir pratiquement ces hauts numéros.

Cette réserve faite, si l'on songe que le coton employé dans la filature, où les essais ont eu lieu, est couramment de Fully Good Middling 28/29 millimètres, on est en droit de se féliciter du rapprochement que l'on peut faire entre les tissus fabriqués avec la matière première des deux provenances.

Si, à la filature, le coton indigène du Dahomey est plus difficile à travailler que le coton d'Amérique. en revanche, au tissage, il donne toute satisfaction et l'expérience nous a montré qu'il peut entrer en composition dans toutes les sortes courantes tissées habituellement dans les Vosges.

En résumé, le coton du Dahomey a donné, au point de vue technique, de son traitement en filature et au tissage, des résul-

la récolte totale se répartit approximativement ainsi :
Savalou fournit les 14/20 de l'exportation générale,
Savé, les 3/20, Abomey les 2/20 et Zognanado 1/20.
Les centres d'achat les plus importants sont Savalou,
Dossa, Savé, Bohicon, Covi, Pobé. La production est
localisée dans le Moyen-Dahomey.

Une modification assez sensible de la valeur cotonnière du Dahomey serait peut être obtenue par la mise
en exploitation des cercles du Nord-Ouest qui, dans
leur ensemble pourraient probablement fournir 800 t.
de fibres nettes, si la culture du coton arrivait à jouir de
la même faveur qu'à Savalou. A Djougou dans le Haut-
Dahomey, on trouve une population relativement dense
et des indigènes aptes à devenir de bons cultivateurs,
le jour où ils auront été initiés à l'emploi des animaux
de trait et à une culture rationnelle. Cette région deviendra peut-être un jour un centre de fermes écoles
indigènes. Le sol y est silico-argileux, très meuble et
profond, convenant au coton.

Cette extension n'est réalisable que si des centres
d'achats sont installés en divers points peu éloignés
des centres agricoles, or cela ne peut que suivre la
construction et l'achèvement des voies ferrées ordinaires ou à voie étroite permettant l'évacuation économique et certaine de ces produits. Le service automobile de Savé au Niger ne peut actuellement effectuer un
trafic suffisant et ses tarifs sont trop élevés : la route
de Savalou-Djougou-Atacora n'est pas en état d'autoriser des transports rapides et nombreux.

tats excellents : on peut même dire que pour un coton de « brousse »
il est de qualité parfaite.

(Rapport de la Maison Ancel Seitz de Granges, (Vosges) à
l'Association cotonnière.

L'ouverture de chemins de fer dans ces régions aura pour conséquence immédiate l'entrée en trafic des amandes de karité, abondantes partout et délaissées seulement en raison de leur isolement : mais il n'est pas à supposer qu'elles portent concurrence au coton dont l'évolution est terminée quand arrrive l'époque de récolte des fruits de Karité, à moins que l'indigène ne trouve dans ce dernier travail une rémunération qui lui suffise à pourvoir à tous ses besoins et l'incite à négliger ou abandonner les bénéfices qu'il peut tirer de l'exploitation du coton.

* * *

L'intervention européenne en vue d'encourager et d'améliorer la culture indigène date de 1882, mais c'est à partir de 1904 avec l'installation d'un agent de l'Association Cotonnière coloniale que l'importation de graines exotiques, la création des champs d'essai, l'amélioration de quelques cultures indigènes, la construction d'usines d'égrenage donnèrent des résultats qui n'ont cessé de croître depuis cette époque. L'année 1909 vit la création de la Compagnie française du Coton colonial à laquelle s'est substituée depuis la Compagnie francaise pour le Commerce et l'Industrie. Cette compagnie achète le coton aux indigènes et le traite dans ses usines d'égrenage pour l'exportation.

C'est surtout depuis 1922 qu'un gros effort a été accompli, principalement par l'Administration. Une campagne de propagande fut développée auprès des indigènes, tant par le service de l'Agriculture que par les administrateurs, commandants de cercle.

Des fermes de sélection de semences existent dans

les centres d'Abomey, Savalou et Djougou et il y a actuellement *8* stations d'égrenage, 2 à Savalou, 2 à Cotonou, 1 à Parahoué, 1 à Abomey, 1 à Djougou et 1 à Parakou.

Le coton obtenu dans ces différentes régions présente un gros défaut, dit M. L. Réteaud (1) : le manque d'homogénéité. Les fibres de ces plantes variées, offrent des longueurs allant de 25 à 33 millimètres, des diamètres variant du simple au double, présentant pour les filatures de gros inconvénients.

M. le Gouverneur Fourn a cherché à standardiser le coton du Dahomey, sous le type Sea-Island, par un ensemble de mesures dont l'application est en cours.

Les graines obtenues sont fournies aux cultivateurs de centres donnés, une règlementation empêchant toute distribution ou vente de graines en dehors de l'Administration. Ces régions seront donc progressivent débarrassées des mélanges de variétés actuelles (2).

Une série de mesures assurant le contrôle des usines d'égrenage, le contrôle et la classification des cotons d'exportation, en même temps qu'une surveillance stricte des récoltes pour obtenir des produits propres, permettra d'établir assez vite la qualité du coton du Dahomey.

Enfin, l'obligation de la culture annuelle, de l'arrachage et de la destruction par le feu des cotonniers

1. M. L. Réteaud, chef du Service de l'Agriculture au Dahomey *Revue de Botanique appliquée*, 21 mars 1924.

2. Pour la campagne 1924 on a semé au Dahomey les quantités suivantes de semences dont l'emploi a été sérieusement contrôlé. Cercle d'Abomey, 90 tonnes, Savalou 320, Parakou 20, Djougou 15, Holli-Ketou 5 ; en tout 450 tonnes sur environ 14.500 hectares, donnant environ 60 kilos de fibres à l'hectare.

après la dernière récolte, évitera la propagation des maladies.

A l'heure actuelle, le Dahomey ainsi que le Togo, malgré l'étendue restreinte de leur territoire, viennent à la tête des colonies de l'A. O. F. pour l'exportation du coton. Celle-ci est passée pour le Dahomey seul de 1.390 balles en 1922 à 1.600 balles en 1923 (1).

Le cotonnier ne semble pas devoir être cultivé dans les exploitations européennes qui s'établissent au Dahomey. La culture sèche est trop peu rémunératrice et le Dahomey n'est pas un pays de culture irriguée, qui seule laisse un bénéfice important. Aussi la culture restera-t-elle entre les mains des indigènes et ne se maintiendra-t-elle que si elle est faite rationnellement comme au Texas. Une chute annuelle de pluies inférieure à un mètre dans la majeure partie de la colonie limitera toujours à des étendues relativement restreintes la culture rationnelle du cotonnier. Aussi semble-t il que ce pays ne sera jamais une région cotonnière de grande production, à moins que le dry-farming ne donne plus tard des résultats inespérés.

II. — Le Togo

Lorsqu'éclata la guerre de 1914, le Togo (2), envahi des deux côtés dès le 15 août, vit, le 27 août la reddition de ses derniers défenseurs. Le partage qui suivit la victoire

1. Le prix d'achat au producteur a été de 2 fr. à 2 fr. 50 le kilo brut en 1923.
2. Le Togo est enclavé entre les possessions anglaises de la Côte de l'Or à l'ouest, la Haute-Volta française au nord, le Dahomey à l'est. Le Golfe de Guinée limite le Togo au sud sur

plaça sous le mandat français 58.000 kilomètres carrés sur un total de 88.000, le réseau ferroviaire tout entier, ainsi que le débouché vers la mer.

Bordé par une zone lagunaire de 70 kilomètres, le littoral du Togo, formé par un plateau côtier, élevé de 70 à 100 mètres, se prolonge dans l'intérieur par les monts du Togo, le massif de l'Agou et le massif de la Kara. A l'ouest, la montagne s'abaisse vers une large plaine qui se poursuit jusque dans la Côte de l'Or et dans laquelle coulent la Volta, l'Oti et tous leurs affluents. Le réseau hydrographique se compose de quelques petits fleuves côtiers à régime torrentiel durant la saison des pluies.

Bien que la chaleur soit élevée et constante (18° à 30°) avec une atmosphère humide, le climat est assez favorable à l'Européen. Par suite de la présence de montagnes, il est vrai peu élevées (600 à 800 mètres), à quelque distance de la côte, la pluviosité est plus forte qu'au Dahomey et atteint un mètre sur la plus grande partie du territoire. Les deux saisons, saison sèche et saison humide ne sont pas marquées par de grandes variations de température, mais par le passage sans transition d'une sécheresse intense à des pluies torrentielles.

La population s'élève à environ 675.000 habitants, soit en moyenne 13 au kilomètre carré, et se compose de plusieurs races noires mélangées. On ne compte pas

---

un parcours de 70 kilomètres. La capitale est Lomé ; les villes principales Atakpamé, Bismarksbourg et Manou. La Compagnie des Indes créa en 1625 divers comptoirs sur la côte dépendants de son établissement de Ouidah au Dahomey, où Colbert fit édifier un fortin. Telle est l'origine de la colonie allemande de Togo. Les principaux objets de trafic sont les amandes et l'huile de palme, le cacao, le maïs, le coton, le sisal et le coprah.

plus de 350 Européens, fonctionnaires ou commerçants. Cette population est pacifique et les deux sexes sont accoutumés aux travaux agricoles.

Les conditions favorables ou défavorables à la culture du coton sont les mêmes qu'au Dahomey avec cette différence qu'une pluviosité plus élevée permet d'arriver à un rendement supérieur, qui est de 70 à 100 kilos de fibres à l'hectare en culture indigène. Celle-ci est faite comme au Dahomey et dans le reste de l'A. O. F. en mélange avec les cultures vivrières.

*
* *

C'est sur cette colonie que l'industrie textile allemande et le Gouvernement portèrent d'abord leur attention.

Il n'y avait pas de terres appartenant à la couronne dans le pays de Togo; le sol est le plus souvent la propriété des indigènes. La culture du coton pour l'exportation devait donc *à priori* être entreprise comme petite culture ou culture indigène et non pas comme culture de plantations sous la direction de propriétaires européens. Les premiers résultats prouvèrent la justesse de cette méthode qui prit son essor pratique à l'automne de 1900, lors de l'installation par le Gouvernement de quatre planteurs de coton, théoriquement et pratiquement instruits, de race nègre, de l'Etat d'Alabama (Etats-Unis).

Leur équipement personnel mécanique (machines agricoles, charrues, rouleaux, égreneuses et presses) et les graines furent obtenus par l'entremise de l'Ambassadeur d'Allemagne à Washington, de M. Wilson, ministre de l'Agriculture des Etats-Unis et du célèbre Institut nègre Booker Washington, Tuskegee (1).

1. A leur tête, se trouvait James N. Calloway, aux côtés duquel

Après avoir cherché les terrains convenables et avoir reconnu les aptitudes et la bonne volonté des indigènes pour une culture plus intensive du coton, on s'occupa avec l'aide des stations impériales, alors déjà au nombre de six, et des missions, à déterminer les variétés propres aux terrains en vue d'obtenir autant que possible un produit uniforme et de valeur marchande.

De nombreux essais furent faits avec les graines exotiques, américaines, indiennes et avec les graines indigènes.

Le meilleur résultat dans les terres de l'intérieur fut obtenu avec une variété indigène à graine lisse, à laquelle on donna le nom de Togo Sea Island (G. religiosum). Le district de Mangu possédait une remarquable variété de ce cotonnier (1).

Le Comité colonial de la Métropole (Deutsches Kolonial-wirthshafliches Komitee) projeta tout d'abord d'établir au Togo un grand nombre de nègres, planteurs de coton de l'Amérique du Nord. En mai 1902, arrivèrent quatre émigrants, dont deux se noyèrent en débarquant; les deux autres retournèrent peu après dans leur pays. L'idée de l'émigration de planteurs noirs américains fut abandonnée à la légère et sans qu'aucune expérience fut faite dans une large mesure. Cette idée, abandonnée au Togo, fut reprise dans la suite en Afrique orientale allemande où elle eût un plein succès (2).

travailla, dès le début, John W. Robinson, qui mourut accidentellement en 1909. Les deux autres compagnons s'appelaient Allen Burks et Shepard Harris.

1. Sur les variétés essayées au Togo, voir le rapport du délégué allemand au 7e Congrès international cotonnier, Bruxelles, 1910.

2. Le noir américain est en effet le descendant des esclaves

Dès 1903, la Commission d'inspection des cotons était créée, avec Lomé pour siège. Elle comprenait entre autres un américain allemand, J. H. Buwinghausen, planteur de coton au Texas et deux agronomes de race blanche, d'Afrique occidentale. Pendant la période de plantation et à la moisson, ils visitèrent continuellement la colonie afin de surveiller le développement rationnel et le rendement des cultures. Ils entreprirent également des voyages à travers les colonies anglaises et françaises limitrophes pour y comparer l'état des essais de culture cotonnière avec celui du Togo.

Dans le but de convaincre les indigènes de l'intérêt qu'ils avaient à cultiver le coton, et afin de les préserver de considérables écarts de prix, comme il s'en produit, le Comité leur garantissait un prix fixe de gros, déterminé avant les semis et qui s'élevait en 1903 à 3o pfennigs par livre de coton égrené rendu à la côte.

La même année, l'empereur allemand s'intéressait à la question cotonnière dans les colonies. Il savait comment la prospérité de l'industrie textile allemande pouvait en dépendre et recevait les délégations du Comité colonial qui venaient l'entretenir de la question.

En même temps, le secrétaire de ce Comité exposait dans une réunion à Munich le programme des trois

venus d'Afrique et avec du temps et des précautions il s'acclimate et sert dans les villages, par son exemple, d'excellent moniteur de culture. Au Togo, le Comité colonial avait pensé arriver au résultat cherché par l'éducation agricole des indigènes dans ses fermes écoles et l'inspection des cultures indigènes par les experts de race blanche et de race noire. Contrairement à l'attente, l'expérience démontra que la progression de la culture indigène serait très lente et exigerait plusieurs générations. Le succès acquis en Afrique Orientale inclinait le Comité Colonial à user des mêmes moyens au Togo et ce projet aurait été mis à exécution sans la guerre 1914-1918.

années suivantes 1904-1907. Il comportait une dépense de 750.000 francs. Au début de ses expériences le Comité disposa d'une somme de 937.500 francs. Il recevait annuellement, tant du Gouvernement impérial que des Gouvernements du Togo et de l'Afrique Orientale 75.000 francs, somme qui fut augmentée à partir de 1905. L'encouragement à la culture avait pour elle l'unanimité de l'opinion publique. Le Worwaerts, organe socialiste, disait en substance : Ennemi de la politique coloniale, le parti socialiste allemand est cependant sympathique aux efforts faits en Afrique pour briser le monopole des Etats-Unis et supprimer les hausses factices dues à la spéculation, qui frappent si vivement l'industrie cotonnière anglaise, allemande et française. »

Le Comité, devant l'absence de moyens de transport dans la colonie, commença sa propagande par la région côtière et établit sa première station cotonnière à Towe, district de Misahœhe, où avec l'aide de 200 indigènes, 40 hectares de terre étaient défrichés. Malheureusement, la mouche tsé-tsé, qui sévit sur la zone côtière, détruisit les animaux de trait. Le résultat de l'essai fut mauvais. Le Comité perdait 50 francs par balle, non compris les frais du personnel européen et l'amortissement. On transféra en 1904 la plantation plus au nord, à Nuatja, où la mouche tsé-tsé n'offre plus de danger, et on lui annexa une école d'agriculture qui, espérait-on, aurait une heureuse influence sur l'extension des cultures rationnelles et sur la bonne préparation des récoltes. Elle eut à s'occuper du dressage des bœufs, à enseigner les différentes méthodes de préparation du sol, l'usage de la charrue, l'égrenage, le pressage ainsi que le choix des graines.

Le personnel du comité local, composé d'un inspec-

teur, d'un sous-inspecteur et du directeur de l'école de
Nuatja, installait à Palimé une station d'égrenage qui
livrait 3 balles par jour. La Compagnie commerciale de
l'Ouest africain allemand et la Société Kpeme construi-
saient également deux usines d'égrenage dans la colonie.
Mais d'autres maisons renoncèrent, au contraire, à
créer les stations projetées, si bien que de ce fait,
plus de 60 tonnes de coton ne purent être égrenées en
1904 et restèrent dans le pays.

La culture du coton se vulgarisait ; il fut convenu
avec les indigènes que la presque totalité des champs
serait plantée de cotonniers comme culture intermédiaire,
en mélange avec les cultures vivrières. Le prix d'achat
garanti aux planteurs par le Comité pour la récolte
1905-1906 était de 0 fr. 75 le kilo égréné et livré à
Lomé.

Jusqu'alors les noirs avaient cultivé uniquement les
variétés de coton indigène qu'ils pouvaient planter en
même temps et dans le même champ que leurs céréales,
telles que maïs, ignames, cassaves, haricots et pista-
ches ; ils préféraient un cotonnier indigène de 2 m. 50
à 3 mètres de haut au cotonnier américain d'environ
1 m. 50, dont la croissance était rapidement étouffée par
celle trop luxuriante des autres produits. Ils en venaient
ainsi graduellement à la conviction qu'un champ qui
n'est ensemencé que de coton donne plus de bénéfice
qu'une culture mixte.

Dès 1906, les plantations se multiplient sur les bords
du Volta. La station de Kekeknatschi possédait 70 hectares couverts de cotonniers. La qualité était bonne et une
des plantations modèles voyait sa récolte dépasser de
8 pfennigs les cours du coton américain. Le coton d'Atakpamé était reconnu excellent. Le district de Sokade

abondamment pourvu d'eau permettait de ne pas redouter les conséquences de la sécheresse. La qualité supérieure du coton du Togo justifiait la livraison de
5oo kilos de graines de semences de Togo Sea Island à
la colonie française du Dahomey.

Afin d'obtenir cette qualité, il est nécessaire de faire
une culture rationnelle et de remplacer la houe par la
charrue. Les naturels étaient malheureusement peu
habiles et la houe était seule employée, sauf exceptionnellement dans les stations dirigées par des Européens,
où la charrue était usitée.

L'exposition agricole tenue en janvier 1907 à Palimé,
à laquelle 426 exposants indigènes prirent part, démontra de manière satisfaisante les progrès du développement de la culture. Cette exposition fut un stimulant
pour l'extension de la culture cotonnière par la production des différentes variétés de la colonie, les expériences de labourage à la charrue et d'égrenage, de cueillette du coton et enfin la constatation des résultats
obtenus au moyen d'essais de fumage des terres,
rapportant 345 kilos de coton brut à l'hectare, contre
seulement 116 kilos dans les champs non fumés. Les
champs d'expériences montrèrent aux indigènes la
manière de planter convenablement le coton. Des prix
d'honneur (montres d'argent) et des prix en argent
accordés pour rend ements spéciaux en qualité et
quantité agirent à cette accasion comme stimulants pour
la continuation et l'accroissement de la culture du coton.

De plus, l'Administration avait installé une station de
contrôle des semences, dont l'action devait tendre à
la production d'un coton uniforme pour tout le pays.

Après de nombreux essais de croisements, l'école de
Nuatja réussissait en 1908 à obtenir une variété type,

provenant du coton de la Côte et fournissant une récolte plus abondante que les sortes produites jusqu'alors. C'est une espèce bisannuelle rendant environ 5oo kilos à l'hectare. Le directeur de l'école recommandait, comme culture intercalaire avec le maïs, le coton Caravonica (1).

Dans le but d'encourager la culture, le Comité local fit échelonner à l'intérieur quatorze usines d'égrenage et marchés d'achats permanents. Peu après, il céda ses propres établissements aux sociétés installées dans le pays ; cela lui permettait de se déplacer, de faire fructifier plusieurs fois ses capitaux et de fournir une preuve de l'efficacité de ses travaux.

Désireux de protéger les indigènes contre des pertes, il publiait, avant l'époque de la plantation un tarif réglementant les achats de coton. Les postes administratifs et le Comité se chargaient de l'achat et de la distribution de la semence. Ils concluaient des arrangements avec les sociétés d'égrenage qui s'engageaient, moyennant une indemnité de 2 francs les 35 kilos, à nettoyer la graine et à la classer par variété. La distribution était faite aux indigènes par charge de 35 kilos et facilitée par des greniers à semences établis en divers endroits.

Les procédés les plus efficaces, suivant l'avis de M. Maurice Shanz (2), pour assurer l'avenir de la culture étaient l'Ecole cotonnière de Nuatja, la voie ferrée, la distribution des semences, les usines d'égrenage, les marchés d'achat et la garantie des prix.

1. D'après le rapport du délégué allemand au Congrès International cotonnier, 1909.

2. D'après le rapport de M. Maurice Shanz, au Congrès International du Coton. Paris, 1908.

Bloud   6

L'école de Nuatja et le jardin d'essai furent achetés au Comité, en 1908, par le Gouvernement impérial du Togo et, à partir de cette année, l'Administration se chargea seule de la distribution des graines.

En vendant son école d'agriculture au Gouvernement, le comité se conformait à ses principes, de céder aux colonies des travaux préalables contre remboursement de leur valeur dès que les intéressés directs se déclaraient prêts à les reprendre, et garantissaient que les entreprises serviraient par la suite et d'une façon permanente à la culture du coton.

La méthode suivie paraissait être la bonne. La production était portée en 1907 à 1691 balles de 200 kilos de fibre contre 1.205 l'année précédente, soit une augmentation de plus de 40 %. Le chemin de fer Lomé-Atakpamé allait être bientôt achevé et les contrées du nord ouvertes à l'expansion de la culture. Un essai fait près de Lokode avec une variété indigène, le Gossypium néglectum, produisait 430 kilos de coton brut à l'hectare.

En vue d'obtenir de plus grandes quantités, le Comité continuait à porter son principal effort sur le remplacement de la houe par la charrue dont le rendement était estimé supérieur à près de 50 %. On se heurta à la routine et aux habitudes ancestrales des noirs, aux difficultés de dressage et d'emploi des animaux de trait. Le résultat ne répondit pas au premier espoir et on constata que le progrès ne serait obtenu avec les noirs qu'au prix d'efforts très longs et méthodiques. Le Togo possédait dès 1909, 38 stations d'égrenage, dont 14 avec force motrice et 27 avec groupement d'égreneuses à main, donnant une totalité de 450 égreneuses (1).

1. Les usines à force motrice étaient la propriété de la Société

Les usines d'égrenage installées dans les régions de production s'avançaient d'étapes en étapes vers l'intérieur et servaient au développement de la culture. Elles étaient chacune un centre de marché en gros. De plus, l'installation de marchés en gros là où l'usine d'égrenage n'existait pas encore épargnait aux indigènes un très long trajet souvent jusqu'à la plus proche station d'égrenage et de fait stimulait davantage la production. En effet, les indigènes ne vendaient individuellement que de petites quantités allant de 3 à 20 livres et ne méritant pas un long voyage. D'après les coutumes indigènes, le coton appartient aux femmes et enfants qui le cueillent : ceux-ci préfèrent le vendre en petites quantités, car ils se figurent avoir, de cette façon, un plus grand bénéfice.

L'espoir d'un résultat industriel par la culture indigène sans irrigation n'empêchait pas d'étudier la question de l'irrigation. Des essais de culture par irrigation étaient expérimentés sur les bords des fleuves Mono, Oti et Volta. Il fut constaté que la variété Togo Sea Island croissait avec plus de succès en champs irrigués ou encore dans les terrains bas.

D'une manière générale au Togo on ne détruisait pas annuellement les tiges de coton comme cela se fait en Egypte et dans l'Amérique du Nord ; on les récolte au contraire vivaces pendant plusieurs années. La question se pose de savoir si cette méthode est pratique et économique, dit le délégué allemand au Congrès international cotonnier de Bruxelles (1910), car il se peut que le coton d'une seule et même tige devienne la deuxième et troi-

de plantations Kpeme à Berlin, de la Société allemande de Togo à Berlin, de la Société Vietor et Freese à Brême, du Gouvernement et du Comité colonial.

sième année de valeur moindre qu'à la première année de récolte et qu'alors on préfère le coton d'un an.

De fait, les filateurs allemands s'étaient plaints en 1910 d'un mouvement rétrograde de la qualité du coton du Togo; sa pureté en comparaison des années précédentes laissait à désirer, la couleur se détériorait, l'ensemble était disparate et moins fort. On crut trouver la raison de ces défauts, d'une part, dans le fait de récolter plusieurs années de suite sur la même plante, d'autre part, on expliqua le mouvement rétrograde de la qualité comme étant la conséquence de croisements de graines impropres au climat et au sol : les diverses variétés mûrissent à des époques inégales et donnent des fibres disparates, longues et courtes, faibles et fortes, mais qui sont toutes traitées de la même manière à l'égrenage. Les expériences de culture bisannuelle au Soudan et en Nigeria ont souvent donné de bons résultats, mais il est possible que la qualité décroisse à partir de la troisième année, tout au moins au Togo.

A partir de 1908, sur la demande du Gouvernement impérial, le Comité colonial limita son action à l'établissement de nouvelles stations d'égrenage et centres d'achat, à l'obtention de garanties de prix d'achat et à la concession de moyens de transport.

Le gouvernement prenait à sa charge l'enseignement professionnel dans les stations-écoles, l'établissement des champs d'expérience, l'obtention des semences, le triage des graines, etc...

Le Comité colonial travaillait en collaboration avec le Gouvernement à l'amélioration des moyens de transports ; suppression du portage, emploi des animaux de trait. C'est lui qui, dès 1905, avait déterminé le tracé de la ligne Lomé-Palimé. Il construisait des hangars dans les centres d'achat et assurait le transport des marchés à l'usine d'égrenage.

Le délégué allemand au Congrès international cotonnier de 1911 à Barcelone s'exprimait ainsi : « Au Togo, la culture du coton est demeurée jusqu'à présent, en raison des circonstances locales, une culture indigène, exploitée sur une petite échelle. On croit avoir déterminé maintenant, après de nombreux essais, les meilleures qualités pour la culture locale ; dans le sud de la colonie on cultive la qualité Sea Island indigène ; au centre la qualité américaine Upland et au nord, une qualité originaire de l'Inde orientale anglaise. L'avenir de la culture du coton dans nos colonies dépend principalement du choix de qualités convenables à chaque district et la solution de ce problème sera probablement différente pour chaque région. La généralisation est également dangereuse en Afrique. Cependant, après avoir déterminé une fois pour toutes les qualités convenables, on ne devrait employer dans chaque région que la graine qui y est produite. »

*
* *

Délaissée de 1914 à 1922, la culture du coton au Togo se développe maintenant avec rapidité, quoiqu'elle soit restée primitive, familiale et pratiquée en association avec les cultures vivrières.

Dans les cercles du centre d'où l'évacuation vers la côte est assez facile, les chefs de canton ont été avisés par l'administration qu'ils aient à faire procéder dans chaque village à la culture cotonnière. Les plantations scolaires constituent quelques champs d'expériences où les jeunes élèves sont journellement initiés à tous les travaux agricoles. Une ferme école a été créée à Anecho.

La surface plantée en coton en 1924 était d'environ 10.000 hectares dans les cercles du centre du territoire et il sera très probablement triplé en 1927. La récolte par hectare est de 80 à 100 kilos de fibres, supérieure à celle du Dahomey et surtout du Soudan (1). Cette moyenne permet d'escompter un rendement très supérieur le jour où une culture rationnelle avec labours profonds à la charrue, hersage, binage et engrais pourra être établie. Une culture en dry-farming par des noirs des Etats-Unis du Sud, sur de petites fermes de 30 à 50 hectares semblables aux fermes cotonnières américaines donnerait des rendements égaux à ceux du Texas sur une bonne partie de la colonie.

Six usines d'égrenage fonctionnent actuellement. La sélection des graines à la sortie des usines est régulièrement poursuivie : deux agents européens sont exclusivement employés à la sélection des plantes sur pied ; la quantité des semences distribuées est évaluée à 400 tonnes en 1924.

D'accord avec la Chambre de commerce, le Haut-Commissaire de la République a instauré un régime d'inspection du coton sur les marchés, de façon à interdire l'exportation des lots rouillés ou de mauvaise qua-

1. Les sortes de coton actuellement cultivées au Togo sont :
Le « Gossypium Barbadense », dite « Togo Sea Island » parfaitement acclimaté et réussissant fort bien au double point de vue du rendement et qualité de la fibre.
Le « Gossypium Hirsutum » à graines vêtues et se cultivant en plantation annuelle.
Incidemment, le « Gossypium Neglectum » dont la culture fut abandonnée vers 1910, cette espèce ayant rapidement dégénéré par suite de son peu de résistance aux maladies.

lité et de ne laisser sortir que les produits de vente certaine.

Un groupement d'industriels du textile a créé en 1923 un Comité du coton, qui constitua un syndicat d'études pour la culture du coton au Togo-Dahomey. Ce syndicat, à la suite d'une mission dirigée par M. Ajam, ingénieur en chef des cultures en A. O. F. durant l'année 1924, a créé la Compagnie cotonnière ouest-africaine, « la Cotoa » au capital initial de 5.000.000.

Le programme est basé sur la collaboration de la société avec les indigènes, mais les moyens primitifs qu'ils ont employés jusqu'ici et dont le rendement est naturellement très faible feront place aux machines de motoculture de la compagnie qui effectueront les travaux les plus pénibles : labours, binages, etc... En échange, la société recevra comme rémunération la moitié de la récolte. D'autre part, l'Administration mettra à la disposition des indigènes des graines sélectionnées.

Pour exécuter ce programme, il est prévu que l'on organisera quatre fermes cotonnières, qui serviront de centres de production et autour desquelles rayonneront les exploitations indigènes. Ces fermes n'auront pas comme objet principal la production du coton, mais celle de graines spécialement triées. De plus, elles serviront en quelque sorte d'écoles pour les apprentis indigènes.

Il a été prévu, en effet : 1º que l'Administration achèterait, pour les distribuer aux indigènes, les semences sélectionnées par la ferme et cela à des prix variant de 1 franc le kilo les premières années à 0 fr. 50 par la suite ; 2º que des apprentis agriculteurs seraient reçus dans la ferme aux frais du gouvernement et y suivraient un enseignement rationnel. Ces indigènes se verraient ensuite accorder des facilités de toutes sortes pour s'installer pour leur compte dans les environs des fermes ; 3º que le gouvernement allouerait une prime de 200 fr. par hectare dans les premières années et de 150 francs ensuite sur les superficies mises en culture.

Un contrat établi sur ces bases a été, après approbation du ministre des Colonies, signé en 1925 par le Haut-Commissaire de la République au Togo. Par ce contrat, l'administration s'est engagée à faciliter la réalisation de ce programme, tant par les avantages déjà énumérés que par son appui effectif, moral et matériel.

Cette tentative privée, dans l'Ouest-Africain français, est la première en matière de culture sèche du coton, qui paraisse basée sur la réalité des faits avec une organisation et un but pratique.

CHAPITRE IV

LA CULTURE SÈCHE DANS LA COTE D'IVOIRE ET EN GUINÉE

La Côte d'Ivoire

Comprise entre le 5° et le 10° de latitude nord, la Côte d'Ivoire (1), forme un quadrilatère assez régulier d'une superficie de 315.000 kilomètres carrés avec, au sud, un littoral de 500 kilomètres sur le Golfe de Guinée. On compte environ 1.545.000 habitants dont un millier d'Européens, soit une densité moyenne de 5 habitants au kilomètre carré. Dans la plus grande partie de son territoire, il y a absence de relief brusque du sol. Par contre, toute la région nord-ouest est couverte par les prolongements de la chaîne du Fouta-Djalon, avec des hauteurs allant de 800 à 1.600 mètres. Quatre fleuves la parcourent parallèlement du nord au sud à une distance de 100 à 150 kilomètres ; les fleuves Cavally (400 km.), Sassandra (550 km.), Bandama

---

1. La Côte d'Ivoire fut constituée dans son état actuel par décret du 10 mars 1893. Elle ne comprenait en réalité que quelques postes de la côte isolés du reste de la colonie par l'épaisse forêt tropicale. Le nord de la forêt où s'étendait l'empire ou plutôt la zone d'action de Samory, qui fut fait prisonnier en 1898, était imparfaitement connu. De 1900 à 1908, diverses missions étudièrent le pays. L'organisation positive du pays date de 1912, lors de l'achèvement de la voie ferrée reliant la côte à Bouaké. Par son climat, son sol et ses produits naturels cette colonie est, avec la Haute-Volta, la plus riche de l'A. O. F. La capitale est Bingerville, sur le golfe de Guinée.

(800 km.), Comoë (550 km.) qui se déversent dans l'Océan.

Au point de vue physique, elle appartient aux trois zones suivantes : 1° la zone forestière, qui s'étend depuis la mer jusqu'à environ 250 kilomètres du littoral; toutefois, vers le centre, se trouve l'échancrure du Baoulé, entre le Bandama et son affluent le N'zi, où la sylve n'a plus que 70 à 80 kilomètres de large, de Tiassalé à Dabou; 2° la zone semi-forestière, où les forêts alternent avec les savanes, plantées tantôt d'essences basses, tantôt d'arbres d'essences diverses; 3° la zone pré-soudanaise, d'un climat analogue à celui du Soudan avec une plus grande pluviosité, un état hygrométrique plus élevé et une action très atténuée du vent d'est.

Le climat de la Côte d'Ivoire est caractérisé par l'égalité de la température (surtout dans la zone côtière) qui ne varie guère qu'entre 18° et 30° et par l'état hygrométrique élevé. En effet, l'humidité relative moyenne est, sur la côte, de 80 à 95, atteignant parfois 98, presque la saturation. A la lisière nord de la forêt, elle oscille encore autour de 75 et même à Korhogo, près de la frontière du Soudan, la moyenne dépasse 60.

Il existe dans la basse côte deux saisons des pluies, séparées par deux saisons sèches.

A Bassam il tombe 2.050 millimètres d'eau par an et 1.650 à Tabou. Dans la Haute-Côte, on se rapproche déjà du climat soudanais à deux saisons seulement, mais atténué par une recrudescence de pluies en avril avant la fin de la saison sèche.

Malgré la date relativement récente d'observations météorologiques suivies, il est permis de voir dans les régions ouest de la Haute Côte d'Ivoire (d'Odienné à Korhogo) la suite des régions fortement arrosées, par suite de l'altitude, du Fouta-Djalon et de la Haute-Guinée.

C'est ainsi que l'on estime qu'il tombe d'Odienné à Korhogo de 1.200 à 1.500 millimètres et plus par an.

Les pays du nord-est (de Kong au Lobi) semblent par contre être compris dans une région peu arrosée où les pluies atteignent à peine 850 millimètres par an.

Tout le reste de la colonie en reçoit environ de 1.200 à 1.400 millimètres.

Les nuits sont généralement fraîches à cause des rosées abondantes. Les Européens vivent très bien en Côte d'Ivoire, principalement dans l'intérieur où l'humidité est moins élevée.

Le sol est le plus souvent le même qu'au Dahomey Togo et la Côte de l'Or voisine, siliceux, silico-argileux, argileux avec des régions où l'humus est abondant. Cette colonie serait de grand avenir, à brève échéance, si on y introduisait une main-d'œuvre experte et si pourvue d'un port outillé à la moderne, elle était parcourue de voies ferrées.

Les indigènes que la forêt tropicale a toujours isolés de l'extérieur appartiennent à sept races différentes et sont, en général, assez arriérés. Un état social barbare, des guerres intestines encore récentes, les maladies dues à une grande misère morale et physique, sont la cause de leur faible nombre et la densité des habitants varie de 1 à 40 au kilomètre carré suivant que les diverses régions ont été plus ou moins dévastées.

* * *

Le cotonnier existe à l'état naturel en Côte d'Ivoire comme en Sénégambie, au Soudan et au Dahomey. Les

régions cotonnifères appartiennent à la zone découverte
de la colonie, c'est-à-dire à la savane, qui s'étend derrière la large bande forestière : celle-ci est trop dense ;
d'autre part, la chute des pluies y dépassant 2 mètres
est une cause de maladies parasitaires qui nuisent au
développement d'un arbuste aussi fragile que le cotonnier.

Il est donc entendu que la zone littorale ne convient
pas au cotonnier, mais toute la région comprise au
nord du 7e degré de latitude nord produit le coton :
là est l'avenir de la culture indigène de cet arbuste en
A. O. F. Le terrain, le climat, les saisons et la précipitation annuelle d'eau semblent réunis pour attirer l'attention sur cette région où, dès avant la pénétration européenne, existaient des surfaces exclusivement consacrées
au cotonnier. Le centre de la colonie a vécu jusqu'à une
période toute récente séparé du reste du monde par son
éloignement, une côte inhospitalière et la barrière de la
forêt équatoriale. La construction de la voie ferrée de
Bouaké, amorce de lignes futures commence à changer
la situation.

L'indigène ignore l'usage de la charrue comme dans
le reste de l'A. O. F. Il cultive son champ dans le voisinage des cases à la houe et sans méthode. Sauf sur
quelques points au nord de la colonie, la culture du
cotonnier est ou intercalaire ou dérobée ; on utilise souvent les buttes élevées pour la culture de l'igname ;
quelquefois, il est cultivé concurremment avec le maïs
et le manioc. Dans le premier cas, la graine est semée
en poquets au pied et à mi-hauteur de la butte, dès que
l'igname commence à croître, de mai à juillet, selon les
régions.

En culture dérobée, le cotonnier succède à l'igname

au lieu de pousser simultanément ; on le sème après l'arrachage des tubercules, de septembre à octobre ou l'année suivante en avril-mai.

Lorsque le cotonnier est semé avec l'igname, sa croissance est déjà avancée au bout de trois mois et l'indigène, qui donne des soins rationnels à l'igname, écime en passant les jeunes cotonniers à 1 mètre de hauteur environ. Toutefois, cette opération n'est pas effectuée partout ; au Baoulé, elle est assez rare, chez les Guiminis de Dabakola, elle est courante. Généralement, les semis sont faits en avril-mai.

La floraison a lieu cinq à six mois après le semis et la récolte correspond à la saison sèche de décembre à mars. (1)

La culture est perannuelle. Le rendement de la deuxième année est plus élevé que celui de la première. Il décroît à partir de la troisième année. On rencontre, comme au Soudan, des cotonniers de tous âges dans la même plantation ; et ceux-ci ne dépassent guère 8 à 9 ans.

Dans la région de Korogho et les régions voisines, au nord de la colonie, certains indigènes cultivent le coton exclusivement, dans des champs bien entretenus. Il semble que cette partie de la colonie soit désignée pour la culture indigène du coton en vue de l'exportation, lorsque des fermes écoles, où la culture du coton tiendra une place importante, auront vulgarisé l'emploi des animaux de trait, de la charrue et enseigné une culture rationnelle.

Les variétés de cotonniers apparaissent nombreuses

1. Consulter : Situation actuelle de la culture du cotonnier en Côte d'Ivoire. Rapport publié par le Gouvernement de la Côte d'Ivoire. Bingerville 1911 et 1918.

de prime abord. Cela tient aux différences dans les appellations usitées par les tribus. Elles se ramènent toutes à trois types quant aux fibres : blanc fin, blanc gros, fauve ou roux et appartiennent à l'espèce botanique Gossypium herbaceum. Leur structure se rapproche des espèces soudanaises et elles sont connues sous les noms indigènes d'Aguié, Guiessé et Koroni. Les fibres sont de qualité supérieure à celles du Soudan et même du Dahomey, plus longues, plus fines et plus soyeuses.

Les calculs encore peu nombreux sur le rendement à l'hectare par la culture indigène ne permettent pas une déduction précise. Celui-ci est variable suivant les terrains et les années. Dans les conditions mauvaises de la culture, avec les semences non sélectionnées des plants indigènes, le rendement moyen varie entre 300 et 360 kilos de coton brut à l'hectare lorsque le terrain n'a pas été trop mal choisi ; on peut compter 30 o/o de fibres, soit de 90 à 110 kilos à l'hectare. Ce rendement supérieur à celui du Soudan et du Dahomey dans les mêmes conditions, ne peut être considéré comme un rendement industriel, quel que soit le bon marché de la main-d'œuvre. Les indigènes ont en général un rendement à l'hectare deux à trois fois plus faible que celui des champs d'expériences. La raison tient à plusieurs causes : mauvais labour à la main, semis tardifs, démariage (1) fait à regret, écimage nul, absence de binage et invasion des mauvaises herbes, récolte incomplète. L'égrenage est fait à la main, sauf dans le voisinage des usines de

---

1. Le démariage consiste à arracher les plants levés côte à côte de manière à n'en laisser qu'un ou deux.

Bouaké et de Korogho. Le tisserand de village produit d'étroites bandes de toile comme dans le reste de l'A. O. F. (1).

Quelques rares essais de culture rationnelle ont été faits dans le Baoulé par l'Administration et l'Association cotonnière coloniale. Ils ont servi à démontrer que, dans cette région trop méridionale et enclavée en parie dans la grande forêt, la pluviosité était trop forte pour assurer des rendements réguliers et éviter les maladies.

Plus au nord des rendements de 350 à 450 kilos de coton brut à l'hectare donnant 30 o/o de fibres ont été obtenus sans que le type de semence convenant au pays ait été encore fixé.

M. Waddington, président de l'Association cotonnière, qui procéda à une enquête en janvier 1924, concluait que cette région était beaucoup plus favorisée que la précédente. Le coton indigène, dit-il, y est fin, long et résistant, pouvant lutter avec le Good Middling américain 28/30 et il serait peut-être intéressant de

---

1. Le lieutenant Lebègue, Commandant de cercle, décrivait ainsi la culture dans le Baoulé :

Dans toute cette région, l'indigène cultive le coton, plante sauvage qu'aucune sélection aucun soin n'ont amélioré. Cette culture se fait comme toutes les cultures en pays noir, avec le moins de peine possible.

Un coin de forêt est débroussaillé, purgé de toutes les petites plantes par le feu ; sur le sol non désouché, à peine gratté, on fait de petits monticules de terre ameublie au sommet desquels on sème quelques graines. Et voilà tout le travail terminé ; à la pluie et au soleil de faire le reste. Les semis, au Baoulé, sont faits généralement un peu avant la saison des pluies, c'est-à-dire en mai. La graine germe, l'arbuste se développe au gré des intempéries. Quatre mois environ après les semis, les fleurs paraissent. La récolte faite, la plantation est abandonnée ; on en fera une autre plus loin à la prochaine saison.

faire dans cette colonie des essais de graines américaines (1).

L'attention de l'Administration est attirée principalement par l'exploitation forestière, les riches cultures de cacaoyers et de caféiers de la zone cotière se développant à pas de géant et absorbant la main-d'œuvre disponible. Il en résulte que l'Administration ne peut pousser avec toute l'activité désirable l'étude de la culture du coton de crainte que l'extrême pénurie de main-d'œuvre locale ne soit encore raréfiée. Il semble qu'il appartient à l'Association cotonnière coloniale de donner dans cette colonie le principal effort au point de vue cultural par la création de fermes cotonnières, au point de vue industriel, par l'établissement d'usines d'égrenage et par l'organisation commerciale.

Il ne paraît pas douteux que la Côte d'Ivoire devrait tenir la tête dans la production du coton en A. O. F. en raison de la qualité marchande et grâce au climat chaud et humide. Mais tout est à créer dans ce domaine.

La Guinée

D'une étendue de 277.000 kilomètres carrés, avec une population de 1.808.000 habitants, la Guinée comprend trois régions naturelles : 1° la côte, où pousse une végétation exubérante, riche en tonalités variées ; 2° le massif montagneux du Fouta-Djalon, couvert de forêts sur ses pentes et de pâturages sur ses sommets ; 3° la

1. A l'heure actuelle, des usines d'égrenage modernes, traitant le coton indigène, sont installées à Bouaké, Korogho et Mankono. Le coton est absorbé en majeure partie par le tissage indigène et les exportations sont jusqu'ici très faibles.

Haute-Guinée formant une partie du bassin supérieur du Niger et des fleuves de Liberia et de la Côte d'Ivoire qui présente de vastes savanes aux faibles ondulations coupées, çà et là, le long des rivières, de rideaux d'arbres touffus.

La Guinée possède en sa capitale, Conakry, un port suffisant qui, avec quelques travaux, pourra devenir très bon. Déjà, des améliorations sensibles ont été effectuées; son chemin de fer de pénétration qui atteint le Niger à Kouroussa et de là pousse un embranchement vers Kankan, amorce de la future transversale qui doit relier la Guinée à la Côte d'Ivoire, a une longueur de 664 kilomètres et traverse une des régions les plus belles de toute l'Afrique, les montagnes du Fouta-Djalon, aux sites pittoresques (1).

Les Européens vivent très bien en Guinée. La région du Fouta-Djalon, au climat plus tempéré par suite de l'altitude, se prête admirablement à la grande colonisation dans le voisinage du chemin de fer qui le traverse. Dans les vallées, viennent les essences tropicales et équatoriales; sur les pentes, on trouve de très belles forêts; enfin, au sommet, s'étendent des prairies propres à l'élevage. Il y aurait là toutes les conditions

---

1. Les prairies du Fouta-Djalon nourrissent de très belles races de bétail (800.000 têtes); les moutons et les chèvres se rencontrent dans toute la colonie, mais sous forme de troupeaux importants, le nombre des chevaux est restreint. Outre son cheptel et ses forêts (30.000 kilomètres carrés), la Guinée possède de nombreux et importants peuplements de palmiers à huile, dont la majeure partie n'est pas encore exploitée. La production des fruits tropicaux, bananes, ananas, se développe et des sociétés se sont constituées pour les cultures. L'exportation du caoutchouc de cueillette, le manou, diminue par suite de la concurrence du caoutchouc de plantation des Indes néerlandaises et de la Malaisie.

requises pour la grande exploitation agricole coloniale
si la main-d'œuvre n'était pas insuffisante en nombre
et primitive.

* *
*

Comme dans le reste de l'A. O. F., une partie très
importante du sol convient à la culture du cotonnier.
Le climat est tropical, à deux saisons, l'une sèche,
l'autre pluvieuse. La chute annuelle des pluies qui est
considérable sur la côte et atteint 3 mètres décroît graduellement en s'avançant vers l'intérieur et tombe à
1 m. 25, 1 m. 50 dans la Haute-Guinée et sur les
limites de la Côte d'Ivoire. L'état hygrométrique est
généralement élevé et le pays conviendrait au cotonnier
si, sur les deux tiers du territoire, la quantité d'eau
tombant pendant six mois d'hivernage et la persistance des vents humides n'étaient deux facteurs défavorables. Dans la Guinée Kissienne et Libérienne,
les petites pluies qui continuent à tomber au cours de
la saison sèche et qui entretiennent une grande humidité
atmosphérique sont également contraires à la production en gênant la maturité des capsules.

Les régions favorables à la culture du cotonnier
sont celles de la Haute-Guinée et du voisinage de la
Côte d'Ivoire qui offrent le même climat que celle-ci.
Ce sont les pénéplaines qui bordent les montagnes du
Fouta-Djalon à l'est ; elles contiennent d'immenses espaces où, malheureureusement, la population est très
clairsemée ; c'est encore la région nigérienne comprenant les vallées du Mile, Niger, Niandan qui sont
populeuses, puis la région centrale du Fouta, mais
celle-ci étant très accidentée et les terres cultivables

de bonne qualité y étant disséminées, la production cotonnière n'y sera jamais importante.

Comme dans toute l'A. O. F., l'indigène cultive en même temps le coton et les plantes vivrières. Dans les régions propices, le rendement est le même qu'à la Côte d'Ivoire, et la qualité équivalente avec les plants indigènes non sélectionnés. On n'estime pas à plus de 1.200 hectares les surfaces couvertes, en culture indigène, par le coton dont la production est entièrement absorbée par la consommation locale. Cette culture est toutefois en extension rapide. Quoique des expériences suivies et sérieuses de culture rationnelle n'aient pas encore eu lieu, il n'est pas douteux que la Haute-Guinée dans sa moitié est, limitrophe de la Côte d'Ivoire et représentant environ le quart de la colonie, jouit d'un climat et d'un sol propices à la culture du coton. On doit, avec une culture rationnelle, y obtenir des rendements régulièrement payants.

La première usine moderne d'égrenage est installée à Kankan, au terminus de la voie ferrée.

D'après les derniers rapports des administrateurs les indigènes se montreraient assez aptes à l'adoption de la charrue, ce qui constituerait déjà un immense progrès (1).

---

1. Les variétés cultivées sont le Gossypium Hirsutum et le coton Togo Sea Island à longues fibres qui donne un rendement moyen de 3o o/o. Son prix à la production est de 5 francs le kilo de coton égrené, 1925.

CHAPITRE V

CONCLUSION SUR LA CULTURE SÈCHE ; SON PASSE ET SON AVENIR EN A. O. F.

Les Etats-Unis ont mis un siècle à transformer leurs Etats du Sud en pays cotonnier. L'A. O. F., qui constitue nos futures provinces du Sud, en est à ses premiers débuts. Dans l'imprécision où nous sommes encore, il a paru utile d'examiner la situation de la culture sèche dans chaque colonie séparément et de donner en appendice le détail des expériences. Il semble non moins utile de jeter rapidement un coup d'œil d'ensemble sur le chemin parcouru, de tirer une conclusion et d'esquisser à titre simplement indicatif, un programme d'action.

La culture sèche du cotonnier est d'un rendement modeste. Alors qu'elle produit une moyenne de 180 à 250 kilos de fibres à l'hectare aux Etats-Unis, de 300 kilos aux Antilles, elle oscille autour de 100 kilos aux Indes, où, il est vrai, la culture est souvent mal faite. Ces différences ne sont imputables, la plupart du temps, ni au sol, ni à l'agriculture, mais principalement au climat. Le climat et le sol sont eux-mêmes insuffisants. Le cotonnier exige pendant toute la période de croissance une chute d'eau assez régulière, une densité hygrométrique moyenne et l'absence de pluies lorsqu'il arrive à maturité afin que les capsules ne soient pas détériorées.

« Il est, dit justement M. Carde (1), très difficile de rencontrer dans la nature, réunies à la fois, toutes les conditions climatériques favorables à la bonne végétation et à la haute productivité du cotonnier. En fait, elles ne sont parfaitement réalisées dans aucun des pays producteurs de coton en culture sèche. Ici, il pleut trop, là pas assez ou irrégulièrement ou trop tardivement. Ailleurs, les froids se prolongent, gênent les semis ou survenant trop tôt arrêtent la fructification. Dans tous les cas, la récolte, très variable, car elle dépend d'un concours plus ou moins heureux de circonstances, est restreinte. Aussi, exception faite de quelques pays privilégiés, la culture sèche du cotonnier dans les contrées tropicales, ne s'est développée que là où existent à la fois de bonnes conditions climatériques et une nombreuse population. »

En A. O. F., les expériences en vue d'obtenir du coton remontent à 1820 sur la côte du Sénégal. Elles furent abandonnées en 1835 pour être reprises sous l'administration de Faidherbe, de 1860 à 1872, alors que la Guerre de Sécession avait raréfié cette matière première ; puis elles furent à nouveau abandonnées jusqu'en 1898. La production fut insignifiante, mais le Sénégal était, il y a un demi-siècle, la seule terre connue de l'Ouest-Africain. Jusqu'à une époque toute récente, la configuration géographique de l'A. O. F. était mystérieuse.

Vint la longue conquête de cet immense domaine, terminée en 1898, par la prise de Samory. De nombreux côtés on affirmait que l'A. O. F. était un pays où l'on trouverait, après quelques années, le coton nécessaire à

1 M. Carde, Gouverneur général de l'A. O. F. circulaire du 15 mars 1924 sur la production des textiles en A. O. F. Gorée. Imprimerie du Gouvernement.

l'alimentation des métiers français. Les essais de culture suivirent de peu d'années la marche des troupes et la pacification. Le général de Trentinian faisait procéder à des essais sur le Haut Sénégal en 1898 et l'Association cotonnière s'installait au Soudan sur le Moyen Niger en 1904.

En même temps, que l'on partait des côtes du Sénégal vers l'intérieur de l'Afrique, on partait des côtes du Dahomey pour remonter vers le nord avec l'intention de rejoindre le Soudan ; les essais devaient être poursuivis sur une immense ligne de près de 4.000 kilomètres, remontant le cours du Sénégal, traversant le Soudan central et la Haute Volta pour aboutir à la côte du Dahomey. Faute de moyens de transport, on s'arrêta d'un côté au Soudan central et de l'autre au Moyen Dahomey. C'est seulement en 1925, par la construction d'une station d'égrenage à Ouagadougou que la Haute-Volta est pratiquement atteinte.

A la Côte d'Ivoire, le barrage de 200 kilomètres d'épaisseur de la grande forêt ajournait la pénétration jusqu'en 1912. Dans cette dernière colonie, la guerre de 1914-1918 et ensuite le développement rapide de l'exploitation forestière et des riches cultures de cacaoyers et de caféiers ont suspendu toute intervention européenne sérieuse jusqu'à maintenant.

Il paraît démontré aujourd'hui que la culture sèche est impraticable au Sénégal, sauf en Haute Casamance. Le Moyen Dahomey donna un rendement modeste, mais croissant et qui fut jugé suffisant pour provoquer la création d'une société privée assez importante et spécialisée dans le commerce du coton.

Dès 1904, l'Administration et l'Association cotonnière crurent trouver au Soudan, à hauteur de Bamako, Ségou et San, la terre à coton d'avenir en culture sèche. Les stations expérimentales ont multiplié jusqu'aujourd'hui des essais de culture, qui ne sont jamais arrivés à un rendement industriel. Malgré les déceptions répétées, l'Administration et l'Association cotonnière n'ont pas encore perdu l'espoir de tirer du Soudan central de notables quantités de coton et poursuivent les tentatives avec une admirable obstination. Des stations de semences sélectionnées, des fermes cotonnières sont créées ou en projet par l'Administration. Des usines d'égrenage jusqu'à hauteur de Mopti et une grande ferme école à Koutiala sont installées par l'Association cotonnière. Cependant, une expérience de près d'un quart de siècle a démontré que dans toute la partie centrale du Soudan, une pluviosité qui ne dépasse pas o m. 75 à o m. 80 annuellement et l'action subite du vent d'est à la fin de l'hivernage, avant la pleine croissance du cotonnier rendent la culture déficitaire. Ces faits sont loin d'être ignorés. Aussi a-t-on fait venir un agronome américain, le Dr Forbes, qui procède à la culture en dry-farming. Le grave inconvénient en est que l'indigène, ignorant encore l'usage de la charrue et des animaux de trait, est incapable de faire du dry-farming autrement que sous la contrainte et sous une étroite direction européenne, alors que ce pays reçoit jusqu'ici très peu de colons européens. Les essais du Dr Forbes ont cependant une valeur expérimentale précieuse pour un avenir lointain.

Sans abandonner complètement le Soudan, que les prix excessifs du coton peuvent favoriser durant longtemps, ne paraît-il pas sage de se diriger principalement vers des régions plus favorisées, à rendement industriel en période normale ?

Le Dahomey et le Togo rapprochés de la côte ont une densité hygrométrique plus élevée et ne craignent pas le vent d'est, mais la pluviosité est insuffisante, sauf sur une faible partie. Les régions les plus méridionales de la Haute Volta et du Soudan paraissent remplir les conditions désirables mais elles sont loin de la côte et dénuées de moyens de transport.

Une vaste région, précisément celle où presque rien n'a été fait jusqu'à ce jour, remplit les conditions désirables et a prouvé par les rendements en culture indigène et la qualité des fibres, qu'elle était le pays cotonnier de l'A. O. F. C'est la Côte d'Ivoire, au nord du Baoulé et les parties limitrophes de la Haute Guinée, du Soudan méridional et de la Haute Volta. Mais dans ce pays lui-même, il est vrai, comme partout ailleurs, on ne pourra obtenir un rendement supérieur à 400 kilos de coton brut à l'hectare, nécessaire au paiement des frais de culture et à la réalisation d'un bénéfice minimum en marché normal, que si une culture rationnelle est substituée au travail à la houe à la mode indigène (1).

* * *

L'état actuel et encore imprécis de la question cotonnière en A. O. F. après l'incertitude inévitable des débuts et du fait d'investigations disséminées durant un quart de siècle à des distances variant de plusieurs centaines à plusieurs milliers de kilomètres, nous a con-

---

1. Le chiffre de 400 kilos à l'hectare en culture indigène est donnée par M. H. Leroide, chef du service de l'agriculture en Côte d'Ivoire. Situation de la culture du cotonnier au 31 décembre 1917 dans la colonie de la Côte d'Ivoire. Conclusion. 1 brochure in-8. Bingerville, 1918.

traint à exposer successivement, colonie par colonie,
l'historique et la situation présente, afin d'arriver à
déterminer la zone cotonnière. Celle-ci est actuellement
connue ; elle a son centre en Côte d'Ivoire, mais on se
heurte à deux grands obstacles : moyens de transport
très insuffisants, pénurie de main-d'œuvre.

Le moyen d'accès est l'unique voie ferrée, qui partant
de la côte et traversant la grande forêt, aboutit à Bouaké,
kilomètres 316 de la voie, 250 kilomètres de Bingerville
en ligne droite. Sur les instances réitérées du gouvernement de la Haute-Volta, ce chemin de fer est heureusement prolongé vers le nord dans la direction Ouagadougou, par Bobo-Dioulasso, avec un peu plus d'activité
que les autres voies ferrées de l'A. O. F. Il est achevé
jusqu'au kilomètre 450 (mars 1925) et a atteint précisément, au nord du Baoulé, la latitude où une culture
rationnelle profitable peut être entreprise. Cette voie,
traversant presque en son milieu toute la Côte d'Ivoire
du sud au nord, paraît toute indiquée pour être le centre
principal d'action de l'Association cotonnière et, en ce
qui concerne le coton en culture sèche du service
administratif des textiles institué en 1924. Des fermes-
écoles sont à créer, non loin de la nouvelle voie ferrée
et à hauteur de Ferkessédougou, dans la direction
Korogho, où, à défaut d'indigènes de la Côte d'Ivoire,
on pourrait faire venir de jeunes Mossis des deux sexes
qui resteraient dans le pays.

Ainsi, non seulement le développement de la culture
cotonnière serait recherché dans un pays propice, mais
on ne se trouverait qu'à une distance de 550 kilomètres
de la côte, alors que Koutiala, au Soudan, le centre
d'action actuel de l'Association cotonnière est à 300 kil.
de la gare de chemin de fer la plus proche, à Bamako,

et à 1.400 kilomètres de Dakar, le port d'embarquement. Avec une culture pauvre comme celle du cotonnier et dans une période inévitable de recherches et de tatonnements, quant à la qualité des terrains, des semences et des procédés adaptés au pays, les frais de transport jouent un rôle considérable. Par ailleurs, la proximité de la voie ferrée et de la grande forêt du sud, la présence de sociétés spécialisées dans la scierie et l'utilisation des bois diminueraient grandement le prix de revient des constructions.

La question de la main-d'œuvre est particulièrement ardue en Côte d'Ivoire où les indigènes sont le plus souvent arriérés et trop peu nombreux. Deux solutions sont à envisager. La première consisterait, comme il a été pratiqué jusqu'ici au Soudan et au Dahomey, à subordonner le développement de la culture à l'éducation agricole des indigènes et à l'usage généralisé de la charrue et des animaux de trait. L'expérience a démontré que c'est là une œuvre très longue et de plusieurs générations.

La deuxième, dont il conviendrait peut-être de préconiser l'étude sans délai et qui exige une organisation spéciale (1), consisterait à introduire des cultivateurs de race noire des Etats-Unis du sud (Texas ou Alabama). Le Comité colonial allemand qui avait commencé à utiliser cette méthode au Togo, y a ensuite renoncé avec l'espoir d'éduquer rapidement les indigènes dans ses fermes-écoles. Le résultat n'a pas répondu à l'attente et peu de temps avant 1914, le Comité colonial allemand regrettait de n'avoir pas continué dans la première

---

1. Voir plus loin le chapitre sur la main-d'œuvre indigène et la main-d'œuvre étrangère à l'A. O. F.

voie (1). Par contre, le même Comité avait développé la culture cotonnière dans l'Afrique orientale allemande presque exclusivement avec le concours de noirs des Etats-Unis du sud importés en assez grand nombre.

La méthode allemande a consisté principalement à utiliser des contremaîtres noirs américains, sous direction européenne ou américaine dans de grandes exploitations. Elle présente un inconvénient psychologique par le déracinement complet de noirs transportés dans un milieu très différent et risque de produire d'assez nombreux déchets par les retours au pays d'origine. La première expérience du Togo le démontre. Il semblerait préférable d'introduire, non des noirs américains isolés, mais des familles entières, qui seraient attachées à la terre par leur installation dans de petites fermes cotonnières de 3o à 5o hectares, groupées pour former des embryons de villages et plus confortablement construites qu'au Texas afin qu'elles se plaisent mieux qu'au pays d'origine. L'expérience pourrait être faite sous la forme suivante :

Aménagement de trois groupes de chacun une quinzaine de fermes sur une ligne partant de la gare de chemin de fer de Ferkessédougou dans la direction Korogho, Boundiali. Les dernières observations météorologiques en Côte d'Ivoire ont, en effet, permis de constater que les régions ouest de la Haute-Côte d'Ivoire, d'Odienné à Korogho étaient la suite des régions fortement arrosées de la chaîne du Fouta-Djalon. Il tombe de 1 m. 20 à 1 m. 5o de pluie par an. Par contre, le nord-est de Kong au Lobi est peu arrosé et reçoit environ o m. 85 par an.

1. Voir à ce sujet le rapport du délégué allemand au Congrès International du coton, 1910.

Le peuplement représenterait une cinquantaine de familles, soit environ 250 personnes, hommes, femmes et enfants. On adjoindrait une station agronomique avec un agronome américain spécialiste, un médecin et un vétérinaire français, deux et peut-être trois usines d'égrenage qui distribueraient les semences dans toute la région. On installerait en outre des noirs africains à proximité qui loueraient leur main-d'œuvre en cas de nécessité et contribueraient à la création des trois villages modernes qui auraient en même temps des artisans, ayant fait leur apprentissage, charpentiers, menuisiers, charrons, bourreliers, etc...

* * *

Abstraction faite de l'action administrative et des initiatives à prendre par l'Association cotonnière, la culture du coton peut dès maintenant intéresser les sociétés européennes, soit sous la forme qui vient d'être indiquée, soit peut-être sous la forme de grande culture sous direction européenne. (1)

Par la variété de ses ressources naturelles, la Côte d'Ivoire a moins qu'aucun autre pays à redouter les crises commerciales. Une forêt de 100.000 kilomètres carrés d'un seul tenant et contenant les essences aptes à tous les usages, des cultures riches de cacaoyers, caféiers, bananiers, ananas, arbres à caoutchouc dans la Basse Côte d'Ivoire font que cette colonie se prête à l'installation de grandes sociétés agricoles et de grandes exploitations dans le genre de celles qui existent en Malaisie ou dans les îles de la Sonde. La culture du

---

1. Voir plus haut à ce sujet, la formule qui vient d'être employée au Togo.

cotonnier dans la Haute Côte d'Ivoire, avec les autres cultures d'assolement, maïs, arachides, mil, tabac, manioc, etc... et les productions du cheptel peuvent être menées de front par les mêmes sociétés avec les cultures de la Basse Côte d'Ivoire. La division des risques les mettrait ainsi à l'abri de tout aléa.

Par sa configuration, par la diversité de ses produits, par sa proximité relative du marché européen, la Côte d'Ivoire a un avenir économique illimité. L'immigration avec le concours de sociétés européennes, d'une race apte à cultiver rationnellement le sol, comme les noirs américains, avancerait d'un demi-siècle la mise en valeur de ces territoires.

*
* *

Quelle sera dans l'avenir la production de l'A. O. F. en culture sèche du cotonnier ? Nous admettons que près des 3/5 de la Côte d'Ivoire, soit environ 200.000 kilomètres carrés sont aptes à cette culture. Si nous ajoutons les cercles environnants de la Haute Volta, du Soudan et de la Haute Guinée, c'est-à-dire les moitiés sud des cercles de Bobo-Dioulasso, Sikasso, Bougouni et la majeure partie des cercles de Siguiri, Kankan et Beyla, on approche d'une étendue de 3oo.ooo kilomètres carrés. Ajoutons une fraction centre-nord-ouest du Dahomey-Togo et une fraction de la Haute-Casamance où le climat est favorable, on obtient un chiffre supérieur à 35o.ooo kilomètres carrés, que nous réduisons à 3oo.ooo kilomètres carrés afin d'éviter toute exagération.

C'est environ la treizième partie de l'A. O. F.

En soustrayant les terrains inaptes à cette culture, domaine, forêts, rivières, voies de communications, emplacements des villages, terres en culture d'assolement, etc... l'ensemble de la culture cotonnière annuelle peut être évalué à environ 6 o/o de la surface totale soit 18.000 kilomètres carrés ou 1.800.000 hectares. En culture rationnelle le rendement serait voisin de 200 kilos de fibres à l'hectare, correspondant à 600-650 kilos brut. Prenons pour éviter toute exagération le chiffre réduit de 150 kilos de fibres à l'hectare. Le rendement total de l'A. O. F. serait de 270.000 tonnes ou 1.350.000 balles, chiffre très suffisant pour approvisionner l'industrie métropolitaine, en ajoutant la production de la culture irriguée.

On pourrait même ajouter que dans un état social plus avancé, avec une population éduquée, la culture généralisée en dry-farming permettrait de doubler et même de tripler la surface des terres à coton en culture sèche qui s'étendrait dans les cercles voisins du Soudan et de la Haute-Volta où la chute annuelle d'eau est voisine d'un mètre.

DEUXIÈME PARTIE

LA CULTURE PAR IRRIGATION

CHAPITRE VI

L'ASPECT ECONOMIQUE ET FINANCIER DE L'IRRIGATION

La solution du problème cotonnier en A. O. F. a soulevé deux thèses contradictoires. Certains spécialistes partisans exclusifs de la culture sèche, font remarquer que les indigènes pratiquent cette culture de temps immémorial, que l'A. O. F. est avant tout le pays des noirs, et soutiennent, dès lors, avec vraisemblance, qu'il suffit de les éduquer et de perfectionner leurs méthodes, d'améliorer leurs semences, pour obtenir rapidement une production considérable de fibres dont l'industrie métropolitaine s'accommodera parfaitement Ils font valoir, en outre, que la culture par irrigation sur le Niger et le Sénégal, entraînerait une dépense atteignant le milliard de francs (non compris les frais de mise en culture du sol) et des délais d'exécution d'une trentaine d'années. D'autre part, l'exécution des barrages, canaux, nivellements, etc... absorberait pendant de longues années une énorme main-d'œuvre plus utilement employée ailleurs (1).

1. Cette thèse est notamment celle de MM. Mangin et Rignault, ingénieurs agronomes, chargés de mission en A.O.F.

Alors que ces spécialistes prétendent résoudre le problème cotonnier par la culture sèche et donnent en exemple l'orientation actuelle du Brésil, d'autres soutiennent, avec autant de vraisemblance, que la culture irriguée, par ses rendements réguliers, importants et de qualité supérieure, peut seule donner rapidement satisfaction à l'industrie métropolitaine. Il n'y a nulle obligation, disent-ils, d'exécuter simultanément l'ensemble des travaux. Ceux-ci doivent être faits par tranches successives, d'après les disponibilités en main-d'œuvre et en capitaux. La main-d'œuvre ne fera pas défaut puisqu'on en a trouvé pour les 3.000 kilomètres de voies ferrées en exploitation. On peut la transporter sur les rives désertes du Niger en créant de nouveaux villages et l'on transformera ainsi progressivement cette vallée en une Mésopotamie française. Quant aux capitaux engagés dans les premiers travaux, l'exemple des Anglais aux Indes et en Egypte, des Hollandais à Java démontre suffisamment que ceux-ci seront largement rémunérés (1).

« L'irrigation, dit M. Carde (2) a pour premier avantage de régulariser la production. Alors qu'en culture sèche, les rendements peuvent varier du simple au triple suivant les années, il est rare que la terre irriguée et cultivée avec méthode laisse subsister entre les bonnes et mauvaises récoltes une marge importante. Un autre avantage de la culture sous irrigation réside dans l'accroissement considérable des rendements. En Egypte, avant que le sol eût été détérioré par l'abus de la culture permanente et l'insuffisance du drainage, il n'était

1. Cette thèse est notamment celle de M. Dybowski.

2. M. Carde, Gouverneur Général de l'A. O. F. Circulaire du 15 mars 1924.

pas exceptionnel que de bons terrains rendissent 5oo kilogrammes de coton fibre à l'hectare. »

« Aujourd'hui, les rendements moyens, dans le delta du Nil avoisinent 3oo kilogrammes ; on obtient à peu près autant en Arizona et au Turkestan et, au Soudan Français, dans certains essais récents effectués près de Ségou, on a récolté 72o kilogrammes de fibre à l'hectare ».

« Par ce système, la terre utilisée dans les conditions les meilleures, se trouve considérablement valorisée et la concentration de la production sur des espaces réduits aboutit en définitive à une diminution des travaux agricoles et de la main-d'œuvre employée. »

« Il est donc du plus haut intérêt de rechercher comment et dans quelle mesure l'irrigation peut être appliquée dans nos grandes vallées africaines à la culture du cotonnier. »

Nous estimons qu'il n'y a pas lieu de prendre parti entre les partisans de la culture sèche et de la culture irriguée. Le problème cotonnier en A. O. F. peut être résolu simultanément sous les deux formes. Si les obstacles importants à vaincre dans les deux cas sont de nature différente, ils paraissent de même grandeur. D'un côté, l'éducation agricole des indigènes s'est montrée longue et difficile, de l'autre, l'exécution de travaux très importants, avec une main-d'œuvre insuffisante demandera également beaucoup de temps, sans l'introduction d'une main-d'œuvre étrangère à l'A. O. F.

* * *

Dans tous les cas et malgré l'admirable obstination du Gouvernement et de l'Association cotonnière coloniale à vouloir établir une culture sèche rationnelle au Soudan, à hauteur du Moyen Niger, il paraît démontré que sans irrigation, une culture à rendements moyennement payants, en marché normal, est impossible aux abords du Sénégal et du Moyen-Niger, où la chute annuelle et régulière des pluies ne donne pas l'eau nécessaire à la nourriture des plantes.

Même sous un climat relativement humide, l'irrigation est un adjuvant précieux. En Orient, en Perse, dans le Turkestan, aux Indes et en Egypte, l'irrigation est la grande source de la fertilité. Elle ne fournit pas seulement l'eau indispensable à la végétation, mais elle apporte souvent les matières fertilisantes et s'oppose au développement des plantes nuisibles. Les eaux, selon leur teneur en oxygène, en acide carbonique et en limon produisent des effets variables suivant la proportion de ces éléments. Les vallées du Gange, de l'Indus, du Mékong, du Mississipi, de la Mésopotamie et du Nil peuvent être citées comme des exemples typiques.

Les quantités d'eau d'irrigation à employer varient suivant que le terrain plus ou moins sableux ou argileux retient ou ne retient pas l'humidité. C'est ainsi qu'en Egypte et pour un sol contenant de 30 à 50 o/o de sable on projette à la surface de 1.200 à 2.000 mètres cubes à l'hectare, tous les dix ou quinze jours. La quantité d'eau à l'hectare atteint 2.500 à 3.000 mètres cubes si la proportion de sable est de 50 à 80 o/o. Les arbustes étant disposés en lignes sur de petits billons entre lesquels se trouvent les rigoles, l'irrigation est facile, mais son aménagement demande toutefois l'aide d'un technicien expérimenté.

Le développement des travaux d'irrigation est une

des opérations les plus importantes à réaliser en A. O. F. après la construction des voies ferrées pour aider à l'augmentation du rendement agricole.

La possibilité de réaliser ces travaux dépend : *a*) de la nature du sol et du climat ; *b*) du prix du mètre cube d'eau déversé sur le sol ; *c*) de l'abondance et du prix de la main-d'œuvre.

Les conditions de sol et de climat sont réalisées sur le Niger et le Sénégal. Quant au prix de revient du mètre cube d'eau, il dépend du capital engagé dans les travaux, des frais d'entretien et d'exploitation de ces travaux.

Il ne faut pas que l'importance des frais entrave la réalisation des travaux d'irrigation : aussi devons-nous profiter de l'expérience acquise hors de nos colonies. Les résultats obtenus dans les colonies anglaises de l'Inde et les colonies hollandaises de Java indiquent les meilleures méthodes de réalisation technique et financière.

Les irrigations aux Indes britanniques ont fait l'objet devant le Congrès d'Agriculture coloniale de 1918 de rapports remarquables de M. Normandin. Ces rapports montrent que les Anglais ont exécuté de toutes pièces dans les régions peuplées de l'Inde, comme les deltas de Madras, ou celles comprises entre le Gange et la Jumna, des travaux gigantesques, qui ont été couronnés de succès, tant au point de vue technique que financier. Les avances faites sous forme d'emprunt pour l'exécution de ces travaux dans l'Inde s'élèvent à près d'un milliard ; elles ont procuré aux capitaux engagés des bénéfices considérables. On sait qu'en Egypte le Gouvernement britannique a dépensé également plus d'un milliard en vue de l'utilisation des eaux du Nil et que c'est à ces dépenses que l'Egypte doit sa prospérité agricole (1).

Un fait d'ordre général, concernant l'ensemble des colonies françaises ressort des travaux de la section des irrigations au Congrès d'Agriculture coloniale de 1918 : c'est la nécessité d'établir dans chacune de ces colonies, un service d'hydraulique solidement constitué, permanent, centralisé sous les ordres des Gouvernements généraux, travaillant en étroite collaboration avec les Autorités administratives et documenté par un service d'agriculture également permanent, fortement organisé et largement pourvu en personnel, laboratoires, champs d'expériences et crédits.

Le Congrès fut ainsi amené à se préoccuper du recrutement et de l'organisation d'un corps d'ingénieurs coloniaux d'hydraulique ; comme conclusion générale de ses délibérations, il demanda instamment aux pouvoirs publics que la question toute entière de l'établissement des services d'hydraulique agricole dans nos colonies soit étudiée sans retard et reçoive une prompte solution (2).

Cette demande du Congrès de 1918 n'est pas restée entièrement sans effet. Le gouverneur général de l'A. O. F. a en effet créé à Bamako par arrêté du 6 mars 1924, une Inspection du Service général des textiles et de l'hydraulique agricole, avec un service local dans chaque colonie. Ce service est à ses débuts ; il aura à se développer suivant les besoins de chaque colonie et dans la mesure des crédits disponibles.

1. D'après le rapport général de M. du Vivier de Streel au Congrès d'Agriculture coloniale, 1918.

2. D'après le rapport général de M. Barois, inspecteur général des Ponts et Chaussées.

* * *

Avant d'aborder le problème de l'irrigation en A. O. F.
il est bon d'examiner brièvement ce qui a été fait dans
les pays de nature semblable, afin d'avoir des termes
de comparaison et de saisir l'importance du programme
à accomplir.

L'irrigation peut exister sous deux formes différentes :
d'abord l'irrigation par gravité, c'est-à-dire la distribution des eaux provenant des barrages et des déborde-
ments du fleuve, ensuite l'irrigation par pompage mécanique. Seule l'irrigation par gravité est susceptible de
transformer de vastes étendues en terres fertiles.

A Java, où l'eau provient de barrages, on a été
conduit pour sa distribution, à établir des rotations,
qui à égalité de débit permettent l'irrigation d'une
plus grande superficie. Le périmètre irrigable est par-
tagé en un certain nombre de parties à peu près égales ;
les époques auxquelles commence l'arrosage et par
suite, la mise en culture de chacune de ces parties
s'échelonnent sur quatre, cinq, six ou sept semaines.
Certaines entreprises sucrières payent de 6 à 10 francs
par hectare pour le remboursement des frais d'exploitation des réseaux d'irrigation (prix antérieurs à 1918).

Dans le nord de l'Inde où l'eau a une valeur considérable, les Anglais ont fait des travaux énormes, qui
ont coûté plus d'un milliard et ont porté leur attention
sur le détail de la distribution. Ils ont même établi en
certains endroits des appareils régulateurs de débit à la
tête des plus petites rigoles, dont le débit est de 20 à
100 litres par seconde. Il existe tout un personnel indigène chargé de la distribution et de la perception des

taxes d'irrigation. Il est intéressant de signaler que les ingénieurs ont des pouvoirs de magistrats pour tout ce qui concerne la distribution. Ils peuvent infliger un emprisonnement d'un mois et une amende de 100 roupies. Leurs décisions sont susceptibles d'appel, mais sont immédiatement exécutoires, nonobstant appel, en ce qui concerne la prison. Les ingénieurs font souvent usage de ces pouvoirs (1).

Le mérite principal des Anglais aux Indes, ce n'est pas seulement d'avoir soulagé la misère extrême des Indiens, c'est d'avoir pu mobiliser assez de capitaux pour réaliser leurs énormes systèmes d'irrigation et d'avoir fait rendre le maximum à ces capitaux.

En Indo-Chine française la question de l'irrigation a été envisagée, surtout au Tonkin. En Cochinchine, la régularité du climat a entraîné d'une façon générale celle des récoltes ; d'un autre côté, la faible densité de la population a permis de ne cultiver que les terres riches, le plus souvent irriguées et drainées naturellement par le jeu des marées.

Au Tonkin, on a établi un réseau d'irrigation par gravité qui fonctionne dans les plaines de Kep et de Voï, sur une surface de 7.500 hectares et qui donne des résultats très satisfaisants, dans la plaine de Vinh Yen, sur une surface de 17.000 hectares. Le Parlement a approuvé en principe l'exécution d'autres travaux semblables intéressant 72.000 hectares dans le bassin du Song bau.

L'Annam comprend un certain nombre de plaines d'étendue variable qui sont placées à l'embouchure des

---

1. D'après le rapport de M. Normandin, ingénieur des Ponts et Chaussées au Congrès d'Agriculture coloniale. Paris, 1918.

différentes rivières descendant de la chaîne de montagnes. Toutes ces plaines sont susceptibles d'irrigation par gravité au moyen de barrages construits sur
les rivières qui les arrosent, et de canaux appropriés.
Le travail a été exécuté dans la plaine de Phan-Rang
par des propriétaires ; il a été envisagé par l'administration dans celle de Thanh-Hoa (sur 5o.ooo hectares)
et de Thua-Thien.

En Egypte, les principaux travaux comprennent : le
barrage du delta à 25 kilomètres en aval du Caire,
d'une longueur de 1.000 mètres, contruit par Mougel-
Bey, ingénieur français, le barrage de Kifta (Basse
Egypte), le barrage d'Assiout (Haute Egypte), le barrage Esneh (Haute Egypte) le réservoir d'Assouan,
destiné à substituer le régime des irrigations au régime
des inondations, d'une capacité de deux milliards
3oo.ooo.ooo de mètres cubes, des canaux, drains,
ouvrages d'art divers exécutés dans la Basse Egypte,
pour utiliser le réservoir.

En Afrique Occidentale, rien n'a été réalisé jusqu'ici,
mais, nous avons les projets et les plans de M. l'Ingénieur Bélime qui sont dans leur ensemble définitifs. Les
travaux sont d'ailleurs, en principe, commencés (mars
1925). L'irrigation sur le Niger d'abord et plus tard sur
le Sénégal prendra une importance considérable dans
la colonie. La dépense sera élevée et dépassera de
beaucoup les moyens des budgets ordinaires. Aussi
l'irrigation, comme à Java, aux Indes ou en Egypte
devra-t-elle donner lieu à l'établissement de taxes et
d'un impôt foncier garantissant les emprunts du Gouvernement ou des sociétés concessionnaires.

* *

Les résultats obtenus ont démontré que les grands travaux d'hydraulique agricole sont rémunérateurs. Le pourcentage du revenu net par rapport au capital de premier établissement varie de 9 à 28 o/o, dans l'Inde et à Java, suivant les frais d'installation. C'est un rendement qui permet non seulement de rémunérer les capitaux engagés, mais de les amortir.

L'irrigation donne lieu en Egypte à une organisation administrative spéciale. Il n'existe ni taxe d'eau, ni impôt d'irrigation. L'impôt foncier englobe tout et cela est logique, car dans cette contrée aride, les terres qui ne reçoivent pas d'eau sont pratiquement sans valeur. A la suite de la révision effectuée de 1899 à 1907, l'impôt foncier égyptien a été fixé à 28, 64 o/o de la valeur locative des terrains. L'impôt moyen des terres sous irrigation perenne ou par inondation était en 1910 de 57 fr. 50 par hectare. Les terres jouissant de l'inondation permanente sont naturellement taxées plus lourdement. Avant la révision de 1899, l'impôt des terres Karadji, laissées à la population et payant le tribut, atteignait parfois en Basse Egypte 107 francs par hectare (1).

Par la suite, le maximum imposable fut fixé à 101 fr. 50. La moyenne des terres sous irrigation pérenne paie de 70 à 80 francs. Les frais de fonctionnement, d'entretien et d'administration de l'ensemble des irrigations égyptiennes sont évaluées de 8 francs à 8 fr. 50 par hectare aménagé. La différence constitue le revenu net que retire le Gouvernement Khédivial des travaux

1. Barois, *Les irrigations en Egypte.*

d'irrigation. Ce revenu s'éleva en 1910, à 4.345.000 livres (1).

Aux Indes, où il existe peu de cultures riches, parmi les récoltes habituelles, où la surface cultivée et la nature des cultures varient considérablement (surtout au Punjab) d'une saison à l'autre, le système de taxation est beaucoup plus compliqué. La moyenne est d'environ 30 à 35 francs par hectare irrigué.

Ces chiffres sont d'avant-guerre. L'Inde comme l'Egypte ont depuis lors des charges beaucoup plus lourdes : le prix de la vie a augmenté partout et la valeur des produits agricoles, notamment des textiles et des céréales s'est élevée. Les taxes agraires ont été et seront encore probablement relevées.

En ce qui concerne les travaux du Niger, où l'on aura à évaluer un impôt qui paraisse léger aux colons et en même temps paie les frais d'irrigation et si possible l'amortissement des travaux, le mieux sera, suivant M. Bélime, de s'en tenir à la simplicité de la taxation égyptienne et de prévoir un impôt foncier, qui frappe toutes les terres aménagées. Tout bien considéré, un impôt moyen de 40 francs par hectare semblerait modéré et susceptible de rémunérer le capital engagé en assurant son amortissement.

Il serait à souhaiter, d'après M. Bélime, que les terres soient allouées gratuitement aux colons. Ceux-ci bénéficieront entièrement de l'énorme plus-value foncière rapidement acquise.

C'est, dit M. Bélime, une vue de la question, extrêmement libérale mais qui n'est pas sans danger. La spéculation foncière sera indéniablement favorisée car lorsqu'on

1. D'après le rapport de la mission Bélime au Niger 1920.

paie 40 francs d'impôt pour un hectare qui n'a rien coûté, on peut pendant plusieurs années le laisser en friche, si l'on est assuré de le vendre quelque milliers de francs le jour où l'activité du voisin ayant montré les bénéfices que l'on peut tirer du sol irrigué en aura précisé la valeur vénale.

Mais, d'un autre côté, le principe de l'adjudication des terres aménagées présente de graves inconvénients.

La vente par adjudication a le grave défaut de frapper le colon d'un maximum de charge au moment où, avec le capital dont il dispose, il doit faire face aux frais de défrichement et d'aménagement des terrains qu'il a acquis.

Il peut en résulter des échecs qui, dans l'intérêt de tous, sont à éviter. Le fait s'est produit en Basse Egypte, où le Gouvernement Khédivial a vendu par adjudication de grandes superficies de terrains salés susceptibles d'aménagement. La plupart des acquéreurs ont échoué, en raison surtout du prix excessif d'achat résultant de la concurrence aux adjudications (1).

Les raisons d'allouer à bas prix les terres aux colons en Afrique Occidentale sont d'autant plus fortes que dans ce pays neuf et encore sauvage, ceux-ci auront à faire venir et installer la main-d'œuvre, à procéder à des constructions et aménagements beaucoup plus difficilement que dans des pays outillés comme l'Egypte. L'apport des matériaux et l'expédition des produits seront grevés de frais de transport élevés. De plus, la culture irriguée exige avec un défrichement complet, un nivellement parfait du terrain, qui entraîne à des frais importants.

1. On trouvera les détails de ces questions résumées ici dans le rapport de M. Bélime.

Les disponibilités budgétaires de l'A. O. F. sont loin de permettre un avancement sérieux des travaux. Dans ce pays primitif et en même temps plein d'avenir, les produits des emprunts de la colonie trouveront bien facilement leur emploi dans des dépenses de première urgence comme les routes, les chemins de fer, l'enseignement et l'assistance, les postes, etc...

Etant donné que, si elle est bien conduite, l'irrigation est une entreprise rémunératrice et que, d'autre part, l'Etat est un mauvais industriel et un mauvais commerçant, la solution paraissant la plus logique serait de confier cette entreprise à de puissantes sociétés privées, qui trouveraient dans la perception de taxes et la vente des terrains aménagés la rémunération de leurs capitaux.

Deux modes de vente peuvent être envisagés. Dans un cas, la Société concessionnaire, non seulement ferait les travaux d'irrigation, mais aménagerait complètement l'exploitation ferme par ferme, soit par elle-même, soit par un sous-entrepreneur. Elle construirait de petites fermes de 5 à 10 hectares comme en Egypte qu'elle vendrait pour une part au comptant et le solde à terme. Le fermier n'ayant à apporter que le mobilier, cheptel, outillage et mobilier meublant aurait une jouissance presque immédiate et arriverait rapidement à se libérer, mais il paierait de suite la taxe d'irrigation.

Dans le deuxième cas, le terrain serait livré nu et le fermier aurait à sa charge les frais de construction des immeubles d'exploitation et attendrait souvent plusieurs années avant de profiter de son acquisition. Afin de ne pas grever immédiatement de frais d'achat ce nouveau colon, la vente des terrains serait faite à tempérament avec paiements échelonnés sur dix à quinze ans et sans intérêts durant les premières années.

Après le délai d'achèvement des constructions, défrichement et nivellement, c'est-à-dire après trois à cinq
ans, il commencerait à payer le prix d'achat et la taxe
d'irrigation.

Nous nous plaçons ici dans l'hypothèse de capitalistes
européens moyens, faisant exploiter sous leur surveillance et sous une forme à déterminer, par exemple, le
métayage, un groupe de quelques fermes par des fellahs
introduits d'Egypte, des Kabyles, des Marocains ou des
noirs. Ce mode d'exploitation serait peut-être susceptible d'intéresser un certain nombre d'industriels français du textile, qui se procureraient directement leur
matière première.

Il y a lieu également de considérer l'exploitation par
des sociétés plus puissantes sur quelques centaines ou
quelques milliers d'hectares.

En Egypte, l'hectare de terrain de même qualité que
celui du Niger, après aménagement des irrigations, est
payé plus de 20.000 francs. Les sociétés concessionnaires trouveraient un bénéfice important en vendant
les terrains du Niger un prix vingt fois moindre et leurs
concessions portant sur plusieurs dizaines de milliers
d'hectares, il leur serait loisible d'enrayer les spéculations locales.

La valeur du terrain en Egypte est due au rendement,
mais aussi, pour une bonne part, à l'extrême densité
de la population entassée sur les rives du Nil. Raison
de plus pour attirer sur le Niger le fellah égyptien.

Ultérieurement et après que le pays sera économique-
ment organisé avec ses voies ferrées et ses routes, l'impôt foncier au profit de la colonie viendra se superpo-
ser à la taxe d'irrigation perçue par la Société concessionnaire. Des droits d'enregistrement faisant profiter

la colonie de la plus-value des terrains entreraient en jeu à partir de la première revente.

On pourrait même prévoir entre la Colonie et les Sociétés concessionnaires des contrats à très longue échéance, de véritables « concessions », en prenant le mot dans le sens du droit administratif, analogues en quelques-unes de leurs parties aux contrats entre l'Etat Français et les Compagnies de chemin de fer ou la ville de Paris ou la Compagnie du Métropolitain, aux termes desquels la Concession ferait retour à la colonie dans des conditions à déterminer.

Il va de soi que l'exécution d'un tel projet exigerait dès le début plusieurs centaines de millions et que seules les banques, disposant de capitaux importants et faisant appel au crédit public, seraient susceptibles de s'y intéresser. Son succès est subordonné en partie à une active propagande coloniale dans la métropole souvent ignorante de ces questions. Ce succès changerait les anciens errements de nos établissements de crédit habitués dans le passé au placement facile des emprunts d'Etats étrangers, moyennant une commission rémunératrice.

* * *

A côté de l'irrigation par gravité au moyen de barrages et de canaux, la seule permettant d'envisager la mise en valeur de surfaces très étendues, il convient de mentionner l'irrigation par pompage, la seule pratiquée jusqu'ici en A. O. F. et permettant l'irrigation de surfaces restreintes sur le bord des fleuves ou bien sur les points où l'eau est abondante à une faible profondeur.

Le pompage est fait au moyen de moteurs à pétrole

ou de machines à vapeur chauffées au charbon, au mazout, au bois. ou autres combustibles végétaux comme, par exemple, la graine de coton.

On conviendra que le charbon, le mazout et le pétrole, à moins de découvertes dans le pays même, resteront pendant longtemps d'un prix trop élevé pour obtenir une irrigation économique. Même en utilisant un combustible végétal à bon marché et pris dans le pays, comme le bois ou la graine de coton, on tiendra compte de l'amortissement des machines et du matériel. Les frais d'irrigation par pompage, avec moteurs de divers genres, resteront coûteux si ce n'est dans les cas où les moteurs seront utilisés à diverses fins, comme l'égrenage, la fabrication d'huile, le sciage du bois, la compression du coton ou des fourrages, etc...

Par contre, le moteur éolien semble présenter au Soudan et au Sénégal un intérêt particulier. L'harmattan ou vent d'Est fait son apparition et dessèche la végétation dès la cessation de la saison des pluies, alors que l'irrigation devient une nécessité. Il paraîtrait indiqué d'utiliser le vent comme force motrice en A. O. F. Des expériences répétées conduiront à déterminer le meilleur système de moteur à adopter. Les dernières foires d'échantillons en France ont montré des machines puissantes à ailes cylindriques en tôle galvanisée, d'un prix de revient peu élevé et donnant des résultats appréciables par un vent de faible vitesse.

CHAPITRE VII

L'IRRIGATION SUR LE SÉNÉGAL

Le Sénégal, qui dans son cours supérieur, porte le nom de Bafing, a 1.700 kilomètres de long ; ses sources sont à une altitude voisine de 750 mètres.

Dans la plaine sénégalaise la pente est faible : de Saint-Louis à Diouldé-Diobé, à 416 kilomètres de Saint-Louis, elle est de 5 millimètres par kilomètre, aussi la marée remonte-t-elle très avant dans les basses eaux ; de Diouldé-Diobé à Kayes (à 906 kilomètres de Saint-Louis) elle atteint 4 centimètres.

Entre Kayes et Bafoulabé, elle est de 60 centimètres ; sur les 120 kilomètres qui séparent ces deux villes, on compte une quarantaine de barrages et des chutes, dont plusieurs importantes, atteignent 10 à 15 mètres.

Entre Boulafé et le confluent du Bakhoy et du Baoulé (au voisinage de Toukoto) la pente du Bakhoy est de 40 centimètres sur une longueur d'environ 130 kilomètres ; on y connaît une belle cascade, les chutes de Billy, où l'eau tombe d'une hauteur de 10 à 13 mètres.

En amont des points indiqués, sur le Bafing, le Bakhoy et le Baoulé, la pente reste forte et l'on connaît quelques autres cascades, mais les chiffres manquent de précision.

Malheureusement, le débit du fleuve est très variable : à Médine, pendant l'étiage, le débit du Sénégal tombe parfois à 5 mètres cubes par seconde ; pendant la crue, il atteint 5.000 mètres cubes.

Il n'a pas encore été fait d'études ayant pour objet l'irrigation par gravité de vastes surfaces et on n'a encore aucune idée précise de projets réalisables. Les cartes du commandant Derrien et du Colonel Borgnis-Desbordes, celles plus récentes au 1/200.000 de Meunier permettraient une première étude du problème. Dans le cas, toutefois, où la meilleure utilisation paraîtrait consister dans l'établissement de canaux de dérivation avançant profondément dans les terres sur la rive gauche ou la rive droite du fleuve, il serait nécessaire d'étudier auparavant le nivellement des régions avoisinant le fleuve.

Le Haut-Sénégal au-dessus de Kayes sera vraisemblablement utilisé en vue de l'électrification de la voie ferrée.

La dépression de la Taouey permet un aménagement peu coûteux, principalement la construction d'un barrage de petite dimension en vue de mettre en valeur une surface assez considérable (1).

Sur un parcours de 900 kilomètres, de Saint-Louis à Kayes, les populations riveraines des régions traversées par le Sénégal ne sont pas évaluées à plus de 150.000 habitants, c'est dire que ces régions sont presque désertes et ne pourront fournir la main-d'œuvre utile à l'exécution de travaux, même modestes.

D'une manière générale, l'irrégularité du fleuve, la nature des rives qui limite à une faible distance la zone d'inondation, font que les travaux de barrage et le per-

1. D'après le rapport au Congrès d'Agriculture coloniale. Paris 1918, de M. Chudeau, docteur ès-sciences, chargé de mission en A. O. F.

cement des canaux de dérivation nécessiteront de longues études préparatoires. Il y aurait sans doute intérêt à posséder dès maintenant une carte précise des rives du Sénégal sur une grande profondeur, afin d'établir plus tard divers projets de canaux de dérivation, qui porteraient l'eau à une assez grande distance du fleuve.

Les travaux d'exécution sont actuellement limités au Haut Sénégal, dans l'équipement hydraulique des rapides du Félou. Le programme comporte leur utilisation à des usages urbains, industriels et d'hydraulique agricole. A cet effet, une somme de 1.200.000 francs a été inscrite au budget général de l'A. O. F. en 1924 (1).

C'est le Niger Moyen et deltaïque, dont la crue est plus régulière, la zone d'inondation avoisinant 100.000 kilomètres carrés, le débit beaucoup plus important qui sera aménagé en premier lieu. L'exploitation des rives du Sénégal ne sera entreprise que plus tard.

---

1. D'après le programme, le courant électrique serait utilisé pour le pompage par moteurs électriques et permettrait l'irrigation d'une surface voisine de 50.000 hectares.

CHAPITRE VIII

L'IRRIGATION SUR LE NIGER

Le Niger a un cours d'environ 4.000 kilomètres ; sa source est à une altitude de 750 mètres. Le lieutenant de vaisseau Millot en a donné un profil provisoire de Kouroussa à la mer.

Le commandant Lenfant dans son ouvrage sur le Niger (1903) avait baptisé ce grand fleuve du nom de : « Nil français » ; ce qui évoque immédiatement le merveilleux développement de l'Egypte, grâce aux inondations légendaires de ce fleuve. Légendaires est bien le terme qui convient ; primitivement, elles étaient bien la source de la fécondité des terres se trouvant dans les limites atteintes par elles ; mais combien brutal et restreint en était l'effet, comparé aux merveilleux résultats obtenus aujourd'hui par l'irrigation. Les magnifiques travaux faits par les Egyptiens, puis par les Anglais, ont décuplé les surfaces utilisables et aujourd'hui c'est pour trois milliard de francs par an que l'Egypte exporte le coton qui fait sa fortune. Et cependant, sans irrigation, l'Egypte n'est pas un pays naturellement cotonnier, le climat y étant aussi sec que sur le Sénégal et plus sec que sur le Moyen Niger.

Le Niger avec ses affluents, arrose le Soudan occidental. Il se compose, dit M. l'ingénieur Bélime, de deux fleuves différents d'aspect et de régime : le Djoliba, qui s'étend depuis ses sources en Haute-Guinée jusqu'à la région lacustre de Djenné ; et l'Issa-Ber qui commence à la région lacustre et finit en aval de Say.

Le climat du Moyen Niger formant la partie inférieure du Djoliba a une périodicité très marquée ; la saison des pluies débute du 15 mai au 1er juin pour se terminer du 15 au 20 octobre ; les nuits sont fraîches d'abord, froides ensuite et ce n'est que du 15 mars au 1er mai qu'apparaissent les fortes chaleurs pendant lesquelles le thermomètre atteint 41 degrés à l'ombre.

Le climat de l'Issa-Ber, entre Mopti et Say, est plus sain ; il est plus sec et plus chaud, mais la période humide est plus courte. La saison des pluies ne commence véritablement que vers fin juin et se termine dans les premiers jours d'octobre. La saison sèche débute en octobre avec d'épais bruillards ; les fortes chaleurs se manifestent en mai, juin, juillet.

Le Moyen Niger (Djoliba) fertilise ses bords et les irrigue à la saison des pluies. De même, le Bani, grand affluent de droite du Niger. De ce fait, les cultures sont mises à l'abri de la sécheresse, d'abord par les tornades, ensuite par les travaux d'endiguements pour l'irrigation. Quant à l'Issa-Ber, sa crue se déverse dans la région lacustre qui se transforme en un vaste réservoir ; les lacs alimentent ensuite le Niger, quand son niveau tombe au-dessous des inondations. Les rives de l'Issa-Ber sont ainsi submergées chaque année par la crue qui joue ici le même rôle que celle du Nil en Egypte et qui dépose un limon nourricier à l'époque même où la saison des pluies est complètement terminée (1).

Le Niger actuel est le Nil d'il y a plusieurs siècles : il s'agit d'en faire un Nil du temps présent, dont le cours

---

1. Extrait du rapport de M. Bélime, 1920.

soit praticable toute l'année et dont les eaux retenues
par des barrages soient distribuées au moment voulu, en
quantité proportionnée aux besoins, mathématiquement
à chaque plantation. On peut s'imaginer l'effort consi-
rable à réaliser.

La culture par irrigation dans les pays où elle est
pratiquée représente une somme de travaux séculaires
et considérables. L'eau doit être dosée scientifiquement ;
il est indispensable d'en être maître à tout moment. L'excès d'eau nuit à la culture comme le manque d'eau. La
culture du coton irrigué principalement, s'accommode
mal de l'à peu près. Non seulement des canaux de
toutes dimensions savamment disposés sont nécessaires, mais encore un nivellement irréprochable du
sol est indispensable dans chaque exploitation. Le
nivellement de Richard-Toll sur le Sénégal, corrigé au
cours de plusieurs années de culture semblait ne rien
laisser à désirer. Or, une partie des cotonniers souffrit
d'un excès d'humidité, une autre partie du manque
d'eau, si bien qu'on dut faire pour l'année suivante des
rectifications importantes au nivellement.

On voit par là quelle devra être l'importance des travaux à effectuer sur le Niger et le Bani, et aussi quelle
quantité considérable de main-d'œuvre sera à utiliser
dans un pays qui en a très peu et de mauvaise qualité.
La population du bassin du Niger, à partir de Ségou,
n'est que de 4 habitants au kilomètre carré. Certaines
évaluations la portent à 10 habitants, alors qu'elle
dépasse 3oo habitants au kilomètre carré dans la vallée
irriguée du Nil. L'absence de main-d'œuvre donne un
intérêt de premier plan à la question du peuplement
de cette région par une race actuellement étrangère à
l'A. O. F.

Hydrologie de la région inondée. — L'énorme bassin lacustre du Niger est long de 3oo kilomètres et large de près de 15o en son milieu, de Mopti à Oudiabé. M. Yves Henry le décrit ainsi (1) :

a) Au sud du Débo, vaste dépression irrégulière que les alluvions du Niger comblent peu à peu, le bassin d'inondation forme une immense cuvette argileuse, sillonnée aux basses eaux par les nombreuses dérivations du fleuve et portant de riches pâturages de borgou et de riz sauvage, où pâturent de nombreux troupeaux de zèbres, de moutons et de chèvres. Avec la crue, le paysage change : les eaux envahissent les dépressions et forment bientôt un immense lac verdoyant de borgou et de riz sauvage ou cultivé.

Les villes et villages sont installés de ci de là, sur des tertres argileux où se font quelques cultures et où on trouve quelques arbres caractéristiques : rônier, fromager, tamarinier, monbin, etc... Ce régime s'étend aux régions du Djenneri, du Dérari et d'une partie du Sébéra, de tout le Macina.

Le lac Débo a sur la propagation de la crue une action retardatrice que fait ressortir le graphique du régime des cultures du Niger Moyen, par deux points situés à égale distance du lac : Mopti et Niafunké. La crue du fleuve débute en juin. Le Niger sort de son lit vers le 15 août à Mopti et vers le 3o au voisinage du Débo. La crue est à son maximum vers le 1er novembre à Mopti, le 15 novembre au Débo et le 15 décembre seulement à Niafunké. L'écoulement de la crue se fait de même très lentement, en aval du lac, à cause de la faible pente du bassin, en sorte que la plaine de Mopti, amont et aval

1. Ives Henry, *Matières premières africaines*, 1 vol. in-8, 1918, Larose.

est libre à la première quinzaine de janvier, tandis que les plaines du nord du Débo ne commencent à être libérées qu'en mars. Cet obstacle apporté à la propagation de la crue d'abord puis à la décrue, a une double conséquence : celle de retarder l'accès des plaines de Borgou et, d'autre part, en augmentant l'intervalle qui sépare les pluies de la crue, de faire coïncider ce retard avec la période la plus sèche, pendant laquelle les pacages de la brousse sont misérables.

b) Dans cette seconde portion du bassin lacustre nigérien, le Guimbala et le Fitouka possèdent une orographie semblable à celle du Macina. Ce sont d'immenses plaines aquatiques. Il n'en est plus de même dans la moitié occidentale, dans le Farimaké, l'Atara et l'Aoussa-Kataoual.

Le colmatage du bassin, dans ces régions, se poursuit par la double action des dépôts alluviaux et des apports de sable que charrient les vents du Nord. L'aspect du pays ne rappelle en rien la partie méridionale du bassin. Les lignes d'eau sont orientées est-ouest, formant d'innombrables chenaux que séparent de grandes bandes de sol dunaires et qui aboutissent à des cuvettes qu'emplit la crue : lacs Tenda, Kabara, Takadji, Sumpi, etc... Ici, la superficie des terres émergées est très importante; les noirs y font les cultures d'hivernage et une partie du bétail y trouve un refuge au moment de l'inondation.

A mesure que l'on avance vers Tombouctou la prédominance des formations dunaires s'accroît constamment, due au régime de plus en plus marqué des vents du nord. Mais ici, elles ne sont pas cultivées ; ce sont d'immenses vagues de sable plus ou moins fixées, garnies d'une maigre végétation et dominées de loin en loin par des massifs gréseux, qui protègent de grands lacs de l'ensablement : lacs Fati, Iloro, Faguibine, etc... (Yves Henry) (1).

Ce qui est important pour la culture cotonnière, c'est que le Niger, quoique inadapté aux cultures d'étiage, participe des avantages du Nil, en ce sens que la durée de ses eaux moyennes et hautes, qui est de sept mois, autorise cette culture sur des étendues tout à fait comparables à l'Egypte irriguée.

* * *

Les nombreux essais de culture sèche du coton fait sur le bassin Moyen du Niger ou du Bani, depuis l'année 1905 ont donné en majeure partie des déceptions. Les cotonniers américains ou indigènes avaient à souffrir de la sécheresse prématurée survenue avant que la plante eût fait pénétrer dans le sol des racines assez profondes pour y trouver l'humidité qui lui est nécessaire.

Si, comme en Egypte, on pouvait avoir recours à l'irrigation, les semis seraient avancés ou retardés, puisque, la sécheresse étant conjurée, on n'aurait plus à craindre que la plante en souffre et les résultats seraient tout autres.

L'Association cotonnière paraissait vouloir renoncer à son programme de culture sèche indigène, tout au moins, sur le Moyen Niger, après les nombreux mécomptes éprouvés. Elle allait se remettre à l'ouvrage sur des bases nouvelles quand survint la guerre. Déjà, son représentant au Soudan, M. Level avait commencé

1. Yves Henry, *Matières premières africaines*, 1 vol. in-8o. Librairie Larose.

dans la région de Ségou, sur quelques hectares et à titre d'essai, des cultures irriguées de cotonniers américains, dont les premiers résultats au dire de ses collaborateurs furent remarquables. Cette œuvre devait rester inachevée (1).

L'idée fut reprise par l'Administration et dès 1916, le service de l'Agriculture du Haut Sénégal Niger entreprenait à la station agronomique d'El-Oualadji, des plantations irriguées de variétés égyptiennes. Ces cultures, renouvelées et étendues chaque année depuis lors ont entièrement confirmé les conclusions des expériences de Ségou. On a obtenu à El-Oualadji, selon M. Vitalis, inspecteur d'agriculture, les rendements égyptiens. On les a, paraît-il, quelquefois dépassés. La Compagnie de culture cotonnière de Niger, dont la concession est voisine d'El-Oualadji, a eu des résultats semblables.

La preuve semble donc faite que l'on pourrait tirer du Soudan des cotons donnant satisfaction à notre industrie tout en rémunérant largement l'agriculteur. La clé du succès, c'est la culture intensive à l'aide de l'irrigation (M. Bélime) (2).

Restent les questions des travaux de barrage, de l'immigration et de la formation d'une main-d'œuvre suffisante, car la culture par irrigation nécessite un personnel nombreux.

*
* *

L'irrigation dépend surtout: 1° de la coïncidence de la crue périodique du fleuve avec les cycles de culture des récoltes irriguées; 2° de la durée de cette crue; 3° de

1. M. Level fut tué sur le front français en 1916.
2. *Les irrigations au Niger.* Rapport de la Mission Belime, 1920.

l'importance des eaux moyennes d'avant-crue et d'arrière crue.

La période culturale du coton, considérée comme culture principale, commence à la mi-juin et finit pour les espèces tardives en février. La période d'arrosage dure au maximum sept mois ; elle débute au semis et s'achève un mois environ avant la dernière cueillette, c'est-à-dire vers le 15 janvier.

Coïncidence remarquable avec le cycle cultural du coton, la crue du Niger commence en juin et finit en janvier.

En semant en juin, la végétation du cotonnier en hivernage moyen sera assurée par le simple jeu des précipitations atmosphériques. Or, un graphique donnant les hauteurs de pluies tombées chaque mois (moyenne de dix années à Koulikoro) montre que le sol recevra toujours assez d'eau en juillet et août, qu'en juin et septembre les pluies seront parfois insuffisantes et qu'il faudra irriguer dès octobre (M. Belime).

L'insuffisance des pluies de juin offre peu d'inconvénients. C'est le mois des semailles. On pourra profiter des pluies de mai pour procéder aux premiers labours, puis on sèmera après une tornade. La période de végétation sera ainsi avancée ou reculée de quelques jours sans aucune influence sur le développement ultérieur des cotonniers. En octobre et souvent en septembre interviendra l'irrigation ; celle-ci devra être continuée jusqu'à la fin de la récolte.

La nature des espèces cultivées, déterminera la durée de l'irrigation. Les cotonniers égyptiens sont généralement tardifs. Semés en Haute-Egypte vers le 1er mars, ils donnent leurs premières capsules vers le 15 août. La récolte dure jusqu'à la fin d'octobre. La période de culture est donc de près de huit mois, l'irrigation commençant avec les semis et finissant avant la dernière cueillette.

En Amérique, toutes les variétés sont plus hâtives et leur culture dure rarement plus de six mois.

Quelles sont les espèces qui donneront dans la vallée du Niger les meilleurs résultats ? Les données acquises sont insuffisantes et à cette fin, le Gouvernement général de l'A. O. F., a confié en 1923 à M. le Dr Forbes la mission de procéder à des essais de culture irriguée à Soninkura, Banankoro et Diafarabé. Les expériences ont démontré que les variétés égyptiennes ne réussissaient pas dans la zone prédeltaïque, mais que, par contre, elles étaient à adopter dans la zone deltaïque où l'hygrométrie est plus élevée. Diverses variétés américaines, notamment les Hardville's et les Simpkino's Ideal ont donné des rendements importants dans la zone prédeltaïque où l'air est plus sec. M. le Dr Forbes conclut que, dans cette zone, il est possible avec les meilleures variétés américaines essayées de produire en culture irriguée normale, suivent les caractères du sol et son degré de fertilité 200 à 500 kilos à l'hectare (1).

Pour l'instant, la détermination exacte de la période d'irrigation cotonnière repose principalement sur les expériences du Dr Forbes et celles qui les ont précédées.

On admettra que les semailles étant effectuées vers le 15 juin, la dernière des rotations d'arrosage aura lieu vers le 15 janvier.

1. Voir le rapport du Dr Forbes, gouverneur général de l'A. O. F. — Les directeurs des essais ont été à Soninkura et Bamankoro MM. Barthabaru et Grill, à Diafarabe, MM. Lucky, Castes et Marchand.

En ce qui concerne le débit spécifique d'irrigation du cotonnier, on se rapportera aux chiffres constatés en Haute Egypte où le climat, quoique différent de celui du Soudan présente cependant, quant aux températures moyennes pendant les périodes cotonnières, une certaine analogie, et on acceptera comme débit spécifique mesuré à la prise d'eau des canaux un litre par seconde et par hectare (M. Bélime) (1).

* * *

Le Congrès d'Agriculture coloniale de Paris en 1918 a émis les constatations et vœux suivants :

1º Les fleuves de l'Afrique française ne sont encore que des fleuves à l'état sauvage, dont l'homme n'a jamais jusqu'à présent cherché à contrôler d'une façon quelconque ou à régulariser le régime ; jusqu'à ces dernières années, ils n'ont guère été étudiés, de temps à autre, qu'au point de vue de la navigation.

2º Il importe à la production agricole de faire sans retard l'étude technique complète des fleuves et de leurs vallées (hauteur des eaux, leurs mouvements dans la vallée, débits, pluies, nivellement en longueur et en largeur, etc...) et de réunir tous ces documents dans un bureau central chargé de les conserver, de les classer et de les coordonner de façon qu'ils puisse servir de base à l'étude des projets de travaux.

3º Le service de l'agriculture, devra tout de suite établir des champs d'expériences étendus et faire tous essais et observations utiles pour fixer la dépense d'eau nécessaire dans chaque saison et dans les diverses

1. *Les irrigations au Niger. Etudes et projets.* Mission Belime, 1920.

régions climatériques aux différentes cultures, les espacements des arrosages, enfin tout ce qui concerne l'usage agricole de l'eau, ces renseignements étant indispensables pour la préparation rationnelle de tout projet d'irrigation. Le service de l'agriculture devra être développé et outillé en conséquence.

Les vœux demandent un service d'hydraulique agricole coloniale. Il est nécessaire de renoncer au système des missions temporaires qui ne permet pas la continuité de vues et d'efforts indispensables. Il est essentiel de constituer sous l'autorité directe du Gouverneur Général une direction centrale des services hydrauliques fortement organisée, avec un personnel et des crédits suffisants pour embrasser non seulement la question des transports par eau (étude, régularisation, aménagement, balisage, entretien du chenal), mais encore les relevés des crues, des débits, des phénomènes météorologiques, tout ce qui concerne l'utilisation agricole des eaux (submersion, irrigation, drainage), ainsi que les nivellements et levés géodésiques, qui doivent précéder l'élaboration des grands projets d'irrigation (1).

Nous avons déjà dit que ces vœux étaient en partie satisfaits par la création récente d'une inspection permanente de l'hydraulique agricole à Bamako. Malheureusement les crédits disponibles sont très insuffisants pour procéder rapidement à l'avancement des travaux.

---

1. Compte-rendu des travaux du Congrès de l'Agriculture coloniale, 1918. Ces vœux et observations qui se rapportent à l'Afrique Equatoriale conviennent au même titre à l'Afrique Occidentale.

* * *

En 1903, un ingénieur français, M. Favard, qui connaissait l'Egypte, qui avait construit des chemins de fer en bien des lieux du monde et qui suivait de près les études de nos explorateurs, publiait une brochure portant ce titre: *la France africaine*. Il proposait, en se basant sur les travaux de la mission Hourst, la création d'un barrage en aval de Tombouctou et il évaluait l'importance des terres cultivables en coton, blé, maïs, riz, tabac que l'irrigation annuelle procurerait au Soudan. Il évaluait même l'étendue des terres que l'on pourrait reprendre sur le désert ; on sait, en effet, que faute d'une défense active contre lui, le désert gagne tous les jours un peu sur notre sol africain (1).

M. Périquet, Lieutenant-Gouverneur du Haut Sénégal Niger, s'inspirant des travaux de M. Favard, publiait en 1918 un rapport sur l'irrigation dans la région lacustre du Niger. Ses évaluations confirment celles de l'ingénieur Favard. Il estime à 80.000 kilomètres carrés la superficie des terres qui pourraient être rendues extrêmement fertiles.

Le Niger, son étude et les travaux d'hydraulique qu'il pourrait comporter fut l'objet en 1910-1911 de la mission Hardel et Aron.

C'est aux hautes eaux que l'on voyage le plus commodément sur le Niger, dit M. Hardel, ingénieur des Ponts et Chaussées, chargé de mission au Niger; c'est donc aux Hautes-eaux que la plupart des voyageurs

---

1. Paul Bourdarie. *Les ressources cotonnières de nos colonies et leur mise en valeur après la guerre*. 1 brochure, 1918. Typographie Renouard.

l'ont vu et c'est, en tous cas, des voyages faits à cette période qu'ils ont gardé l'impression la plus profonde. Or, à cette saison, la crue du fleuve s'étend à perte de vue sur les deux rives, à une distance qui atteint jusqu'à 20 kilomètres sur la rive droite et jusqu'à 100 kilomètres sur la rive gauche. La vue de cette extraordinaire inondation a donné à tous l'impression confuse que l'utilisation meilleure de toute cette eau pourrait, dans un pays où la terre est fertile, mais calcinée pendant des mois par le soleil, développer une prodigieuse richesse. On a donc baptisé le Niger notre Nil français.

Cependant, entre la vallée du Niger et du Nil on constate les différences suivantes :

1° Si la prospérité de l'Egypte a pris, depuis le milieu du siècle dernier un prodigieux regain, ce n'est point à la culture en temps de crue, pratiquée de toute antiquité, qu'elle le doit, mais bien à l'irrigation en saison d'étiage. L'irrigation sur le Niger est inexistante et devra donner lieu à des travaux très importants et plus coûteux qu'en Egypte, la sécheresse étant plus longue au Soudan qu'en Egypte. L'irrigation en saison sèche répond, en effet, au Niger, plus qu'en Egypte à une absolue nécessité agricole.

2° Le Soudan occidental, sur le Moyen Niger, à une population insignifiante par rapport à son étendue.

3° Les transports sont plus coûteux du Soudan en Europe que d'Egypte en Europe.

4° Le Niger et ses affluents dans la partie comprise entre Bamako et Tombouctou coulent en basses eaux fortement en contre-bas d'une plaine d'alluvions dont la cote moyenne dépasse de 5 à 8 mètres le niveau d'étiage. Si donc l'on veut établir des barrages pour relever le niveau de l'eau, ces barrages devront être de très grande hauteur. En outre, la largeur du lit est très considérable par rapport au débit du fleuve et les ouvrages de relèvement des eaux seront donc, en principe extraordinairement coûteux, excepté peut-être dans certaines régions à rechercher.

5° Le débit d'étiage du fleuve est décuplé en Egypte.

6° L'intensité de l'évaporation est deux fois moindre en Egypte.

De ses savantes et consciencieuses études, M. Hardel a tiré les conclusions suivantes au Congrès d'Agriculture coloniale de Paris, en mai 1918 :

1° A l'amont et à l'aval du Debo, l'on peut tout d'abord, dans l'intérêt de la culture indigène actuelle, effectuer presque sans frais, des aménagements très utiles dans les dépressions de la plaine d'inondation, soit par séparation de ces dépressions en deux parties dont l'une formerait réservoir et l'autre champ d'irrigation, soit par fermeture des canaux reliant ces dépressions au fleuve.

2° Il n'y a à établir de barrages de relèvement des eaux ni sur le Bani, ni sur le Niger en amont du Debo et le relèvement des eaux de ces cours d'eau, dans ces régions, au moyen de moteurs éoliens peut être envisagé, mais ces eaux peuvent être utilisées ailleurs en conditions infiniment moins coûteuses.

3° Une dépense de 250.000 francs avant la guerre, complétée par les dépenses inévitables et beaucoup plus élevées du reste, d'aménagement proprement dit des terres, permettrait d'irriguer environ 10.000 hectares dans la région de Gandé-Tama à l'aval du marigot de Diaka.

4° Il peut très probablement être établi, au lac Debo, pour une dépense qui pouvait être d'environ 35 millions avant guerre, un réservoir contenant au moins 3 milliards de mètres cubes disponibles pour l'irrigation des terres situées en aval ; et ce réservoir pourrait être rempli facilement au début de la crue.

5º En établissant, moyennant une dépense de 8 à 10 millions, prix d'avant-guerre, un barrage à hauteur de Kourya, il est possible de relever le niveau des eaux dans le Niger en amont de ce réservoir, de manière suffisante pour que les eaux puissent arriver par la gravité jusqu'aux vastes dépressions remplies de dépôts alluviaux qui bordent ce fleuve en amont de Tombouctou.

6º Moyennant une dépense à peu près de même ordre, on pourra, dans un avenir plus lointain, en établissant un barrage à Pia assurer le même résultat entre Tombouctou et Bamba.

7º Dans l'intérêt de l'élevage aussi bien que des cultures, il convient d'endiguer le fleuve en amont du Debo et d'empêcher la pénétration de la crue sur une partie de la surface des rives.

Pour préciser ces conclusions, il conviendrait de poursuivre les études en procédant :

1º A des mesures de débit du Niger à diverses époques de l'année en amont et en aval du Debo et, en particulier au voisinage immédiat de cette nappe d'eau.

2º A des mesures d'évaporation en divers points de celle-ci, de manière à se faire une idée plus précise de ce que pourrait être l'évaporation sur la nappe d'eau très étendue qui serait créée.

3º Au levé et au nivellement général de la cuvette du Debo et des autres cuvettes de la région, dites lacustres, situées en aval, étant observé que ce nivellement pourrait être effectué en conditions relativement rapides par observation du niveau des eaux et levé des contours à diverses époques dans ces cuvettes et implantation de repères, aux extrémités des canaux d'intercommunication aux époques des renversements de courant dans ces canaux.

4º A l'étude du lit du fleuve en aval du Debo et dans la région de Kourya en vue d'y reconnaître, si possible, des affleurements rocheux ou des couches argileuses imperméables et d'y déterminer les brèches à former dans les berges (1).

Le rapport de la mission scientifique de M. Hardel au Soudan est le premier qui, par son ampleur et ses conclusions positives et pratiques, permette d'asseoir un projet dans l'aménagement d'une partie du Niger. Il s'applique à la région lacustre, c'est-à-dire aux vastes dépressions nord et sud du lac Debo.

M. Bélime, dont là mission est postérieure à celle de M. Hardel, s'est appliqué tout d'abord à l'aménagement du fleuve entre Bamako relié directement par voie ferrée à Dakar, et le lac Débo, c'est-à-dire la région actuellement la plus accessible, sans négliger toutefois l'aménagement ultérieur de la région lacustre. Ses projets basés sur des connaissances scientifiques considérables sur une compréhension logique des besoins de l'A. O. F. et sur l'expérience personnelle acquise aux Indes et à Java, répond à toutes les données générales connues en matière d'irrigation. Aussi doit-on, sous réserve des retouches que M. Bélime lui-même a apportées dans ses missions de 1922 à 1925 accepter ces projets comme définitifs.

1. Rapport de la mission scientifique au Soudan de M. Hardel.

Les projets de M. Bélime.

MM. Favard, Aron, Hardel, Périquet, le lieutenant de vaisseau Millot ont établi des projets divers ou une documentation topographique et hydrographique importante. La topographie du sol est connue, de même que sa valeur agricole. Le climat et la météorologie ont été remarquablement étudiés par M. Henry Hubert. M. le Professeur Ammann et M. l'ingénieur chimiste H. Lavergne ont fait de consciencieuses analyses de terrains sur des échantillons prélevés par M. Vuillet, Directeur général de l'Agriculture. M. Vuillet a publié des rapports documentés sur l'agriculture indigène.

Enfin, depuis 1919-1920, le Moyen Niger est l'objet des études suivies de M. Bélime. (1)

M. Bélime distingue trois zones de caractères topographiques et hydrographiques très différents : la zone fluviale de Bamako à Kokry, la zone d'inondation deltaïque, de Kokry à Grand Tama, la zone d'inondation lacustre de Grand Tama à Kabara, port de Tombouctou.

Le fleuve comportera également trois groupes de systèmes d'irrigation par gravité, étagés de l'amont à l'aval et commandant, le premier les plaines exondées de la région du Niger fluvial, le second les parties du delta nigérien qui auront été protégées contre l'inondation, le dernier les dépressions périphériques du lac central. L'eau est prise à l'amont et conduite par des canaux sur les régions à irriguer.

Ces aménagements peuvent être classés comme suit :

1. Nous résumons ici le rapport de M. Bélime en reproduisant les parties essentielles.

1er Groupe. Régions fluviales	Niger	a) Canal de Ségou b) Canal de Nyamina
	Bani	a) Travaux du lit majeur. b) Travaux de la rive droite.
2e Groupe Delta		Niger : Canal de Sansanding. Bani : Canal de Djenné.
3e Groupe Niger lacustre		Travaux du lac Faguibine. Travaux similaires.

Le canal de Ségou a pour but principal d'assurer à l'aide de l'eau du Niger l'irrigation perenne des terres comprises entre ce fleuve et le Bani, à l'aval de Bamako jusqu'à la zone des inondations deltaïques. (1)

Le système d'irrigation est appelé à développer dans ces régions la culture des espèces de coton de qualité équivalente aux produits actuellement importés des Etats-Unis ou d'Egypte par nos filatures.

Les surfaces à aménager sont évaluées à 750.000 hectares.

Le canal de Nyamina à établir sur la rive gauche du Niger doit, à partir de sa prise d'eau, arroser l'étroite vallée du fleuve jusqu'à Nyamina, puis au delà de cette ville, irriguer dans le cercle de Ségou une partie du canton de N'To et les anciens Etats de Sansanding. Dans le cercle de Mopti, le Monimpé jusqu'aux abords des terrains inondés du delta.

Les espaces irrigables ne peuvent pour l'instant être fixés même approximativement, car aucun nivellement

1. Les divisions territoriales intéressées par les travaux sont:
1º Dans le cercle de Bamako, la vallée du Niger sur la rive droite de Sotuba à Gouni ;
2º Dans le cercle de Ségou, la vallée du Niger dans le Guénié-Kalori, une partie du Kéléké et la plus grande partie du Kaminiandougou.
3º Dans la résidence de Djenné, le Karadougou, le Sarro et le Seladougou.

n'a été effectué dans ces régions dont la cartographie est du reste encore bien fruste. Nous savons seulement que depuis le N'To jusqu'au delta, les plaines en terrasses étalées au pied du contrefort septentrional foutanien se présentent sous l'aspect topographique des terrains de la rive droite du Niger : pente générale de la contrée de même ordre et mamelons latéritiques clairsemés. Au taux d'utilisation des terres commandées par le canal de Ségou, on pourrait compter sur un minimum de 250.000 hectares irrigables.

Le Bani, du confluent du Banifing à San, origine de la zône deltaïque, a cette particularité de posséder un lit majeur parfois très large, qui s'inonde pendant la crue. Tantôt sur la rive droite, tantôt sur la rive gauche, parfois sur les deux rives, les hautes eaux s'étalent sur des pleines horizontales argileuses et dénudées, dont la largeur peut atteindre près de 10 kilomètres, séparées presque toujours du fleuve par des bourrelets jamais submergés.

Les travaux d'hydraulique agricole à prévoir dans ces régions seraient remarquablement simples. Il suffirait d'améliorer les méthodes indigènes, bien adaptées aux espèces cultivées. Le procédé le plus simple comportera sans doute la création de casiers endigués recevant l'eau de l'amont, l'évacuant par l'aval : par exemple, le casier de San, très nettement séparé du Bani par le bourrelet Beneni-Kéni-Bankouna. Sa longueur est de 15 kilomètres environ, sa plus grande largeur de 8 à 9 kilomètres. La superficie aménageable serait approximativement de 6.000 hectares,

Sur la rive droite du Bani, au delà de la crue, les plaines alluvionnaires ont une superficie de 800.000 hectares environ. En général, la terre est d'excellente qualité et donne en raison d'une pluviosité plus grande et surtout plus régulière, des récoltes plus belles que dans la vallée du Niger.

Pour l'instant, les aménagements que l'on peut envisager et qui sont possibles, seront cantonnés dans les vallées qui descendent des plateaux de Koutiala et de San. Le programme comporterait, sur le Bani, la mise en valeur de 150.000 hectares, à savoir : rizières du lit majeur 75.000 hectares ; étangs de surface et réservoirs 75.000 hectares.

Le delta nigérien mesure 12.000 à 14.000 kilomètres carrés, sur lesquels 8.000 à 10.000 kilomètres carrés sont annuellement inondés. Il commence sur le Niger, au voisinage du village de Kokry, sur le Bani en aval de San et finit sur une ligne approximative Gandé-Tama, Katagnan, Séba, Kouenza, jalonnant l'intersection des eaux déclives et la nappe horizontale du Niger lacustre.

De l'expérience acquise en d'autres contrées, en Indo-Chine, aux Indes et en Egypte et de l'étude du delta nigérien, M. Bélime conclut que l'aménagement général du delta nigérien ne peut être envisagé. La logique, corroborée par une expérience millénaire, commande de limiter les premiers efforts à un seul côté du delta, à choisir de manière que les travaux des digues aient sur le régime des eaux la répercussion minima. La rive gauche du Niger, dépourvue d'affluents, aisément drainable, offre d'incontestables avantages qu'on ne retrouve ni sur la rive droite du Bani, de peu d'intérêt, ni entre Niger et Bani où le problème est considérablement compliqué par la jonction en plein delta de deux grands fleuves.

Le canal de Sansanding, a pour objet l'irrigation des plaines du Macina, dans le delta nigérien. Le système d'irrigation reposerait sur les bases suivantes : 1° établissement de la prise d'eau du canal en un point situé dans la partie du Niger de pente maximum comprise entre M'Pébala et Kokry, origine de l'inondation ; 2° emploi du marigot de Diaka comme drain central ; 3° endiguement du Niger sur sa rive gauche entre Kokry et la limite aval des aménagements.

La zône inondée comprise dans le triangle Kokry-Oouroundia-Kouenza s'étend sur plus de 600.000 hectares. Sauf de rares éminences et de plus nombreuses dépressions, presque toute cette superficie peut recevoir l'irrigation. La réalisation du canal de Sansanding permettrait la mise en valeur immédiate de 300.000 hectares (50 o/o des 600.000 hectares) et plus tard, l'irrigation totale.

Le canal de Djenne, sur le Bani, dans la zone deltaïque du Niger, devra faire l'objet d'un nouveau programme basé sur l'utilisation du Bani (1).

Le Niger lacustre comprend la région où l'inondation périodique s'étale en nappe sensiblement horizontale, longitudinalement de la ligne Gandé-Tama-Kouenza à Korioumé et transversalement du lac Tenda au lac Korarou. Pour des raisons diverses, il n'y a dans la grande cuvette centrale de la région inondée, aucune possibilité d'irrigation, sauf par relèvement mécanique des eaux d'arrosage (moteurs ou moulins à vent.) En ce qui concerne les lacs en dérivation disséminés à la périphérie de la fosse centrale, le problème revêt un autre aspect. La plupart d'entre eux ont leur fond en

---

1. Topographiquement, l'irrigation du quadrilatère San-Diafarabé-Djenné-Kouakourou par un canal dérivé sur la rive gauche du Bani est réalisable et permettra l'irrigation d'au moins 240.000 hectares.

contre bas de l'étiage du Niger. Cette situation permet
de les assécher en les isolant du lac central nigérien et
de les transformer en culture par irrigation. Ils sont
reliés au lac central par des marigots de petite dimension
et l'exécution des travaux semble facile. On commencerait par le lac Faguibine sur lequel on possède des
données précises (1).

Résumé en quelques lignes, dit M. Bélime, le problème si vaste et si intéressant des irrigations du Niger
est tout d'abord ramené à la classification des aspects
topographiques et hydrographiques du Soudan nigérien.

Le Soudan est parcouru par deux grands fleuves
mêlant leurs eaux de crue dans un delta commun avant
de se jeter dans un lac.

Le Niger et le Bani possèdent tous les caractères
ordinaires des cours d'eau dans leurs hautes et moyennes
vallées ; de l'amont à l'aval celles-ci, d'abord gorges
étroites, vont s'élargissant et se resserrant au gré des
obstacles rencontrés, puis s'épanouissent en terrasses
plus ou moins déclives quand les fleuves débouchent
des montagnes qui leur ont donné naissance.

Le delta nigérien, comme tous les deltas des fleuves
tropicaux soumis au régime des moussons, s'inonde
pendant la grande crue périodique du Niger et du Bani.
Ainsi étaient autrefois submergés, avant l'emprisonnement des eaux entre de hautes digues, le delta du Nil,

---

1. Les travaux d'aménagement du lac Faguibine compren-
draient : 1° le dérasement des seuils des marigots alimentaires de
Koundi et Tessakant, de manière à obtenir à Kamaïna une
période d'alimentation de cent-vingt jours. 2° L'établissement sur
les seuils de ces marigots ainsi qu'à Kamaïna, d'ouvrages régulateurs ; 3° le creusement de canaux d'irrigation et de fossés de
drainage sur les versants méridionaux du Faguibine et de Ferach.
L'étendue des terres aménageables est approximativement de
30.000 hectares.

ceux d'Orissa et de Coromandel dans l'Inde, du Fleuve rouge au Tonkin.

Le Niger lacustre, c'est le Tchad avec un émissaire moins imparfait que le Bahr-el-Gazal. Que celui-ci eût réussi, comme l'Issa-Ber à se frayer un chemin vers l'Océan, le lac Tchad aurait, ainsi que le Niger lacustre, ses crues et ses décrues annuelles, au lieu de l'oscillation séculaire, des grands lacs fermés ; et dans cette hypothèse, Niger et Chari, Bani et Logone, Niger lacustre et Tchad constitueraient des systèmes hydrauliques d'une identité de caractère à peu près absolue.

Le Soudan nigérien, aussi favorisé par la nature que l'Egypte ou la Mésopotamie, est resté à l'inverse de ces contrées, sauvage et inorganisé. Jusqu'à ce jour, l'homme n'y a pas tenté par l'association de la terre et de l'eau l'effort nécessaire à la production de cette richesse agricole qui, dès l'antiquité, avait rendu célèbres les rives du Nil et de l'Euphrate.

Cependant, le champ d'application de l'hydraulique agricole est immense.

Les plaines en terrasse, au pied des contreforts du plateau mandingue, peuvent être irriguées par les fleuves captés dans leurs vallées, selon l'exemple que nous en ont donné les Anglais au cours des cinquante dernières années, en détournant les eaux de la Rai, de la Chenab, du Shelum, etc... dans les vallées subhymalayennes, pour les conduire sur les « doales » du Punjab, ces immenses terrasses étalées à la base des monts Siwalik.

Le delta nigérien est aussi propice à l'irrigation que les deltas du Nil, du Cavéry, de la Kistna, du Godavéry, etc... anciennement ou récemment aménagés.

Enfin, nous pouvons profiter des accidents heureux de la région lacustre. C'est une trouée dans les derniers soulèvements de la chaîne lybique, qui a fait le Fayoum. C'est une fosse profonde dans l'ancien lit d'un Niger préhistorique, c'est la survivance momentanée d'un régime hydraulique autrefois permanent qui permettent d'aménager les lacs Faguibine et Daouna.

Il faut dire que, par l'étonnante adaptation des ressources hydrauliques aux nécessités agricoles, il est en notre pouvoir d'utiliser avec un maximum de rendement .a crue annuelle des fleuves soudanais.

Les systèmes d'irrigation qui ont été envisagés ci-dessus sont à classer en deux programmes. Le premier comprendra les travaux que notre expérience actuelle du pays permettra d'entreprendre.

Le second lot comportera tous les projets dont les dispositions générales sont subordonnées à une connaissance plus approfondie des conditions locales ou aux répercussions sur le régime des fleuves des premiers aménagements réalisés.

Le tableau ci-après résume les possibilités d'irrigation au Soudan nigérien et donne à titre d'indication, une répartition des cultures basée sur les disponibilités hydrauliques et sur les assolements qui ont paru les plus rationnels :

PREMIER PROGRAMME

SYSTÈMES D'IRRIGATION	SURFACES en hectares	COTON	MILLET	RÉPARTITION DES CULTURES			
				Légumineuses	RIZ	BLÉ	PATURAGES
Canaux supérieurs du Niger. Canal de Ségou..................	750.000	250.000	150 000	100.000	»	»	250.000
Canal de Nyamina	250.000	85.000	50.000	35.000	»	»	80.000
Travaux du Bani. Rizières du lit majeur	75.000	»	»	»	75.000	»	»
Etangs de surface et réservoirs..	75.000	25.000	25.000	25 000	»	»	»
Delta : Canal de Sansanding.....	300.000	100.000	»	100.000	100.000	»	»
Niger lacustre. Travaux du lac Faguibine....................	30.000	»	»	»	»	15.000	15.000
Totaux..................	1.480.000	460.000	225.000	260.000	175.000	15.000	345.000

DEUXIEME PROGRAMME

Répartition des Cultures

SYSTÈME d'Irrigation	Surfaces en hectares	Coton	Millet	Légumineuses	Riz	Blé	Pâturages
Canal de Djenné	240.000	80.000	»	80.000	80 000	»	»
Casier de Koua-kourou . . .	80.000	»	»	»	80.000	»	»
Travaux de la rive droite du Bani	»	»	»	»	»	»	»
Aménagement des lacs en déri-vation. . . .	50.000	»	»	»	»	25.000	25 000
Totaux. . .	370 000	80.000	»	80 000	160.000	25.000	25 000

RÉCAPITULATION

	Surfaces en hectares	Coton	Millet	Légumineuses	Riz	Blé	Pâturages
1er Programme	1.480.000	460.000	225.000	260.000	175 000	15.000	345.000
2e Programme	370.000	80.000	»	80.000	160.000	25.000	25.000
Totaux généraux	1.850.000	540.000	225.000	340.000	335.000	40.000	370.000

Ces chiffres font éloquemment ressortir l'aide formidable que nous pouvons obtenir du Soudan nigérien.

Il est certain, conclut M. Bélime, qu'un jour ses vallées et ses fleuves suffiront à nos plus gros besoins cotonniers, qu'elles nous donneront l'appoint d'oléagineux actuellement importés de l'Inde et qu'elles fourniront à la consommation française, après avoir approvisionné une grande partie du continent africain, des riz de qualité équivalente sinon supérieure aux plus belles qualités que nous faisons venir aujourd'hui de l'étranger.

* * *

Les avant-projets de M. Bélime ont donné lieu à des controverses variées sur les prix de revient et l'étendue des terres irrigables. MM. Yves Henry et Vuillet ont publié en 1922 un rapport (1) tendant à prouver que la région commandée par le canal de Ségou, le seul ayant fait l'objet d'études détaillées, ne contenait pas les 750.000 hectares indiqués comme aptes à l'irrigation. Ils ont ramené cette surface à 375.000 hectares. Le grave inconvénient de ce canal est que les 200 premiers kilomètres parcourent une vallée étroite n'assurant l'irrigation que de 75.000 hectares d'après M. Bélime, de 38.000 d'après MM. Henry et Vuillet. C'est seulement à partir du kilomètre 200 que l'on entre dans la plaine prédeltaïque entre Niger et Bani, permettant l'irrigation de 675.000 hectares d'après M. Bélime, de 337.000 hectares d'après MM. Henry et Vuillet.

Une étude détaillée des avant-projets de M. Bélime a été entreprise en 1923 à la suite d'une convention intervenue le 10 janvier 1922 entre le Gouvernement général et la Compagnie générale des Colonies. Cette Société aux travaux de laquelle un premier crédit de 3.000.000 francs a été alloué par le Gouvernement général a créé un syndicat d'études (2) comprenant diverses

---

1. *Les Irrigations au Niger et la Culture du cotonnier* par Yves Henry, inspecteur général de l'Agriculture ; *Prospection agronomique* par F. Vuillet, ingénieur en chef des Travaux d'Agriculture ; *Analyse des terres* par H. Lavergne, agronome chimiste, 1 vol. in-8, Larose.

2. Le Dr Forbes étant chargé de la partie agronomique, le Comité a confié l'examen du problème technique à M. l'ingénieur Jean Lengrand, qui avait déjà rempli des missions de cette

banques, notamment la Banque de Paris et des Pays-Bas. Les études dirigées par M. l'ingénieur Jean Lengrand ont porté d'abord sur la pente du Niger et ont rectifié les conclusions des missions antérieures. Aujourd'hui la pente est connue scientifiquement de Bamako au barrage de Tosaye, entre Tombouctou et Gao. Il a été procédé à la détermination des débits, à la recherche de bassins d'épargne des crues, à l'étude des affluents, à l'étude du mouvement des eaux souterraines, de l'infiltration et du ruissellement à la construction de repères et aux observations météorologiques.

Les ingénieurs et agronomes du syndicat ont réduit considérablement l'exécution du projet de M. Bélime pour la raison que les travaux à exécuter dépasseraient les possibilités financières de l'A. O. F. et qu'un rendement portant sur de vastes surfaces ne serait obtenu qu'après le parcours des 200 premiers kilomètres. Il faudrait engager un capital de 250 à 300 millions avant d'arriver dans la zone productive de la grande plaine prédeltaïque entre Niger et Bani.

Le projet adopté et dont les travaux sont actuellement commencés au barrage de Sotuba, à quelques kilomètres en aval de Bamako comporte seulement un canal contournant les rapides du fleuve et venant le rejoindre à 50 kilomètres en aval. Il irriguera quelques milliers d'hectares et permettra la navigation entre le bief inférieur et le supérieur. Une usine hydroélectrique à N'Gagnalé, au milieu du parcours, d'une force de 3.000 Cv. procurera le courant à Bamako et à la région. L'étude du projet définitif est en cours.

Ce premier travail va permettre de préciser les

nature et auquel furent adjoints une vingtaine d'ingénieurs et agents européens qui forment huit brigades d'étude.

méthodes de construction et le prix de revient des canaux d'irrigation. Il déterminera les récoltes les plus propres à prospérer sous irrigation dans la zone prédeltaïque ainsi que les quantités d'eau que réclame leur arrosage.

Le canal de Sausanding sur la rive gauche est aux abords immédiats de la plaine irrigable et offre de magnifiques perspectives mais les études définitives sont à peine commencées. Quant à la zone deltaïque elle est à étudier dans son entier et on ne possède pas encore de cartes précises.

Il est à souhaiter que le Syndicat d'études voit grand et travaille pour l'avenir même un avenir assez lointain, avec d'autant plus de raison que les travaux seront payants peu de temps après achèvement.

Nous ne saurions mieux juger les projets de M. l'ingénieur Bélime qu'en apportant le témoignage de M. G. Angoulvant, ancien Gouverneur général de l'A. O. F. et de l'A. E. F.

« Ce qui séduit et convainc dans ce beau programme d'aménagement du Niger, dit M. G. Angoulvant, c'est que rien dans ses développements n'apparaît *a priori* impossible. Il semble même, au contraire, que les problèmes si complexes, signalés par M. Victor Mosseri dans une étude sur les cotons égyptiens : généralisation de la culture par types, réglementation de l'égrenage, coopération de l'industrie et de l'agriculture se présentent au Soudan sous une forme beaucoup plus simple que dans les anciens pays producteurs. On n'aura pas, en effet, à tenir compte d'habitudes prises et d'intérêts établis ; les récoltes pourront s'effectuer et être protégées sur des bases scientifiques... »

Un premier effort financier de 300 à 400 millions

doit être demandé aux capitaux français. Toutefois, et on ne saurait trop le répéter, cette grande entreprise coloniale demandera pour être conduite avec succès une continuité de vues, une ténacité dont nous avons rarement fait preuve pour des travaux hors de notre pays. Cette entreprise procède d'un esprit nouveau, qui faisant table rase d'un passé somnolent, soude étroitement nos intérêts métropolitains et d'outre–mer, suggère des solutions claires et précises, bat le rappel des énergies françaises.

.* .

Les expériences de l'Association cotonnière à Ségou en 1914, celles de M. Vitalis, Inspecteur d'Agriculture à la Station Agronomique d'El Ooualadji en 1917 étaient concluantes. On peut obtenir sur le Niger, par l'irrigation, le même coton qu'en Egypte, en quantité et en qualité.

Aussi, une première Société, la Compagnie de Culture cotonnière du Niger fut constituée en 1920, sur l'initiative d'un banquier de Paris, M. Marcel Hirsch pour procéder à la culture irriguée du coton à Diré, dans le voisinage d'El Oualadji, cercle de Goundam. Un décret du 27 novembre 1919 a approuvé la convention conclue entre le Gouvernement général de l'A. O. F. et M. Marcel Hirsch en vue de développer la culture cotonnière.

La concession porte sur 10.000 hectares (1) et comportait une subvention remboursable et garantie de 800.000 francs du gouvernement de l'A. O. F. Elle

---

1. Cette concession peut être portée à 50.000 hectares à titre gratuit, 50.000 hectares supplémentaires pourront être concédés aux prix moyen des terrains ruraux.

donna lieu à des critiques injustifiées, qui eurent leur répercussion jusqu'au Parlement. On doit louer l'esprit d'initiative de M. Marcel Hirsch qui, dès avant l'achèvement du chemin de fer Dakar-Bamako n'a pas craint de créer, sur la limite du désert, à l'extrémité nord de la colonie, au sud et non loin de Tombouctou une importante plantation.

De grands obstacles étaient à vaincre notamment l'absence de main-d'œuvre, la longueur et le prix des transports. Sur ces confins du désert le noir a une crainte atavique des Maures et Touaregs qui, durant des siècles, razzièrent le pays, emmenant les indigènes en esclavage dans l'Afrique du Nord ou les cédant aux traitants de la côte qui les expédiaient en Amérique.

Sur cette concession, l'irrigation est pratiquée par le pompage de machines à vapeur. La production a été successivement de 17 tonnes de fibres qualité égyptienne en 1921, 43 en 1922, 250 tonnes en 1923, près de 500 tonnes en 1924. Le total des terres en culture dépassait 3.000 hectares fin 1924. Le rendement égal aux meilleurs rendements égyptiens a varié de 350 à 600 kilos de fibres à l'hectare. La qualité du coton a été telle que celui-ci a été vendu au Havre 3 francs au-dessus du cours du terme. Sur ce point désertique, une population de plus de 5.000 âmes, dont vingt européens sur lesquels on compte deux médecins est actuellement concentrée. Les cultures vivrières, accessoires indispensables de celles du cotonnier lui assurent l'existence sans crainte de disette.

L'élevage du mouton du Cap vient d'être adjoint avec succès à la culture cotonnière en vue de la production et de l'exportation de la laine.

La société commence l'exploitation de trois autres

domaines à Dioro, Senenkou et Sama, ce dernier non loin de Ségou.

Le programme comporte une exploitation complète de 12.000 hectares en 1928 avec une production de 1.500 à 2.000 tonnes de fibres. Des terres sans aucune valeur sont donc transformées en terres analogues à celles de l'Egypte.

Depuis sa fondation, la Compagnie de culture cotonnière du Niger a reçu une nouvelle subvention remboursable de 3.600 000 francs du ministère du Commerce, prise sur les fonds provenant de la liquidation du Consortium cotonnier de la guerre. Cette subvention est modeste si on la compare à celle de 5.000.000 de livres votés par le parlement anglais au Sudan Plantation syndicate et à celle de 20.000.000 de lires accordée par le Gouvernement italien à la Société Agricole Italo Somala.

Dans tous les cas, la preuve est faite, qu'avec les cours actuels du coton, la culture est payante dans une exploitation grevée de frais généraux importants, qui résultent du pompage par machines à vapeur et du prix du transport au port d'embarquement des confins du désert à Dakar, soit à une distance de près de 2.000 kilomètres.

Une réduction de ces frais généraux pourra sans doute être obtenue par le pompage à moteur éolien. Même en supposant à brève échéance une baisse sensible et improbable des cours du coton, les cultures d'assolement comme l'arachide et le da, la production de la laine et le cheptel assureront une situation financière stable (1).

1. La Compagnie de Culture cotonnière du Niger au capital de 8.000.000 (porté à 20.000.000 en mars 1925) a réalisé dans l'exer-

C'est dire que dans un système d'irrigation par gravité sur le Niger Moyen à moindre distance de la mer, l'avenir est assuré.

Depuis trois ans, l'exemple de la Compagnie de Culture cotonnière du Niger a suscité diverses initiatives semblables. La Société auxiliaire africaine a installé dans les environs de Bamako une plantation de culture irriguée sur environ 600 hectares. La Compagnie française d'études et d'entreprises coloniales a créé diverses affaires de moindre importance.

L'exécution des projets d'irrigation sur le Niger est l'une des questions les plus urgentes à résoudre du problème colonial. La solution en sera d'ailleurs d'un grand profit. Aussi cette question intéresse-t-elle déjà un nombre de français qu'il est nécessaire d'accroître. Dans ce but a été fondé le comité du Niger présidé par M. le sénateur de Monzie et dirigé par M. le général Hélo. Des missions officielles ou privées se sont succédées depuis trois ans sur le Niger. Signalons entre autres M. le général Messimy en 1923, M. Waddington président de la Chambre de Commerce du Havre et de l'Association cotonnière en 1924, M. le maréchal Pétain en 1925.

cice prenant fin le 30 juin 1924 un bénéfice de 2.130.107 francs sur lesquels 729.047 francs ont été portés à l'amortissement du domaine de Diré. La récolte 1923-1924 à produit 4.091.866 fr. L'association cotonnière coloniale lui a prêté son concours en installant une usine d'égrenage près de Diré à El-Oualadji.

TROISIÈME PARTIE

POUR UNE POLITIQUE DU COTON EN A. O. F.

AVANT-PROPOS

Les terres vacantes, sur lesquelles l'homme n'exerce aucun Travail, couvrent la plus grande partie du territoire de l'A. O. F., aussi, sauf dans les grands centres, la valeur pécuniaire de la terre est présentement très faible. Cependant, cette valeur grandira dans une mesure considérable le jour où une culture rationnelle, accompagnée de moyens de transport peu coûteux, sera généralement pratiquée. L'exemple de la Malaisie, de Java, d'une partie de l'Inde, du Brésil et d'ailleurs est là pour le prouver. Sans quitter l'Ouest-Africain, la Colonie anglaise de la Côte de l'Or, entre le Togo et la Côte d'Ivoire, est actuellement la plus grande productrice de cacao du monde (1) et les terrains cultivées de la côte, sans valeur il y a quelques années sont aujourd'hui très recherchés. En Egypte, en dehors du delta et des rives du Nil, l'irrigation a donné une valeur de 20.000 francs l'hectare à des espaces semi-désertiques. En A. O. F. même,

1. La Côte de l'Or exporte annuellement 200.000 tonnes de cacao.

la seule présence de la voie ferrée modifie immédiatement la valeur de la propriété foncière.

La production des matières premières agricoles en A. O. F. soulève de grands problèmes économiques d'ordres divers, sociologiques, politiques, commerciaux, financiers, industriels. Ces problèmes s'enchevêtrent jusqu'à l'infini et il serait vain de vouloir les traiter complètement dans leurs multiples détails.

De toutes les études sur les matières premières de l'A. O. F., celle du coton paraît le mieux justifier, non seulement l'exposé rapide de ces divers problèmes, mais les diverses solutions dont l'orientation permettrait d'arriver au résultat cherché dans un délai qui, nous le savons, nécessitera de longs efforts, traversés d'échecs, mais finalement couronnés de succès.

En effet, une production notable du coton est subordonnée à l'éducation agricole de la population indigène à l'exécution de travaux d'irrigation très importants, à la colonisation et au perfectionnement général de l'outillage économique.

Bien plus, la culture difficile du cotonnier, sèche ou irriguée, épuise le terrain et nécessite un assolement tel qu'elle revient seulement tous les trois ou quatre ans sur le même sol. Elle ne peut être pratiquée isolément et doit nécessairement être associée aux autres cultures, dont elle provoque les productions. Elle est donc étroitement liée au développement général de l'Agriculture.

Par ailleurs, la plupart des questions soulevées sont neuves en A. O. F., en ce sens que, dans ce pays encore primitif, elles n'ont été soumises qu'à des recherches très restreintes et sont sujettes aujourd'hui à des controverses variées. Il serait prématuré de vouloir s'étendre très longuement sur des sujets que l'expérience seule précisera.

On peut néanmoins entrevoir le bel avenir de l'Ouest-Africain, soudé à l'Afrique du Nord, et formant avec elle un immense empire à quelques heures de la Métropole. La prochaine génération, grâce aux voies ferrées et moyens de transports rapides à travers le désert, verra le Niger à six jours de Paris. Comme nous l'avons dit précédemment, la proximité de l'A. O. F. fait que celle-ci doit jouer dans notre économie nationale un rôle analogue à celui des États du Sud aux États-Unis et reporter sur le Golfe de Guinée la frontière sud de la France.

CHAPITRE IX

HISTORIQUE DE L'ASSOCIATION COTONNIÈRE COLONIALE ET DES MESURES ADMINISTRATIVES

Le développement de la culture cotonnière a préoccupé l'industrie textile et l'administration coloniale, surtout depuis le début du siècle. A cet effet, des missions ont été envoyées, des mesures administratives ont été prises, l'initiative privée est entrée enjeu, afin d'encourager la culture chez les indigènes ou de provoquer les essais sous direction européenne. L'historique de cet effort permettra d'examiner le chemin parcouru et d'envisager ce qui reste à faire dans cette œuvre de très longue haleine.

Les anciennes interventions administratives, avant la fin du siècle dernier, limitées au Sénégal, ne donnèrent aucun résultat au point de vue de la culture du coton. La mission d'études au Soudan en 1898 (1) permit seulement de reconnaître qu'il existait dans l'intérieur de la colonie d'importantes régions dè culture indigène. Ce premier effort ne fut toutefois pas perdu et, en 1900, la question fut reprise et étudiée au Jardin colonial. Le ministre des Colonies confia à M. Yves Henry, spécialisé dans cette question, la double tâche de se rendre aux

1. M. Auguste Chevalier, actuellement chef de la mission permanente d'Etudes des cultures et jardins d'essais coloniaux, directeur honoraire de l'Institut scientifique de Saïgon appartenait à cette mission.

Etats-Unis et ensuite d'aller visiter toutes les régions soudanaises semblant pouvoir convenir à la culture du coton. Les résultats de ces missions permirent d'orienter les premières tentatives. Peu de temps après son retour, en 1901, la station agricole cotonnière de Koulikoro était fondée.

En décembre 1902, M. Dybowski, alors directeur du Jardin colonial de Nogent-sur-Marne attirait l'attention du Syndicat général de l'Industrie cotonnière française sur l'avenir du coton au Soudan, qui lui paraissait tout indiqué pour devenir un centre important de culture Il annonçait en même temps qu'une nouvelle mission, à la tête de laquelle était placé M. Yves Henry, allait partir en Afrique Occidentale spécialement chargée d'étudier la culture du coton.

M. Esnault-Pelterie, président et les membres du Syndicat procédèrent peu après à une enquête auprès des personnalités compétentes (1). Il y eut unanimité à considérer l'Afrique Occidentale comme la contrée sur laquelle il y avait lieu de fonder le plus d'espoir.

Le 14 février 1903, sur l'initiative du Syndicat général de l'Industrie cotonnière française, l'Association cotonnière coloniale était définitivement fondée. Elle comprenait près de 500 membres représentant la majorité de l'Industrie textile du coton et disposait d'une somme de 500.000 francs. Malgré les efforts méritoires de M. Esnault-Pelterie et de ses successeurs, l'Association n'est pas parvenue à grouper tous les intéressés.

---

1. Le général de Trentinian, ancien gouverneur du Soudan, M. Ponty alors délégué du Gouvernement général de l'A. O. F., M. Roume gouverneur général de l'A. O. F., divers membres de missions en Afrique, les présidents des Chambres d'Agriculture des colonies françaises.

Elle obtint facilement l'adhésion de nombreux filateurs et tisseurs, mais le commerce s'est abstenu jusqu'à ce jour.

Il fut convenu avec l'Administration de la colonie que, dans un problème aussi complexe, on appliquerait délibérément le principe de la division du travail. Le Gouvernement de la colonie, d'accord avec l'Association cotonnière, se chargeait des études scientifiques et techniques, comme la détermination des habitants des différentes espèces de coton, l'appréciation des meilleures espèces à introduire ou de celles qu'il convient de conserver en les améliorant. On disposait à cet effet, de la ferme cotonnière de Koulikoro.

L'Association cotonnière devait se consacrer à toutes les questions d'ordre économique et d'ordre industriel principalement à l'organisation d'un système d'achat et à l'installation d'usines d'égrenage au moyen d'agents qu'elle enverrait dans la colonie et qui travailleraient en accord avec les administrateurs (1).

Une certaine extension fut donnée à la culture du coton dans les jardins d'essais du Gouvernement. Malheureusement ces études scientifiques fort intéressantes et instructives, mais forcément exclusives et limitées, ne pouvaient résoudre le problème au point de vue commercial et pratique. Elles permettaient de constater que certaines espèces cultivées, sous la direction d'ingénieurs agronomes expérimentés, dans certaines conditions particulièrement favorables, sur certains sols, se développent et donnent un produit utilisable, mais il y

1. Au début de 1903, l'Association se procura un stock de graines au Jardin colonial et aux États-Unis et un traité fut passé avec M. Quesnel, le premier agent de l'Association au Soudan, accrédité par le Gouverneur général auprès des administrateurs.

a loin des essais de laboratoire aux exploitations industrielles, surtout avec une population aussi primitive (1).

On débutait dans un pays entièrement neuf avec des
notions encore élémentaires sur les cultures tropicales.
L'expérience démontra par la suite que la connaissance
complète des habitants, du pays et de ses ressources est
la condition primordiale du succès. Faute de cette connaissance, les meilleurs techniciens français, anglais et
allemands ont subi des échecs (2).

La confiance dans l'avenir de la production était telle

1. Quand on sait quels soins exigent les expériences avec des
variétés exotiques ou la sélection des variétés indigènes en vue
de l'amélioration de l'espèce et afin d'éviter l'hybridation, il est
facile de comprendre quelles difficultés l'Administration et l'A.
C. C. allaient avoir à surmonter. La qualité courante des cotons
soudanais correspond souvent à celle des cotons de l'Inde, inférieure à celle des cotons américains. Les exigences de la filature française ne lui permettent pas de s'en contenter.

2. Par ses lettres des 29 février et 27 avril 1904 à l'A. C. C.
M. Roume estime que le problème économique qui se pose ne
semble pas devoir être la production immédiate d'une certaine
quantité de coton, mais la préparation de grandes étendues à
une production permanente de la qualité exigée par la filature
française. Une conférence mixte réunissait à Paris le 13 octobre
1904, sous la présidence de M. Doumergue, alors ministre des
Colonies, des représentants de l'Administration coloniale, dont
M. Roume, et des industriels. La conférence s'occupa de délimi-
ter la part de concours et les rôles respectifs de l'Administration et de l'A. C. C. puis elle envisagea l'intérêt qu'il y
aurait à se mettre en rapport avec les maisons de commerce
de l'A. O. F. et les compagnies de navigation et à leur
demander leur coopération pour l'utilisation pratique des études
de l'Association. A la séance du Conseil du Gouvernement
du 15 décembre 1904, M. Roume assurait que les services
agricoles de la colonie poursuivaient méthodiquement leurs
observations et leurs essais culturaux et que les administrateurs
prêtaient tout leur concours aux opérations des agents de l'Association. Le Moyen-Dahomey paraissait, à cette époque, destiné à devenir un centre important de production.

Lors de la discussion du budget des colonies en 1905, M. Clé-
mentel, ministre des Colonies, en réponse à un discours de

à ce moment que M. Esnault-Pelterie, président de l'A. C. C. prit l'initiative de créer un consortium destiné à assurer l'achat de la récolte. La faiblesse des ressources de l'Association, qui n'arrivait pas à grouper un nombre suffisant d'adhérents rendait cette création nécessaire au développement d'un programme assez large (1).

Sous l'impulsion de M. W. Ponty, gouverneur du Haut-Sénégal-Niger, les indigènes avaient développé leurs plantations de coton qu'il fallait être en mesure d'acheter. Les maisons de commerce établies au Soudan n'étaient pas organisées pour le commerce du coton, la production n'étant pas suffisante pour justifier l'organisation de services spéciaux. Par ailleurs les bas prix cotés au Havre, la difficulté et la longueur des transports faisaient que le commerce se désintéressait d'une marchandise peu rémunératrice. L'Association avait toute l'apparence, mais l'apparence seulement, d'une situation privilégiée. Elle possédait en fait le monopole d'achat par l'absence totale de concurrence, par ses contrats de culture avec les chefs de village et les achats par la voie administrative.

Le consortium fondé en avril 1905 n'était qu'un moyen ransitoire d'acheter le coton et on se préoccupait de

M. Flayelle, député des Vosges, promettait tout son concours. Le 22 avril et le 24 mai 1905 des conférences réunissaient à Paris M. W. Ponty, gouverneur du Haut Sénégal Niger, M. Nouvion, directeur de la Banque de l'A. O. F., Dybowsky, Robert, le commandant Lenfant, M. Vuillet, inspecteur d'agriculture, Jacquey, agent de l'Association au Soudan et le bureau de l'Association. On réglait les détails de l'organisation et on examinait les meilleurs procédés à adopter pour conserver aux nouvelles variétés au Soudan toutes les qualités qui lui étaient reconnues.

1 Le capital engagé par le consortium était minime. Cent mille francs divisés en deux cents parts qui furent souscrites par l'industrie cotonnière.

créer une société susceptible de posséder des filiales sur les points où, le moment venu, on entrerait dans la voie de l'exploitation. La Compagnie française d'études et d'entreprises coloniales fut alors fondée au capital d'un million et commença à fonctionner en février 1906 (1).

Les fondateurs pensaient, avec juste raison, que l'on ne pouvait créer des affaires dans un but cotonnier exclusif. C'était s'exposer à tous les inconvénients de la monoculture. La seule culture du cotonnier est d'ailleurs impraticable (2).

La nouvelle société n'arriva pas à se développer en Afrique Occidentale. La première affaire qu'elle fonda fut celle de la Loza, à Madagascar. Les résultats obtenus en A. O. F. ne paraissaient pas suffisamment probants et l'outillage économique de la colonie était insuffisant pour engager des capitaux dans une entreprise agricole.

Enfin, un premier pas fut fait en 1910 par la création de la Compagnie du coton colonial (capital originaire de 600.000 francs) créée par les soins de la Compagnie d'Etudes et d'Entreprises coloniales qui agissait d'accord avec l'Association cotonnière. Elle était la première société française consacrée à l'achat et à la vente du coton colonial et limitait son action au Dahomey.

*
* *

Dès les débuts de l'Association cotonnière coloniale,

1. M. Watel était président au Conseil d'Administration et M. Charbonnel, directeur.

2. C'est une culture pauvre qui demande à être scientifiquement et industriellement conduite avec une main-d'œuvre suffisamment experte. Elle peut venir en tête d'assolement et doit faire place périodiquement à d'autres cultures plus faciles.

celle-ci s'était rendu compte que les exploitations agricoles possibles demanderaient des directeurs compétents. Elle espérait que les usines d'égrenage installées en A. O. F. seraient appelées à se multiplier rapidement ; elle en déduisait la nécessité d'avoir un personnel de mécaniciens appelés à diriger les usines, à réparer sur place et entretenir les machines à égrener et à presser. Il y avait grand intérêt à former des jeunes gens aptes à bien diriger des usines d'égrenage. Les égreneuses sont des machines délicates qu'on ne pouvait abandonner à des indigènes inexpérimentés. L'industrie était toute nouvelle et inconnue en France, alors que les Etats-Unis possédaient plus de 30.000 usines d'égrenages et de nombreuses écoles professionnelles.

En septembre 1907, sur l'initiative de M. Ch. A. Marande, vice-président de l'Association cotonnière, l'Ecole pratique coloniale était fondée au Havre, centre du marché cotonnier français, avec le concours de la Chambre de Commerce et de la Municipalité (1).

*
* *

Les essais poursuivis de 1903 à 1910 permettaient à cette époque de tirer quelques conclusions d'ensemble.

Les expériences d'acclimatement de variétés exotiques avaient échoué. Les plants américains, de très belle venue la première année, avaient dégénéré les années suivantes. On ne pouvait toutefois pas conclure à l'abandon définitif de ces expériences, car l'échec était peut-être dû au choix des variétés importées. Par contre,

1. Le programme est en vente à la librairie Vuibert, 63, boulevard Saint-Germain. Paris, Vᵉ. Voir ce qui est dit plus loin : Chap. XII, *Les connaissances techniques de l'Européen.*

on procédait avec succès à la sélection d'une variété indigène au Dahomey.

Grâce aux usines d'égrenage, un petit mouvement commercial ne représentant à la vérité qu'un millier de balles était créé sur le coton indigène, mais ce mouvement allait croissant.

Les expériences de culture irriguée sur le Bas Sénégal à Richard-Toll et à Podor, faites industriellement sous la direction d'européens avaient montré qu'on pouvait obtenir les mêmes résultats qu'en Egypte. Un grand point était acquis. Aussi se proposait-on de continuer ces expériences en remontant d'étapes en étapes le cours du Sénégal pour aborder de Niger.

Outre les questions concernant la culture proprement dite et l'installation des centres d'égrenage on se préoccupait : 1° de développer le personnel de premier rang composé d'un nombre très insuffisant d'européens : il n'y avait qu'un seul agent par colonie ; 2° de doubler ce personnel supérieur d'un personnel de second rang susceptible de le seconder, voire de le remplacer pendant les périodes de congé ou en cas de maladie ; 3° de former tout un personnel de troisième rang composé d'européens et d'indigènes, mécaniciens, employés, agriculteurs ; 4° de trouver la meilleure méthode à adopter pour attirer la main-d'œuvre indigène dans la proportion nécessitée par le développement de la culture ; 5° de pourvoir enfin au logement de tout ce monde.

Le programme de l'A. C. C. fut accompli durant les années 1911 à 1914 dans la mesure où le permettait l'exiguité de ses ressources.

Jusqu'en 1913, la Compagnie française du coton colonial était la seule entreprise commerciale française qui achetât le coton en A. O. F. en concurrence avec les maisons allemandes et son action était limitée au Dahomy. L'A. C. C. eut alors la satisfaction de constater que quelques maisons françaises se présentaient sur le marché.

Survint la guerre. Les événements de 1914-1918 ont frappé particulièrement l'A. C. C. qui, du fait de la mobilisation a été privée de la presque totalité de son personnel tant à Paris qu'aux colonies.

Le but unique vers lequel ont tendu tous les efforts a été de maintenir en état de fonctionnement les usines d'égrenage afin de pouvoir assurer l'envoi de coton en France.

Ce but a été atteint et non seulement l'égrenage fut assuré, mais la production a augmenté, passant de 4.000 balles en 1914 dans les colonies autres que l'Indo-Chine, à 7.590 balles en 1917 et 6.340 balles en 1918, la majeure partie de cette progression revenant à l'Afrique Occidentale (1).

* * *

L'après guerre laissa l'Association cotonnière coloniale assez désemparée. Le matériel des usines d'égrenage, qui avait travaillé durant cinq ans sans remplacements ou réparations, était très fatigué et devait être remplacé. Le personnel était disparu ou dispersé. La crise économique mondiale des années 1920-1921 avait causé une baisse considérable des prix du coton. Le commerce n'achetait plus. Aussi, les indigènes ne cultivaient que dans la stricte mesure de leurs besoins. L'incertitude des résultats obtenus au Soudan depuis vingt ans n'était

---

1. Rapport de M. C. Meunier au Xe Congrès international cotonnier, 1920.

pas encourageante. Sauf quelques exceptions, les industriels du textile dans leur ensemble, soit par ignorance, soit par égoïsme, soit par attachement routinier à leurs habitudes, avaient pris peu d'intérêt à l'œuvre entreprise et marchandé les ressources indispensables.

Malgré ces perspectives l'Association se remit à l'œuvre et le 21 décembre 1921 elle était reconstituée sur des bases nouvelles (1).

Fort heureusement, des circonstances favorables sont

1. Depuis 1914, le même comité sous la présidence de M. G. Roy, industriel, et la direction de M. C. Meunier assurait la marche de l'Association. En 1922, le comité de direction a été composé comme suit : Président, M. Arthur Waddington, filateur tisseur ; vice-présidents, MM. Ph. Delmas, de Bordeaux, Le Cesne, Président de la Compagnie Française de l'A.O. F., Général Patey ; vice-président trésorier, M. Gaston Popelin, industriel, secrétaire général, M. Henri Donon, industriel ; directeur, M. l'Intendant Général Noguès ; membres : MM. du Pasquier, négociant, Flipo, président du syndicat des filateurs de Roubaix-Tourcoing, Laederich, Régent de la Banque de France, Président du Syndicat Général de l'Industrie Cotonnière française ; Lavoisier, président du syndicat des filateurs de Rouen ; Lecesne, président de la Compagnie française de l'Afrique Occidentale ; H. Manuel, président du Syndicat dès Filateurs de l'Est ; Ch. A. Marande, ancien administrateur de la Compagnie cotonnière du Havre ; C. Meunier, industriel, Schlumberger, président du Syndicat industriel alsacien ; Seguin, président de la Compagnie de l'Ouest-Africain ; O. Senn, administrateur de la Compagnie cotonnière du Havre ; R. Seyrig, Gérant de la Société des Etablissements Georges Koechlin à Belfort ; Wallaert, président du Syndicat des filateurs et retordeurs de coton de Lille.

Parmi les agents de l'A. C. C. en A. O. F. il convient de citer M. Roland de Ravel, ingénier-agronome, ancien élève de l'Ecole du Havre, agent général, MM. Laplace, Joly, Meyneng et Roth, M. Foureau, chef mécanicien, M. Millard, mécanicien.

Le développement de la culture cotonnière a été lié au sort de l'Association cotonnière, à l'appui de l'administration et au concours du monde colonial. Celui-ci compte nombre de propagateurs de la culture cotonnière. On doit citer notamment M. Aug. Chevalier, chef de la mission permanente d'études de cultures et

venues encourager l'activité de la nouvelle direction. Les prix sans cesse croissants du coton ont ranimé la culture indigène au Soudan, où l'Association Cotonnière continue à porter principalement son attention. L'incertitude des changes, la crainte justifiée d'une diminution des exportations américaines, d'une famine du coton et de prix prohibitifs ont tourné vers l'Association cotonnière nombre d'industriels que les questions économiques d'intérêt général laissaient jusqu'alors indifférents.

Alors que la moyenne des ressources fournies par l'ensemble de l'industrie textile oscillait avant guerre autour de 3oo.ooo francs par an et que celles-ci étaient tombées à 136.ooo francs en 1921, 80 o/o des filateurs et tisseurs de coton ont consenti à l'association, en 1923, un versement annuel de un franc par balle de coton consommée par eux. Cette contribution assure actuellement une ressource d'environ 8oo.ooo francs par an. La subvention annuelle de l'Etat au titre du ministère des Colonies et du ministère du Commerce qui, jusqu'en 1923, oscillait autour de 120.000 francs, est aujourd'hui de 4oo.ooo francs. L'ensemble des ressources normales s'élève donc à 1.200.000 francs auxquels viennent s'ajouter une subvention unique et exceptionnelle de 4.000 000 francs provenant de la liquidation du consortium cotonnier avec une affectation déterminée (1).

jardins d'essais coloniaux au ministère des Colonies, directeur du laboratoire d'agronomie coloniale des Hautes-Etudes ; M. Paul Bourdarie, directeur de la *Revue indigène*, M. le général Ilélo, directeur du Comité du Niger et auteur du travail : La colonisation et la main-d'œuvre au Soudan et en Haute-Volta.

Au Soudan, MM. Prache et Morel administrateur, M. Froment, directeur de la ferme école de Barouelli ont apporté un précieux appui.

1. Cette subvention de 4.000.000 doit être consacrée exclusivement à la construction d'usines d'égrenage.

En tenant compte de la dévalorisation du franc, les ressources normales présentes ne sont d'ailleurs pas supérieures à celles d'avant guerre et, comme nous le verrons bientôt, très insuffisantes.

Néanmoins le redressement financier de l'Association cotonnière depuis 1923 a permis diverses initiatives indispensables. Quinze usines nouvelles d'égrenage permettant le traitement de 20.000 tonnes de coton brut sont aménagées ou en cours de construction. Une ferme école et une usine modèle ont été créées à Koutiala.

Si les ressources budgétaires normales, compte tenu de la valeur du franc papier, ne sont pas supérieures à celles d'avant guerre, la situation de l'Association est néanmoins plus forte qu'autrefois. Le coton brut valait avant guerre entre 0 fr. 15 et 0 fr. 40 le kilo contre 2 fr. à 2 fr. 50 aujourd'hui. L'Association était contrainte de consacrer la majeure partie de ses ressources à des achats aux indigènes pour enrayer la disparition du coton. Cette culture, toujours mal faite, était déficitaire et le commerce n'achetait pas. A l'heure actuelle, le décuplement des prix du coton fait que le commerce achète avec avidité ce coton vendu à un prix moindre que le coton américain et c'est une très lourde charge en moins pour l'Association. On ne doit pas néanmoins perdre de vue que la situation présente, apparemment prospère, tient aux prix élevés du coton et qu'il serait sage de profiter de cette circonstance pour diriger l'activité de l'Association vers les régions à rendement industriel. Dans tous les cas, l'intégralité des ressources peut être employée à la création d'usines d'égrenage, de fermes écoles et à la formation d'un corps d'ingénieurs spécialistes du coton qui seront employés dans la colonie.

* * *

Les mesures administratives. — Dès les débuts de l'Association cotonnière, l'Administration de l'A. O. F. a porté intérêt à l'entreprise nouvelle. Le Service de l'Agriculture du Gouvernement général a pris la première initiative des expériences de culture par irrigation à Richard-Toll et a subventionné les essais postérieurs sur les mêmes terrains, par l'Association cotonnière. La station agricole de Koulikoro a prêté une attention particulière à la culture du coton. Celle d'El Oualadji (Cercle de Goundam) a étudié la culture par irrigation, étude continuée actuellement par les stations de Niénébalé, Baninkors et Soninkoura. Au Dahomey, les essais de l'Administration ont été conduits parallèlement à ceux de l'Association. A la Haute-Côte d'Ivoire, le pays cotonnier de l'A. O. F., c'est l'Administration de la Colonie, sous l'impulsion de M. Angoulvant, qui a contribué à attirer l'attention sur ce pays où la culture indigène est la plus développée. C'est par elle que fut établie en 1921 l'usine d'égrenage de Korogho (1).

Toutefois, il ne semble pas que la bonne volonté de

1. Les services agricoles de l'A. O. F. ont fait au point de vue de l'organisation et des attributions l'objet d'un arrêté en date du 19 décembre 1912.

Aux termes de cet acte, le personnel du service de l'A. O. F. comprend des agents européens du cadre général, des agents indigènes, appartenant au cadre local (organisé par arrêté local du 18 décembre 1912) enfin des agents auxiliaires temporaires, européens ou indigènes. Il est prévu que ce service jouera un rôle de vulgarisation et d'apprentissage agricole, qu'il renseignera les colons, étudiera les dispositions relatives à l'irrigation, organisera des plantations modèles, enfin étudiera les diverses questions d'économie et de législation rurale.

l'Administration ait toujours obtenu les résultats souhaités par les Européens établis dans le pays.

L'Association a trouvé chez les différents gouverneurs généraux de l'A. O. F. la plus grande bienveillance et l'aide la plus efficace, mais les instructions données n'ont pas toujours été comprises ou suivies aux différents degrés de la hiérarchie administrative. L'un prétendait imposer à ses administrés la culture du coton d'une façon si impérative qu'elle les en détournait à tout jamais. Le voisin défendait expressément aux siens de la développer, persuadé qu'elle ne leur apporterait qu'une misère plus noire. Dans l'ignorance et l'incertitude des débuts, il était difficile d'apporter la méthode et l'esprit de suite désirables.

Le Gouvernement général et celui de chaque colonie ont compté et comptent des hommes éminents.

Toutefois certains administrateurs ne paraissent pas avoir donné à l'Association un concours répondant à l'attente des intérêts européens. M. Raffin, président de la Chambre de commerce de Kayes, s'est fait l'interprète des maisons européennes dans un rapport au Congrès d'Agriculture coloniale de Paris, en 1918, dont nous reproduirons un extrait à titre documentaire :

« Jusqu'à ce jour, dit-il, le rôle de l'Administration pour tenter d'amener le développement des cultures a été bien peu efficace ; les divers gouverneurs qui se sont succédé ont bien tous pris des arrêtés pour essayer de stimuler le zèle des fonctionnaires chargés de l'administration des cercles, leur enjoignant de s'intéresser activement aux cultures dont dépend tout l'avenir de la colonie, les incitant à pousser leurs administrés à augmenter l'étendue de leurs champs de culture, etc. ; tout cela reste à peu près lettre morte ;

« Parce que les administrateurs des cercles ne tiennent, en général, aucun compte des instructions, circulaires, arrêtés concernant cette question de culture ; tout cela prend, à leurs yeux, la valeur d'une feuille de chou. »

« Parce que jamais on ne leur demande de quelle façon les ordres qui leur ont été donnés ont été exécutés et ce qui en est résulté.

« Parce que jamais il n'y a le moindre contrôle effectif dans les Cercles sur les mesures prises pour en assurer le développement économique par la création de larges pistes facilitant les communications entre villages et par les mesures prises pour faire cultiver davantage. Dans ses rapports sur la situation économique, l'administrateur peut raconter ce qui lui plaît. »

« Parce que, quand un administrateur va prendre la direction d'un Cercle, il fait obligatoirement l'inventaire des fonds du Cercle qui sont en caisse et en donne reçu à l'administrateur partant ; mais aucun inventaire, aucun document n'est établi pour indiquer le nombre, l'étendue et l'état des voies de communications existant dans le cercle, si les pistes sont à même de donner passage à une charrette ou à une camionnette pendant la saison sèche ; aucun document, aucune pièce justificative n'établit la quantité et le genre de produit ayant fait l'objet de transactions avec les commerçants du Cercle ; la prise de service est muette sur ces éléments d'une importance capitale, qui devraient être transmis d'urgence au gouverneur... (1). »

La critique de M. Raffin, bien sévère dans la plupart des cas, semble montrer qu'il n'a pas une idée tout à

1. Rapport de M. Raffin au Congrès d'Agriculture coloniale, Paris, mai 1918.

fait exacte de la psychologie du fonctionnaire auquel
on ne peut demander d'être un agriculteur ou un industriel. Les arrêtés ou circulaires seraient applicables,non
seulement s'ils étaient suivis des crédits nécessaires à
la réalisation, mais si un personnel technique de direction accompagné de contremaîtres européens ou indigènes procédait à la réalisation. En face de noirs primitifs, ignorants et enlisés dans une routine séculaire,
il va de soi que les arrêtés ou circulaires sont de nul
effet quel que soit le zèle de l'administrateur. Celui-ci
vit souvent dans un isolement pénible et se trouve im-
puissant devant ses administrés, si les instructions dépassent la compétence administrative courante, l'indigène ne voyant pas ou ne comprenant pas l'intérêt qu'il
a de les exécuter. Les instructions, en ce cas, sont une
preuve de la bonne volonté de la direction, mais elle
ne dispose pas de la bonne volonté de la direction, mais
elle ne dispose pas des moyens financiers et matériels
d'exécution. Les administrateurs ont conscience de la
lourde responsabilité leur incombant et ils savent quels
efforts la Métropole, dont l'attention est de plus en plus
attirée vers ses colonies, attend de leur activité et de
leur esprit d'inititiative pour contribuer au relèvement
d'une situation économique et financière obérée (1).

Une initiative de l'Administration datant de quelques
années est susceptible de donner des résultats positifs.

---

1. Notre administration coloniale a été autrefois, avant la
création de l'Ecole coloniale, l'objet de critiques justifiées, alors
que les fonctionnaires coloniaux étaient souvent recrutés au hasard des ministères,dans le monde des politiciens usés. Il n'en est
plus ainsi depuis longtemps. Notre Ecole coloniale a constitué un
corps de jeunes fonctionnaires émérites et particulièrement compétents. Il importe de faire disparaître l'impression laissée par
une organisation périmée.

C'est celle du « Champ du commandant » qui permet aux administrateurs d'agir par la contrainte tout en donnant satisfaction à l'intérêt des indigènes.

« L'administrateur exige [du chef de la tribu qu'un champ supplémentaire soit ensemencé et cultivé en coton par les indigènes de cette tribu. C'est le « Champ du commandant ». Au moment de la récolte, l'administrateur vend le coton aux enchères et verse le produit de la vente au chef de la tribu qui le répartit à ses ressortissants. Tous éprouvent la surprise agréable de ne pas avoir été contraints de travailler gratuitement pour l'administration et, l'année suivante, ils sont les premiers à s'occuper du champ du commandant. Voilà un bel exemple de pression et de persuasion combinées (1). »

Parmi les récentes initiatives de l'Administration il paraît bon d'insister à nouveau sur la convention passée au début de 1925 entre le Haut Commissariat du Togo et la Société la Cotoa. Il y a là une forme nouvelle d'association entre l'initiative privée et l'Administration qui peut donner d'excellents résultats (2).

Nous ne citerons pas les nombreux arrêtés et circulaires du Gouvernement général et des Lieutenants Gouverneurs parus depuis vingt-cinq ans et nous n'en retiendrons que trois. C'est d'abord un arrêté regrettable de 1910, d'ailleurs rapporté, interdisant l'importation de semences étrangères à la suite des déceptions rencontrées avec les graines américaines. Son objet était d'empêcher l'introduction de maladies parasitaires et le métissage des meilleurs plants indigènes. Cet arrêté a entravé les expériences durant plusieurs années.

1. Rapport Waddington, 1924.
2. Voir à ce sujet la fin du chapitre consacré au Togo.

La circulaire du 15 mars 1924 de M. le Gouverneur général Carde sur la production des textiles en A. O. F., qui crée une inspection du Service général des Textiles et de l'hydraulique agricole à Bamako avec un service analogue dans chaque colonie de l'A. O. F. Cette utile initiative, instamment réclamée par le Congrès d'Agriculture coloniale de 1918 produira des effets positifs dans la mesure où les crédits budgétaires permettront les réalisations pratiques.

Enfin une lettre circulaire du ministre des Colonies du 18 mars 1924 à M. le gouverneur général de l'A. O. F. délimite la fonction de l'Administration et de l'A. C. C. (1).

*
* *

Après avoir brièvement exposé l'action de l'Association cotonnière et de l'Administration, il n'est pas inu-

---

1. Cette circulaire renferme principalement les instructions dont voici le résumé :

A. — L'Administration a pour devoir :

1° D'établir les routes pour rendre possible le transport des lieux de production aux usines d'égrenage et de celles-ci au chemin de fer ;

2° D'effectuer les recherches agronomiques en vue de la détermination des meilleures variétés ;

3° De diriger dans ses propres établissements ou de contrôler chez les autres l'éducation du cultivateur indigène ;

4° De surveiller la production et d'assurer la sélection et la distribution des graines sélectionnées d'accord, s'il y a lieu, avec l'Association cotonnière coloniale ;

5° De prendre les mesures administratives propres à la conservation et à la reproduction des espèces choisies ;

6° D'assurer immédiatement une organisation défensive contre les parasites et les maladies diverses.

B. — L'Association cotonnière coloniale n'ayant aucun objectif commercial, ne pouvant, par suite, se livrer à aucun acte de commerce, ni y participer, se faisant rembourser partiellement

tile de faire la comparaison avec ce qui se passe en Angleterre.

Le Gouvernement anglais, toute l'industrie cotonnière et les personnes intéressées au coton sont tombés d'accord pour consacrer de très fortes sommes à la culture du coton dans les colonies britanniques. A cet effet deux, grandes associations ont été créées ; la British Cotton Growing Association et l'Empire Association.

La British Cotton Growing Association fut fondée à la fin du siècle dernier avec un capital de 5oo.ooo livres sterling souscrit par les industriels du Lancashire. Elle a de nombreuses sociétés filiales et est arrivée en Afrique à un résultat important qui toutefois n'a pas été jugé suffisant. Aussi le Gouvernement anglais a-t-il fondé en 1919 un deuxième groupement, « l'Empire Cotton Growing Corporation » constitué par de hautes personnalités des milieux scientifiques, industriels et coloniaux,

les services qu'elle rend, est l'associée naturelle de l'Administration :

Elle assure l'égrenage, le classement, le pressage, et l'estampillage, sans que ces opérations constituent un monopole de droit, mais tendent à devenir un monopole de fait, par l'intérêt que présente l'uniformité de méthode. .

Elle peut, en collaboration avec l'Administration, être chargée de la surveillance des plantations, au point de vue du mode de culture et de la conservation des espèces sélectionnées.

Elle est un organe de propagande et de diffusion des méthodes les mieux adaptées.

C. — Le Négoce est spécialisé dans la partie purement commerciale; achat, transport et vente. Il y aurait avantage à la création d'un consortium des négociants en vue d'une entente avec l'Association cotonnière coloniale pour qu'elle effectue les opérations d'égrenage, de classement et d'estampillage ; mais l'action administrative se trouve impuissante à vaincre certaines résistances et plus encore à contraindre certaines volontés.

Nous n'ajouterons aucun commentaire à cette circulaire si ce n'est qu'elle répète sous une forme peut-être plus explicite les instructions de M. le gouverneur général Roume en 1904.

avec l'intention d'intensifier la production du coton dans l'Empire britannique ; cette corporation agit en accord avec la British Cotton Crowing Association.

La British Cotton Growing Association est principalement chargée de l'installation des usines d'égrenage, de la vente aux fermiers et planteurs de coton dans les colonies, des semences, machines à égrener, presses, et d'une manière générale de leur donner des avis et des conseils. Sa principale fonction, dans certaines contrées, est d'acheter le coton à un taux fixé, de l'égrener et de le vendre ensuite en Angleterre. On peut dire qu'elle s'occupe plus spécialement du côté commercial de la question.

L'Empire Cotton Growing est, au contraire, spécialisée dans les questions d'ordre technique, théorique et scientifique ; elle se livre à des travaux de recherches, en envoyant dans les colonies des « Investigateurs » qui sont des ingénieurs spécialistes du coton. Il y a actuellement quarante de ces jeunes gens, dits « Investigateurs » qui parcourent les diverses possessions anglaises pour le compte de l' « Empire Cotton Growing Corporation » (1).

Cette corporation a reçu une subvention d'un million de livres sterling sur les fonds provenant de la liquidation des opérations de vente du coton égyptien à la fin de la guerre.

Afin d'assurer des ressources régulières, il a été fait appel à l'intervention du législateur. Une loi de 1923 a établi une contribution de 6 deniers par balle de coton employée en filature au profit de l'Empire Cotton

---

1. D'après une communication de M. de La Beaumelle, directeur du Syndicat général de l'Industrie cotonnière à l'Association cotonnière coloniale.

Growing Corporation (1). Cette contribution procure une subvention annuelle d'environ 50.000 livres.

On voit de quels moyens puissants dispose cette œuvre : au taux de 75 francs la livre, son capital représente 112.500.000 francs dont les revenus sont augmentés chaque année de plus de 11 millions de contributions diverses. Grâce à ces ressources, l'Empire Cotton Growing Corporation a développé avec une hâte fébrile la production cotonnière au Soudan Egyptien, en Nigeria,

---

1. Loi anglaise de 1923 : Définitions :

Dans le présent texte de loi, les mots mentionnés ci-dessous ont la signification suivante :

La Corporation signifie l'Empire Cotton Growing Corporation.

Coton signifie le coton brut non manufacturé, mais prêt à l'usage de la filature.

Filateur de coton s'entend de toute Association, firme ou individu dont le métier consiste, en Grande-Bretagne, à transformer le coton en filé.

Poids brut signifie le poids de toute balle ou colis de coton, y compris les liens et la tare.

Facture comprend toutes les notes ou mémoranda où figure la somme payable pour un achat de coton ou pour la vente de coton à un filateur.

Contribution des filateurs de Coton. — 1° En vertu de la présente loi, une contribution sera payée par chaque filateur à la corporation, proportionnellement à l'achat de coton qu'il aura effectué, à raison de six pence par 500 livres ou fraction de 500 livres de coton brut ainsi acheté.

Le montant de ladite contribution pourra être incorporé par le filateur au coût du coton et sera recouvrable par la corporation comme une dette due par le filateur à la corporation. Le paiement en sera effectué à la même date que le règlement du coton qui a donné lieu à la contribution.

2° Si la preuve est faite par un filateur, à la satisfaction de la corporation que le coton pour lequel il a payé la contribution a été employé autrement qu'en filature, ou a été réexporté de Grande-Bretagne sans avoir été filé, la corporation remboursera, à la demande du filateur, le montant de la contribution qu'il a ainsi payée.

3° Chaque filateur devra de temps en temps, après qu'il en

dans l'Ouganda, le Kenya, la Mésopotamie et en Australie.

M. J. W. Mc Connel, Ancien membre du Comité impérial pour la culture du coton, s'exprimait ainsi au Congrès cotonnier de Zurich le 10 juin 1920 : « Nous devons mettre la main à la poche et trouver l'argent nécessaire pour obtenir le résultat que nous voulons atteindre. Cependant, comparée à l'immensité de l'industrie cotonnière, la somme obtenue est relativement faible. Les filateurs du Lancashire se sont mis d'accord pour prélever une taxe de six pence par balle sur tout le coton

aura été avisé par écrit par la corporation et dans le délai fixé par la lettre d'avis (délai qui devra être au moins de trente jours à compter de ladite lettre d'avis) fournir à la corporation tous comptes complets et sincères nécessaires pour déterminer les sommes payables par lui au titre de la contribution prévue par la loi. Tout filateur qui dépassera le délai de communication des comptes sera condamné à une amende n'excédant pas 10 livres pour chaque jour de retard. L'amende ainsi imposée devra être payée à la corporation.

Dispositions pour le recouvrement de la contribution. — La Corporation peut s'entendre avec la « Liverpool Cotton Association Ltd » et la « Manchester Cotton Association Ltd » ou avec toute autre association pour recouvrer la contribution par l'intermédiaire de leurs membres. Ceux-ci ajouteront aux factures du coton vendu ou acheté pour le compte d'un filateur le montant de la contribution y afférente. La somme ainsi versée par un filateur à tout membre de telle association avec laquelle la corporation a conclu un arrangement, lui vaudra quittance de sa contribution, et la corporation devra ensuite s'adresser directement à la personne qui a reçu le montant de la contribution payée par le filateur.

Loi des statistiques cotonnières. — La loi des statistiques cotonnières de 1868, relative à la compilation et à la publication des renseignements statistiques concernant le stock, les importations et exportations de coton brut, cessera d'être en vigueur.

Titre et durée de la loi. — La loi sera intitulée : « Loi de l'industrie cotonnière de 1923 » et ses articles 1 à 3 inclus seront appliqués pendant cinq ans à partir de sa mise en vigueur.

travaillé en Angleterre (1); cet argent doit être appliqué au développement de la culture du coton sur les territoires coloniaux anglais. On a calculé que ce taux de six pence par balle nous rapporterait environ 100.000 livres par an: une fois commencé, ce mouvement ne pourra plus s'arrêter. Nous espérons voir le Gouvernement anglais reconnaître que l'extension de la culture du coton dans nos territoires ne peut qu'améliorer largement le développement de nos colonies et nous comptons qu'il fournira une somme au moins égale à celle donnée par l'industrie. Nous sommes certains d'avoir à dépenser de 150.000 à 200.000 livres par an si nous voulons réaliser notre programme et nous devons dès maintenant nous mettre à dépenser cet argent afin de nous assurer le concours des collaborateurs expérimentés qui nous sont nécessaires. »

« La vérité nous oblige à reconnaître, dit le rapport de 1920 du Comité Impérial, qu'il ne sera pas facile de se procurer les cadres nécessaires à l'intensification de la production cotonnière. Trois catégories d'hommes au moins sont indispensables. D'abord des savants très exercés et hautement compétents pour effectuer des travaux de recherches approfondis, ensuite des hommes possédant une bonne instruction scientifique pour effectuer des recherches directes dans chaque colonie, troisièmement des praticiens sans lesquels aucun travail de mise en valeur ne serait possible, pas plus que d'adoption des méthodes nouvelles par les cultivateurs ordinaires. »

Le 27 janvier 1920, le président de la Chambre de Commerce de Manchester réunissait les représentants,

---

1. Cet accord est devenu la loi sus-mentionnée de 1923.

patrons et ouvriers, de toutes les branches de l'industrie cotonnière. Il fut suggéré que l'action en vue de développer la production du coton dans l'empire devrait être entreprise de la manière suivante :

1º Création au plus tôt en Angleterre d'un Institut Central de recherches scientifiques appliquées à l'Agriculture tropicale.

2º Le nombre des savants s'occupant de ces questions devra être accru. On prévoyait notamment la création de quatre chaires d'université spécialisées ; une pour la physiologie végétale, une pour la génétique, une pour la mycologie, une pour l'entomologie appliquée.

3º Constitution d'un fonds destiné à fournir des bourses à des étudiants pour les initier aux méthodes de recherches. Six bourses d'Université à 100 livres par an ont été déjà créées pour des études sur la technologie et une autre de 250 livres pour des études sur la botanique.

4º Un rapport trimestriel devra être publié afin de résumer tous les travaux scientifiques concernant la culture du coton au fur et à mesure de leur apparition. Le Professeur J. Withers a été chargé de réunir les rapports et la documentation scientifique et technique.

5º Enfin, il a été spécifié que des encouragements devraient être donnés aux cultivateurs et aux indigènes en leur garantissant des prix d'achat rémunérateurs de leur coton pour les campagnes suivantes et en s'attachant à ce que les prix soient établis en proportion des qualités du coton.

Ce programme est aujourd'hui en partie appliqué.

En 1920 était constituée la British Cotton Research Association, nommée aussi Shirley Institute qui doit travailler avec la British Cotton Growing Association et dont le nombre des membres est de 1.408.

Ce groupement a acquis en 1921 un important édifice « The Towers » situé à East Ditsbury, dans la banlieue de Manchester, où sont centralisés les services de recherches relatifs à l'étude du coton : chimie, physique, botanique, entomologie et technologie.

Au cours de la 3e conférence de la Fédération Internationale du Coton, tenue à Manchester et à Liverpool du 16 au 22 juin 1921, il fut décidé que le programme envisagé devait comporter en outre : 1º un bien plus grand développement des départements de l'Agriculture aux Colonies, qui seront subventionnés chaque fois que ce sera nécessaire par la Caisse des recherches du comité Impérial ; 2º la constitution d'un cadre de spécialistes pour étudier les problèmes scientifiques relatifs à la culture ; 3º la formation d'agents pour acheter et égrener le coton. Toutefois, la Cotton Growing Association interdit tout bénéfice à ses membres participant aux opérations effectuées par le Comité.

Il a été constitué en 1919 un Cotton Research Board en Egypte, qui coordonne non seulement les études botaniques et entomologiques, mais aussi celles qui sont relatives aux autres sciences intéressant la production du coton. Une Central Cotton Association qui s'occupe d'organiser le marché du coton a été constituée à Bombay en 1921, le Collège Impérial de Pusa et les départements d'Agriculture des divers Etats continuant à s'occuper du développement de la culture.

Les organisations privées de la métropole ou des colonies, dont il vient d'être question sont totalement indépendantes des organismes scientifiques officiels qui coopèrent à l'étude scientifique des problèmes de l'agriculture tropicale en général et du coton en particulier (1).

1. D'après M. A. Chevalier, chef de la Mission permanente d'études de cultures et jardins d'essais coloniaux au ministère des Colonies. Rapport sur l'action entreprise par l'Angleterre pour l'extension de la culture du coton.

CHAPITRE X

I. — La civilisation indigène

Sans une main-d'œuvre suffisamment nombreuse et experte, l'agriculture est impossible dans un pays comme l'A. O. F. où l'Européen ne peut se livrer lui-même au travail de la terre. Cette main-d'œuvre est rare, physiquement pauvre, pas éduquée (1).

Dans les régions de culture sèche du cotonnier, Haute-Côte d'Ivoire, limites sud du Soudan et de la Haute Volta, limites est de la Haute Guinée, la densité de la population est de 5 à 8 habitants au kilomètre carré ; sur le Moyen Niger, dans la zone de culture par irrigation, cette densité est encore inférieure.

L'insuffisance de la population est donc manifeste. Celle-ci vit dans un état misérable, est insuffisamment et mal nourrie. La mortalité infantile est de 50 à 80 o/o. L'harmattan, lorsqu'il sévit prématurément dans l'une ou l'autre région du Soudan est une cause de famine à laquelle l'absence de moyens de transports ne permet pas de porter remède.

Sauf dans les rares centres de colonisation comme

1. Suivant le dernier recensement, inférieur à la réalité, car il ne comprend que la population recensée pour l'impôt, la population se répartit comme suit : Sénégal: 1.225.523 h.; Côte d'Ivoire: 1.545.680 h.; Dahomey 842.243; Soudan: 2.474.589; Haute Volta : 2.973.442: Niger: 1.039.042 ; Guinée: 1.875.951; Mauritanie : 261.746; Togo : 675.340. Total avec le Togo: 12.283.216.

le Bas-Sénégal et les Côtes du Dahomey où la présence ancienne de l'européen a influencé les mœurs, l'indigène est un primitif; c'est un grand enfant.

Un aperçu rapide de la religion, de la famille, de la propriété et de la vie sociale permettra d'avoir une idée de la mentalité de l'indigène dans ses lignes principales.

Sauf au nord du Sénégal et sur les confins du désert où le voisinage des Maures, des Touaregs et des Berbères a répondu l'islamisme, la religion de Mahomet n'a pas eu d'influence sérieuse sur les noirs, même sur certaines races que nous classons à tort comme appartenant à l'islamisme. Les adeptes sont de plus en plus rares à mesure que l'on s'avance vers le sud.

A l'exception de quelques dizaines de milliers d'adeptes récents au christianisme en A. O. F. l'immense majorité de la population est païenne. Par ailleurs les musulmans et les chrétiens restent fidèles à une bonne part de leurs anciennes croyances.

M. Maurice Delafosse (1) a donné, sous une forme aussi claire et complète que possible dans sa conci-'sion, un aperçu d'ensemble sur l'histoire, les civilisations et les caractères matériels, intellectuels et sociaux des populations de race noire qui habitent le continent africain et nous ne saurions mieux faire que de reproduire ici quelques brefs passages qui nous intéressent.

« En quoi, dit-il, consiste ce paganisme en soi disant tel, qui est la religion de presque tous les Nègres et qui, à cet

---

1. Maurice Delafosse, ancien gouverneur des colonies, professeur à l'Ecole coloniale et à l'Ecole des langues orientales. *Les Noirs de l'Afrique*, 1. vol. Collection Payot, 1922. Chap. VIII et IX.

égard, mérite plus d'intérêt qu'on ne semble en avoir porté jusqu'à présent? On le qualifie généralement de « fétichisme » mais le fétichisme, c'est-à-dire la croyance à la vertu des fétiches ou talismans n'est pas une religion ; ce n'est que l'un des aspects les plus apparents de l'universelle superstition. On rencontre du fétéchisme dans toutes les religions, même les plus évoluées et les plus dégagées de la matière, et les Noirs chrétiens comme les Noirs musulmans sont aussi fétichistes que les Noirs païens : ils ont seulement plus de fétiches, car ils ont conservé ceux du paganisme et y ont ajouté ceux qu'ils ont trouvés dans nombre de pratiques, peu canoniques d'ailleurs, du christianisme et de l'islamisme.

La religion des noirs de l'Afrique et en réalité l'animisme, c'est-à-dire la croyance à la toute-puissance des esprits, auxquels le fidèle rend un culte consistant en prières, offrandes et sacrifices, en vue de s'attirer leurs faveurs, de détourner de lui-même leur colère ou de l'appeler sur ses ennemis.

Que sont ces esprits? Ce n'est pas l'esprit du bien et l'esprit du mal, ce ne sont pas de bons esprits et de mauvais esprits. L'animisme des Noirs n'a rien de dualiste et ce qui a conduit plusieurs missionnaires à le présenter sous cet aspect ne peut être qu'une réminiscence subjective de l'opposition faite par certains chrétiens entre Dieu et le Diable.

Les Nègres africains croient que tout être animé renferme en lui, en plus de son corps, deux principes immatériels. L'un, sorte de souffle ou de fluide vital, n'a pas d'autre rôle que d'animer la matière et de lui communiquer la vie et le mouvement ; c'est un principe sans individualité ni personnalité propres, qui est éternel en ce sens qu'il est antérieur au corps qu'il anime présentement et lui survivra pour aller en animer un autre, et ainsi de suite jusqu'à la fin des temps. Comme la matière, il est divisible à l'infini et peut se dissocier en divers élément dont chacun suffit, seul ou combiné avec un autre élément venu d'ailleurs, à animer un corps donné. Lorsqu'un homme vient à mourir, c'est que le souffle vital a abandonné son enveloppe charnelle pour aller immédiatement créer une nouvelle vie soit dans un fœtus humain ou animal en gestation, soit dans une pousse végétale en germination. Bien entendu, cette sorte de fluide sans personnalité, sans intelligence, sans volonté, que l'on pourrait comparer à un courant électrique, n'est l'objet d'aucun culte. C'est un esprit si l'on veut mais seulement au sens étymologique du mot (*spiritus*, souffle).

Le second principe est bien différent: né avec le corps qui l'abrite et en même temps que lui, il constitue la véritable personnalité de l'être auquel il communique la pensée, la volonté et la force d'agir ; le souffle vital permet aux membres d'un homme ou d'un animal de se mouvoir, à la sève d'un arbre de circuler dans ses vaisseaux, mais ce mouvement et cette circulation ne sauraient s'accomplir s'ils n'étaient ordonnés par l'esprit. S'il arrive qu'un jour le contrôle du souffle vital échappe à l'esprit et que comme conséquence, le souffle quitte son enveloppe et que la mort s'ensuive, c'est qu'un autre esprit plus fort a neutralisé le premier : voilà pourquoi tout décès est attribué par les Noirs, non à des causes matérielles, qui n'en sont pour eux que les causes secondes et occasionnelles, mais à l'influence psychique d'un esprit malintentionné, seule cause réelle et première de la mort.

Après le décès d'un être jusque-là animé, son esprit seul demeure et il demeure tel qu'il était du vivant de cet être, avec la même personnalité, le même caractère, les mêmes affections et les mêmes haines. Seulement, il n'a plus de souffle vital à commander, ni d'enveloppe charnelle limitant sa fantaisie et il n'en devient que plus puissant, n'étant plus gêné dans son action par la nécessité de diriger la vie du corps et de se guider en quelque sorte sur le souffle vital. Aussi le divinise-t-on alors et c'est là qu'il faut trouver l'origine du culte des défunts ou plutôt des esprits des défunts, des mânes des ancêtres.

Si tout être animé — homme, animal ou végétal vivant — possède les deux principes dont il vient d'être parlé, les êtres inanimés — défunts, animaux ou végétaux morts, minéraux

solides, liquides ou gazeux — sont naturellement dépourvus
du souffle vital, ce qui n'a aucune importance au point de
vue religieux, mais sont doués chacun d'un esprit personnel, intelligent et agissant, d'autant plus efficace, ainsi que je
le disais tout à l'heure qu'il n'a pas à se préoccuper du corps
inerte qui n'est que sa représentation matérielle et auquel
ne le lie pas l'obligation de contrôler le jeu d'un souffle vital
absent. Le corps d'ailleurs peut se dissocier, ainsi qu'il
arrive pour les cadavres, et l'esprit n'est pas tenu d'en faire
sa demeure constante.

Qu'il s'agisse de l'esprit d'un défunt ou de celui d'une montagne, d'un bloc de pierre, d'un gouffre, d'un fleuve, du ciel,
de la pluie ou du vent, de la terre et surtout d'une terre
déterminée, de la parcelle du sol sur laquelle on vit, c'est
toujours pour les Noirs, la même nature d'esprit, c'est
toujours un principe invisible mais qui voit tout, qui se
rend compte de tout, susceptible, qu'on peut offenser sans
le vouloir, irascible également et capable de faire expier
durement les offenses même involontaires qui lui ont été
faites, mais faible et vaniteux aussi commé l'homme qui l'a
créé à son image et se laissant émouvoir et amadouer par
des prières et des offrandes ou fléchir par des sacrifices pro-
pitiatoires.

... On offre en général aux esprits le sang des victimes
qui sont des poulets, des chiens, des chèvres, des brebis et
qui, autrefois étaient souvent des êtres humains...

La question n'est pas complètement tranchée de savoir
si les Noirs de l'Afrique, en dehors de toute influence musulmane ou chrétienne croient à un Etre Suprême, à un Dieu
unique. Il semble bien que cette croyance est à peu près
universelle chez eux, mais elle est d'ordre cosmogonique
plutôt que d'ordre religieux. Ils admettent que le monde et
les êtres qu'il renferme, y compris les esprits, ont été créés
par un Etre supérieur, dont ils reconnaissent l'existence,
mais dont ils se désintéressent parce qu'ils ne sauraient comment entrer en relation avec lui et parce que lui-même
se désintéresse du sort de ses créatures, n'ayant rien du
Dieu Providence des religions occidentales. Aussi l'Etre

Suprême n'est-il jamais l'objet d'un culte quelconque chez les animistes africains, à moins qu'il ne soit identifié avec le ciel, divinité génératrice qui féconde le sol au moyen de la pluie, ou avec la terre, divinité fécondée et productrice...

Comme je le disais plus haut, la superstition règne chez les Noirs comme chez tous les hommes, plus souverainement encore chez ces peuples ignorants, que le mystère impressionne au plus haut point, que chez des populations que la nature plus positive de leur esprit, une instruction plus généralisée et une religion plus abstraite ont pu débarrasser en partie de cette plaie de l'humanité. La croyance, aussi naïve qu'indéracinable, aux vertus des amulettes et des talismans est légendaire chez les Nègres... »

L'animisme a ses temples qui sont parfois des huttes, souvent des arbres ou des bois sacrés, fréquemment des rochers ou des grottes, ses autels, qui peuvent être un banc en terre battue, le pied d'un arbre, une urne renversée, une pierre plate, etc., des prêtres qui sont les patriarches pour le culte des ancêtres, les « maîtres de la terre » pour le culte de la terre et des eaux et un clergé particulier initié dans des sortes d'écoles aux rites plus ou moins secrets de certains cultes plus spécialisés.

« Les fabricants d'amulettes, dit M. Maurice Delafosse, les magiciens et les sorciers ont beau jeu en un tel milieu. De nombreux devins prédisent l'avenir ou révèlent les choses cachées, au moyen de procédés dont plusieurs ressemblent à ceux qu'emploient nos diseuses de bonne aventure. L'envoûtement sous diverses formes est pratiqué sur une grande échelle. Des gens passent pour avoir reçu en naissant le pouvoir de tuer ou de rendre malade à distance, grâce à de mauvais sorts qu'ils jettent parfois inconsciemment, sur leurs ennemis ou sur des inconnus ; ces jeteurs de sort sont naturellement très redoutés ; des divinités spéciales, dont le culte comporte des rites étranges, mystérieux et compliqués, ont été inventées, et des sociétés secrètes se sont créées en vue de découvrir les sorciers, d'assimiler ou au moins de contrebalancer leur pouvoir et au besoin de les mettre à mort. »

La famille et les biens. — « Chez les Noirs de l'Afrique, dit M. Maurice Delafosse (1), le groupe auquel nous donnons particulièrement le nom de famille, c'est-à-dire le groupe formé par le père, la mère et leurs enfants, n'a qu'une importance secondaire. Souvent même il n'existe pas, en ce sens que le mari d'une femme, chez beaucoup de peuples noirs, n'est qu'époux et n'est pas père, attendu qu'il n'a aucun droit sur les enfants nés de ses œuvres : ces derniers, dans ces cas, appartiennent uniquement à la famille de leur mère et c'est l'aîné des frères de celle-ci qui exerce sur eux des droits paternels et est responsable de leur vie et de leurs actions.

« Je sais fort bien que les peuplades africaines chez lesquelles se rencontre ce système, poussé jusqu'à ses dernières limites, ne sont pas actuellement les plus nombreuses. Mais le fait qu'il s'en trouve et qu'il s'en trouve un peu partout incite à étudier la chose de près. Et l'on s'aperçoit alors que cette coutume, qui n'admet la parenté qu'en tige utérine, a dû être autrefois universellement observée chez les Nègres et qu'il en subsiste encore, à des degrés divers, des traces multiples et indéniables.

« Les auteurs arabes qui nous ont parlé de Ghâna et du Manding à l'époque du Moyen Age font observer que dans ces Etats, la succession se transmettait, non pas de père à fils, mais de frère à frère utérin ou d'oncle à neveu fils de sœur. D'après les traditions indigènes, ce seraient les Bambara qui, les premiers au Soudan, auraient rompu avec cet usage et c'est de là que viendrait leur nom — bam-ba-ra ou bam-ma-na signifiant « séparation d'avec la mère » — tandis que ceux d'entre les Ouangara qui étaient demeurés fidèles à

1. Maurice Delafosse, *les Noirs de l'Afrique*, collection Payot.

la vieille coutume auraient reçu le nom de Manding ou Mandé
— ma-nding ou Ma-ndé signifiant « enfant de la mère ». —
De nos jours la parenté masculine ou consanguine a persisté
chez les Bambara et a triomphé chez les Sarakollé et chez une
partie des Mandingues ou Malinké ; mais beaucoup de ces
derniers n'admettent encore que la parenté féminine ou utérine comme conférant le droit d'hériter et il en est de même
chez la plupart des Peuls et des Sérères et chez un nombre
considérable de peuples noirs du Soudan, de la Côte de
Guinée et de l'Afrique sub-équatoriale.

« Ceci n'empêche pas d'ailleurs le rôle de chef de famille
d'être rempli par un homme, quoiqu'il le soit quelquefois par
une femme ; mais chez les populations qui n'admettent que
la parenté utérine, le chef de famille est le frère utérin de la
mère. Chez les autres populations, c'est le père.

« Chez les unes comme chez les autres, le groupe formant
à proprement parler la famille comprend tous les descendants vivants d'un même ancêtre commun — ancêtre féminin
chez les premières, ancêtre masculin chez les secondes —
ou du moins tous ceux de ces descendants qui habitent dans
le même lieu ou qui sont demeurés en relations les uns avec
les autres. Ainsi comprise, la famille est, on le conçoit, bien
différente de ce que le mot représente habituellement à notre
esprit. Les familles comptant des centaines de membres ne
sont pas rares ; l'usage de la polygamie a souvent pour
résultat de faire dépasser de beaucoup ce chiffre. L'unité
sociale que constitue chacune d'entre elles se double d'une
unité politique ; en matière de justice civile, comme en toute
autre matière, la famille prime l'individu : la société noire
est foncièrement collectiviste.

« Chaque famille a un chef, le patriarche, qui est, d'une
manière générale, le premier-né de la génération la plus ancienne. On le désigne souvent sous le nom du « père » ou de
« grand-père », mais souvent aussi sous celui de « vieux » :
c'est l' « ancien ». Il exerce sur tous les membres de la famille
la même autorité qu'exerce chez nous le père sur ses enfants,
mais son pouvoir ne s'étend pas en dehors de ses membres
eux-mêmes ; il en résulte que dans une famille basée sur la

descendance masculine, les épouses des membres de la famille échappent à l'autorité du patriarche et, qu'inversement, dans une famille basée sur la descendance utérine, les maris des femmes membres de la famille n'appartiennent pas à celle-ci, mais aux familles de leurs mères. Il découle de ce principe des situations assez compliquées : l'épouse doit obéissance à son mari, mais non au patriarche de qui relève son mari.

« En réalité, nulle part chez les Noirs la femme n'est considérée comme incorporée à la famille de l'époux ; elle continue, après le mariage, à faire partie de sa propre famille, mais elle en est distraite momentanément au profit du mari et, par suite, au profit de la famille de celui-ci. C'est pourquoi la coutume universellement admise dans l'Afrique noire exige, pour qu'il y ait union valide et régulière, que la famille du futur verse à la famille de la future une indemnité en compensation du tort causé à cette dernière famille par le prélèvement d'un de ses membres. Il n'y a pas comme on l'a prétendu à tort, achat de la femme par le mari, puisque l'épouse ne cesse pas d'appartenir légalement à sa propre famille et ne devient nullement la chose de l'homme qui l'a épousée ; il y a seulement versement d'une indemnité ou, plus exactement, d'une caution, laquelle d'ailleurs varie énormément selon les pays et selon la condition des futurs époux, pouvant aller de plusieurs milliers de francs à un objet qui ne vaut que quelques centimes ; dans ce dernier cas, il n'y a plus que l'accomplissement d'une simple formalité, exigée par le respect des traditions coutumières.

« Dans certaines régions a subsisté une habitude qui était générale autrefois et qui consistait à remettre à la famille de la future une véritable compensation en nature sous les espèces d'une autre femme ; la sœur du futur était donnée en mariage au frère de la future.

« Lorsqu'il y a rupture du mariage par suite du divorce, l'épouse répudiée retourne dans sa famille, qui restitue à la famille de l'ex-époux le cautionnement qu'elle avait reçu d'elle. Tel est au moins le principe ; il peut subir des atténuations du fait des circonstances particulières. Quant aux enfants nés de l'union rompue, ils appartiennent à la famille de la mère chez les populaiions qui n'admettent pas la parenté utérine ; chez les autres, ils sont généralement attribués au père, mais à la condition que la famille de celui-ci renonce au remboursement de la caution versée. Parfois, lorsqu'il y a plusieurs enfants, on procède à un partage amiable entre les deux familles.

« Les enfants non émancipés, c'est-à-dire célibataires — car l'émancipation ne peut résulter que du mariage — font partie de la succession de celui de leurs autéurs auxquels les unissent les seuls liens de parenté reconnus par la coutume locale. Là où la parenté en tige utérine est seule admise, les enfants ne changent pas de condition à la mort de leur père qui est considéré comme ne leur étant rien ; à la mort de leur mère, ils sont attribués à l'héritier de celle-ci, c'est-à-dire en général à l'aîné de ses frères utérins, lequel exerçait déjà sur eux les droits paternels du vivant de sa sœur. Là où la parenté consanguine est, au contraire, la seule que l'on reconnaisse, les enfants appartenant légalement à leur père, ne changent pas de condition à la mort de leur mère ; lors du décès du père, ils sont attribués à l'héritier de celui-ci, qui peut être l'aîné de ses frères ou l'aîné de ses fils : dans ce dernier cas, c'est l'aîné des enfants qui devient le père légal de ses frères, sous la tutelle de quelque parent âgé s'il est encore un enfant.

« Aussi a-t-on pu dire à juste titre qu'il n'y a pas d'orphelins chez les Noirs. On pourrait ajouter qu'il n'y a pas non plus de veuves, ou tout au moins de veuves exposées à la misère, puisque la veuve retourne dans sa famille et reste à la charge de celle-ci tant qu'elle n'est pas remariée; à moins qu'elle ne fasse partie ainsi qu'il arrive souvent, de la succession de l'époux défunt et ne tombe à la charge de l'héritier de celui-ci.

« La polygamie est partout autorisée, mais elle n'est pas de pratique constante. En fait, le nombre des épouses est proportionné à la richesse du mari. Le cautionnement à verser pour la première femme est généralement payé par le père ou le chef de famille du futur, qui, n'étant pas marié

encore, n'est pas émancipé ; mais, pour les autres, c'est
au mari lui-même à faire face à la dépense : aussi les pauvres
sont-ils presque tous monogames par nécessité ».

* * *

« Disons un mot des biens, en commençant par les biens
fonciers. La terre, selon la conception indigène, n'appartient
à personne ; elle n'appartient pas non plus à tous, ainsi
qu'on l'a souvent dit à tort. En droit, elle est considérée
comme la chose des premiers occupants, en l'espèce des
Négrilles autochtones ou des divinités locales qui les ont remplacés ou sont censées les représenter. En fait, la terre est
un dieu, que personne ne songerait à s'approprier et encore
moins à vendre ou à acheter. Mais, par des offrandes, ou des
sacrifices réglés par des rites consacrés, la famille noire arrivée la première sur un terrain inoccupé a obtenu de la divinité locale le droit et le privilège d'user de ce terrain, droit
et privilège qui se transmettent dans cette même famille de
génération en génération.

« Nul individu, nulle collectivité n'a donc sur le sol des
droits de propriété réelle et nul ne peut aliéner un sol dont
il n'est pas propriétaire. Mais il existe, entre les mains de
collectivités ethniques déterminées, constituées chacune par
les descendants de la famille arrivée la première sur le terrain et ayant accompli les rites nécessaires, des droits
d'usage et d'exploitation que la collectivité titulaire peut
céder en tout ou en partie, à titre gracieux ou onéreux, à
d'autres collectivités ou à des particuliers, à condition toutefois d'en obtenir l'autorisation de la divinité par l'accomplissement de nouveaux rites.

« Chaque collectivité propriétaire des droits d'usage et
d'exploitation d'un terrain donné à un chef, qui est généralement le patriarche de la famille la plus ancienne et qui porte
le titre de « maître de la terre ». Il est à la fois le grand
prêtre de la religion locale et l'administrateur du sol ; il n'est
pas nécessairement le chef politique du pays. Le fait pour
lui et sa collectivité de tomber sous le joug d'un conquérant
individuel ou collectif ne lui enlève rien de ses prégoratives

religieuses et terriennes et c'est pourquoi, dans beaucoup de villages, de cantons ou de royaumes, on trouve, à côté d'un chef politique qui tient en mains les rênes de l'Etat, un « maître de la terre » qui peut n'être qu'un pauvre hère, mais qui jouit d'un prestige intangible et sans lequel le chef politique ne peut rien faire lorsqu'il s'agit d'un sacrifice à offrir aux divinités du lieu ou d'une répartition à faire des terrains de culture. La conquête ne donne aucun droit sur le sol conquis : c'est un principe qui n'a jamais cessé d'être respecté par les plus fameux conquérants noirs.

« Tout ce qui n'est pas la terre peut être possédé en toute propriété avec faculté d'aliénation, soit par des collectivités, soit par des individus. La source de la propriété réelle est le travail : le produit d'un travail devient la propriété effective de l'auteur du travail, lequel peut disposer de ce produit comme il l'entend, le donner ou le vendre, le prêter à intérêt ou sans intérêt. S'il s'agit d'un individu le produit de son travail constituera, à sa mort, sa succession ; le fait d'avoir acheté un bien, de l'avoir reçu en donation ou d'en avoir hérité confère les mêmes droits que le fait de l'avoir créé par son propre travail. Si l'auteur du travail est une collectivité, le produit de ce travail constitue un bien collectif, sur lequel aucun des membres de la collectivité, y compris son chef, n'a de droit spécial et dont il ne peut être disposé qu'avec l'agrément de la collectivité toute entière ou de ses représentants autorisés : tel est le cas du bien de famille, dont le patriarche, chef de famille n'est que dépositaire et administrateur.

« Le cultivateur n'est pas propriétaire du sol qu'il cultive mais il l'est des céréales qu'il a semées ou récoltées, au même titre qu'il peut l'être du salaire qu'il a gagné en travaillant pour le compte d'un autre, des bœufs ou des esclaves qu'il a achetés ou des richesses qu'il a acquises par l'héritage (1) ».

*
* *

La vie sociale et matérielle. — Les indigènes ont

1. Voir Maurice Delafosse, *op. cit.*

des besoins très restreints et la vie sociale est généralement des plus rudimentaires. Ceux-ci vivent groupés par villages sous l'autorité du chef de village. Un groupe de villages forme un canton. Le canton est rattaché au commandement du cercle. Cette organisation n'a rien d'absolu et il subsiste en grand nombre des protectorats, des royautés et des tribus. Chaque famille habite un quartier de village composé d'un groupe de cases. Le mobilier ne comporte guère que de simples nattes, des tabourets et des urnes ou calebasses servant de coffres, d'armoires et de récipients. Trois pierres forment le foyer et supportent la marmite. Le seul instrument agricole est une houe à manche très court. L'indigène ignore l'usage de la charrue et de l'animal de trait. Les transports se font à tête d'homme avec une charge de 20 à 30 kilos. La nourriture est insuffisante en quantité et en qualité. L'hygiène est totalement inconnue et l'état sanitaire est le plus souvent mauvais.

Aux proches alentours du village une partie des terres porte quelques cultures, notamment des champs de mil, base de la nourriture. Le reste est en jachère. Après deux ou trois ans, lorsque le rendement commence à baisser, le noir délaisse le lougan pour aller plus loin travailler un terrain vierge ou jadis exploité. Il défriche au coupe-coupe et gratte la terre avec la houe sans se donner la peine d'enlever les souches. Le feu de brousse est souvent le moyen le plus rapide de détruire la végétation. L'engrais n'est utilisé qu'au voisinage des cases. Lorsque le village prend de l'importance, une fraction se détache pour aller fonder un autre groupement au hasard des défrichements faciles et des terres cultivables.

Il ne faut pas se dissimuler les difficultés d'adaptation des noirs. On les a vu avoir une crainte morbide des appareils introduits par les blancs. C'est ce qui se produisit en Nigeria lorsque la Bristish Cotton Growing Association fit distribuer des égréneuses à mains ; leur emploi était considéré par les natifs comme dangereux pour la santé. On doit sans cesse tenir compte des particularités du caractère et les indigènes ont besoin d'être influencés et encouragés pour s'adonner à une culture permanente.

Des efforts ont été faits en vue de répandre l'instruction élémentaire dans la mesure permise par les ressources budgétaires. Toutefois cette instruction n'est donnée actuellement qu'à environ 3 o/o de la population d'âge scolaire.

Jusqu'à présent, les libertés que nous avons apportées aux noirs de l'A. O. F. et ce que nous avons fait pour accentuer les bienfaits de l'occupation n'a réussi qu'à diminuer leur volonté de production. N'étant plus contraints de travailler pour des tyrans ou des chefs férocement avides, ils ne le font plus que dans la mesure de leurs maigres besoins. C'est vraisemblablement par l'augmentation de ces besoins, l'introduction de marchandises européennes une, instruction agricole méthodiquement et énergiquement conduite que les indigènes acquerront peu à peu le goût du travail.

II. — L'éducation agricole des Indigènes
La ferme-école et le village-école

La plupart de ceux qui ont étudié la culture du coton en Amérique comme en Angleterre, croient que dans le monde entier le coton doit être un produit récolté par le nègre et, qu'en conséquence, l'effort principal des pouvoirs publics et des Associations devrait porter sur la transformation de la culture du coton en une industrie indigène commercialement organisée. Le noir, dit-on, a peu de besoins, même s'il vit depuis longtemps en compagnie des blancs, comme aux Etats-Unis. La culture sèche du coton est une culture pauvre et c'est, croit-on, avec le noir que le prix de revient restera le plus bas.

Cette affirmation ne saurait avoir un caractère exclusif. Le Chinois, l'Hindou, le Cambodgien, cultivent également le coton et rien ne tend à démontrer que la prolifique race jaune ne serait pas capable de s'adapter à la culture des pays tropicaux africains.

Quant à la culture irriguée, elle est pratiquée principalement par le fellah égyptien et l'indigène du Turkestan, assez semblable physiquement à l'indo-européen.

En attendant que l'hypothèse de l'introduction d'une race étrangère à l'A. O. F. soit suivie d'expériences concluantes, nous ne disposons que de noirs primitifs, ignorants et très inférieurs au fermier américain de couleur, cependant de même origine.

Nous savons que l'indigène de l'A. O. F. ignore en général les premiers éléments d'une culture rationnelle. En ce qui concerne les conditions d'exploitation, l'expérience a démontré que le pays, dans sa majeure partie, ne paraît pas mûr pour les plantations dirigées par des blancs et qu'il y a intérêt à initier d'abord le noir à l'usage de l'animal de trait et de la charrue.

Quelques exploitations européennes commencent à s'établir en A. O. F. et il est urgent d'éduquer l'indigène afin de résoudre, au moins partiellement, le problème ardu de la main-d'œuvre. L'initiative européenne n'est pratiquement pas possible dans une région qui ne possède pas les premiers éléments de la civilisation. Le planteur, livré à lui-même, est voué à l'insuccès devant une nature vierge et une population demi-sauvage.

L'enseignement agricole élémentaire, qui semble facile de prime abord, présente en réalité des difficultés considérables et nécessite un effort suivi et important. Les conseils, les instructions verbales, les encouragements, sont pour ainsi dire de nul effet sur les méthodes de culture des noirs. Les inspections des administrateurs et des agents de culture, les palabres et les conseils aux chefs de villages et aux indigènes, le travail dans les champs d'essais, les encouragements sous diverses formes, sont restés presque sans résultat devant la routine et la force d'inertie. D'ailleurs le noir obtient ce qu'il désire d'une nature généreuse en grattant le sol avec la houe et ses besoins sont maigres.

On estimait que les tirailleurs noirs de la guerre, venus en Europe au nombre de 163.000 et rentrés dans leurs villages après avoir vu nos paysans cultiver leurs champs, adopteraient volontiers la charrue. Des charrues ont été données par des Sociétés privées et par l'Administration. Le noir la range en bonne place dans la case comme un meuble de luxe et un souvenir de l'industrie du blanc. On ne persuadera pas le cultivateur noir à changer d'une manière quelconque son système de culture. Il y faut l'exemple permanent du blanc, une certaine contrainte et un long travail personnel (1).

---

1. Cette règle souffre cependant quelques exceptions. Dans certaines régions où le cheptel est suffisamment abondant et les bœufs assez dociles, comme en Guinée, quelques indigènes adoptent assez facilement la charrue. Grâce à l'active impulsion de M. le Lieutenant-Gouverneur Poiret depuis une dizaine d'années,

Devant les insuccès du passé, on a cru trouver un moyen efficace dans la création des fermes-écoles où seraient pratiqués l'élevage et le dressage des animaux de trait, l'emploi suivi de la charrue et des instruments agricoles, une culture rationnelle du sol.

Les indigènes, qui ne peuvent mettre en culture actuellement que des espaces restreints, dont une grande partie consacrée à la production des denrées vivrières indispensables à leur existence, seraient à même de décupler leurs cultures sans avoir à fournir un travail physique supérieur à celui que le climat leur permet de donner.

* * *

Les Allemands persuadés justement que l'usage des animaux de trait devait être le prélude du développement de la culture cotonnière au Togo, avaient fondé, en 1904, à Nuatja, une ferme-école considérable à l'usage des jeunes indigènes. Elle avait pour but d'initier ces derniers à la culture du coton.

La direction de la ferme-école était confiée au nègre américain John W. Robinson, en collaboration avec d'autres noirs également immigrés. Dans ses fonctions, Robinson fit preuve d'initiative personnelle en parfait accord avec les indigènes qu'il traitait avec droiture ; La connaissance de la langue des indigènes lui facilita considérablement sa tâche ; de plus, par le fait qu'il mettait lui-même la main à la pâte, il augmenta la confiance des indigènes, en leur donnant un exemple encourageant.

Tout d'abord les élèves de 16 à 20 ans furent soi-

on compte actuellement un millier de noirs guinéens utilisant la charrue et possédant 2.000 bœufs dressés.

gneusement choisis dans la population agricole des différents districts ; on admit les plus intelligents, les
plus dociles et les plus forts en vue de pouvoir vaquer
aux plus durs travaux nécessités par la culture du
coton. Leur nombre atteignit bientôt environ 100 élèves.
Ils travaillaient selon un plan d'instruction comprenant
tous les travaux relatifs à la culture et à la préparation
du coton. Les jeunes gens y étaient spécialement instruits dans le choix de bonnes graines, l'examen des
conditions climatériques, l'époque et la profondeur cor-
recte de la plantation, l'emploi pratique de la charrue
et des instruments aratoires rationnels ; les soins à
donner au bétail de trait, l'adoption de moyens de
transport par animaux de trait ; la réalisation d'engrais
naturels, l'application d'une succession convenable de
produits du sol et les mesures nécessaires à l'amélioration des variétés de coton.

Le cours complet d'instruction à Nuatja durait trois
ans. En outre des grands champs de coton exploités en
commun, chaque élève possédait personnellement un
champ d'un hectare qu'il travaillait lui-même au cours
de sa deuxième année d'école. Les bénéfices réalisés
sur la moisson jusqu'à sa sortie de l'école lui appartenaient en toute propriété. Pour exciter l'émulation, les
élèves dont le champ était le mieux exploité et rapportait le plus, recevaient des prix. Pendant la troisième
année, chaque élève devait planter les meilleures des
graines obtenues dans son champ la deuxième année ;
de la sorte, on les guidait dans un choix judicieux de
la semence.

Les élèves de l'école de Nuatja touchaient une indemnité mensuelle de 12 marks la première année, et
15 marks la seconde et la troisième année, avec, en-

plus, le produit de la moisson de leur petit champ, qui devait servir à leur entretien pendant les premiers mois d'établissement à leur compte.

Les élèves dont l'instruction était terminée retournaient dans leurs districts d'origine où ils s'établissaient sur un terrain concédé par la commune ; mais comme plus tard ils avaient encore besoin d'être contrôlés et surveillés, ils n'étaient pas dispersés dans tout le district ; au contraire on les groupait autant que possible dans des établissements fermés. On allouait à chaque nouveau planteur à son compte 8 hectares de terrain, dont deux devaient être mis en culture de coton et les six autres étaient employés à la succession des cultures d'assolement. Chaque élève dont l'instruction était terminée recevait, à sa sortie de l'Ecole, une pioche, une houe, une fourche à fumier, quatre chaînes d'attelage et un seau ; la commune mettait à sa disposition, autant que possible, deux à trois bœufs de trait, de façon à lui permettre d'exploiter sa concession d'une manière rationnelle. On s'efforçait de marier les élèves sortants en même temps qu'ils s'établissaient à leur compte, car on estimait avec juste raison, la présence d'une femme indispensable à la bonne marche de la nouvelle plantation. Les graines dont ils avaient besoin leur étaient délivrées gratuitement. Les nouveaux planteurs étaient à la charge de leur commune jusqu'après la rentrée de la première moisson ; les moissons leur appartenaient et pour en faire l'évaluation financière, on les aidait de conseils et au besoin on agissait pour eux.

L'expérience démontra qu'après leur période d'instruction de trois ans à l'Ecole d'agriculture, les élèves n'avaient pas encore acquis une maîtrise suffisante des méthodes enseignées à l'Ecole surtout en ce qui concerne le labourage à la charrue. On ne pouvait donc les considérer comme d'habiles cultivateurs capables d'être abandonnés à eux-mêmes sans un supplément de conseils et de direction. Aussi en vue de fortifier l'instruction reçue à l'Ecole, résolut-on de ne pas renvoyer directement dans leurs districts d'origine les élèves sortants. On se décida à les diriger tout d'abord sur une Ecole pratique située non loin de l'Ecole d'agriculture et dans laquelle ils pouvaient commencer sous les yeux de leurs professeurs l'exploitation rationnelle d'une pièce de terrain, dont on leur faisait concession. C'était seulement à l'expiration de cette seconde période d'instruction de trois ans, au cours de laquelle les jeunes hommes s'habituaient à un travail basé sur leur propre initiative, qu'ils étaient autorisés à s'établir dans leur pays d'origine (1),

Il semble que cette méthode d'enseignement, apparemment bien conçue, aurait dû donner d'excellents résultats. Il n'en fut rien. L'Ecole de Nuatja dut être fermée en 1912 et ne subsista qu'à titre de station agricole d'essai. Le noir, rentré dans son village, reprenait les habitudes ancestrales, grattait la terre avec la houe. Ceci ne s'explique pas par l'indolence propre aux indigènes. Le noir livré à lui-même, subissant l'influence du milieu, s'est montré incapable d'élever, dresser, soigner et utiliser les animaux de trait. Dans ces pays, les animaux de trait exigent des ménagements et des soins attentifs. On doit rentrer et conserver durant l'hivernage les fourrages nécessaires à la nourriture pendant la saison sèche. La méthode et la prévoyance indispensables ne peuvent être assurées qu'avec l'auto-

1. D'après le rapport du délégué allemand au 7e Congrès International cotonnier.

rité et le concours de l'Européen: dans certaines circonstances il faut avoir recours aux artisans du village ou des villages voisins, au charron pour réparer la charrue, ferrer les bœufs ou le mulet, au menuisier, au charpentier et au maçon de village pour agencer une écurie, un hangar, une clôture, ou assurer certains travaux intérieurs de la ferme. Si l'indigène peut faire beaucoup de ces choses lui-même, il n'en a pas toujours le temps, absorbé qu'il est par la culture. Le noir rentré dans son village ne trouvait aucun de ces artisans et ne pouvait profiter de l'enseignement reçu.

* * *

M. Leploe, directeur général de l'agriculture au Ministère belge des Colonies, exposait comme suit au Congrès d'Agriculture coloniale de Paris en mai 1918, les caractéristiques du programme d'enseignement pratique agricole au Congo belge :

1° Les Ecoles d'agriculture sont exclusivement pratiques. Les élèves y travaillent pendant deux ans à l'exécution des cultures et récoltes de plantes alimentaires et de cultures d'exploitation, dont une partie du produit argent leur appartient et leur sera payée à la fin de chaque année.

2° Les élèves de 10 à 15 ans auront, si possible, suivi des classes primaires d'écriture et lecture en langue indigène. Ce sont surtout des fils de notables, de commerçants indigènes, etc... ils sont recrutés avec l'aide des commissaires de district;

3° Chaque Ecole reçoit 100 hectares de terre. Les cultures sont aménagées d'après les indications de l'agronome du district, qui inspectera l'Ecole périodiquement ;

4° Les écoles sont autant que possible, confiées à des missionnaires catholiques et protestants, ce qui assure l'économie, la continuité dans les méthodes et la confiance des indigènes ;

5° Des Ecoles d'agriculture en tout analogues aux précédentes, sont créées pour les filles, les travaux d'agriculture étant, en Afrique Centrale, pratiqués exclusivement par les femmes;

6° Les cultures sont faites par les procédés et avec les instruments en usage dans les villages indigènes : on évitera soigneusement de laisser croire aux indigènes que les cultures nouvelles ou procédés nouveaux sont plus difficiles ou exigent un matériel coûteux ;

7° Chaque élève a l'usage d'une parcelle de 10 ares qu'il cultive à son profit exclusif et dont les produits lui seront achetés par le directeur de l'Ecole, au tarif fixé par l'Etat. L'appât d'un gain pécuniaire immédiat nous paraît le stimulant le mieux adapté à la mentalité du nègre centre africain, et nous en avons fait la base principale du projet. Il est certain que si les gamins de l'Ecole gagnent rapidement quelque argent, leurs parents et amis, qui ne manqueront pas de les visiter fréquemment et de demander ou voler les variétés de cultures nouvelles apprendront bien vite à perfectionner leurs cultures.

8° Au surplus, l'enseignement agricole se donnera aussi sous une autre forme, les dispositions nouvelles en matière de prestations, permettant aux commissaires de district d'exercer une pression sur les chefs et les notables et même sur les individus, pour répandre des cultures nouvelles ou développer des cultures existantes. Le succès remarquable du premier essai de cette méthode (culture du riz par les Arabisés du Congo Central) a prouvé sa grande valeur pratique ; on en est convaincu par l'empressement avec lequel l'indigène adopte des cultures nouvelles depuis qu'il est certain de pouvoir les vendre à bon prix.

Cette forme d'enseignement agricole est soumise à la visite répétée des cultures indigènes par des agronomes et des moniteurs indigènes attachés au service de l'agriculture. C'est donc une forme qui exigera un nombreux personnel européen : mais son efficacité est telle et ses effets sont si rapides, que la dépense est minime en proportion des résultats. La culture du riz est passée en un an par cette méthode, de 5.000 à 20.000 tonnes et nous a permis de ravitailler l'armée anglaise et le Congo français (1).

***

Nous craignons que les fermes-écoles installées ou projetées en A. O. F. n'ajoutent aux autres expériences du même genre une nouvelle déception. Il serait toutefois imprudent de porter un jugement provenant d'une généralisation hâtive. La diversité des races, de leurs aptitudes et de leurs mœurs, permettra peut-être à la ferme-école de donner sur certains points des résultats heureux. L'expérience de Nuatja, au Togo, avec une race de noirs intelligents et travailleurs comparés à d'autres races de l'A. O. F., paraît cependant assez concluante. Quelle sont les causes de cet échec ? Elles paraissent pouvoir se résumer ainsi :

1° Le noir rentré dans son village natal subit l'influence du milieu et reprend d'autant plus vite les

---

1. D'après le compte rendu du Congrès d'Agriculture coloniale. Paris, 1918.

habitudes de ses ancêtres qu'il a peu de besoins et manque souvent de prévoyance ;

2° Le noir, instruit à la ferme-école et revenu dans son village, est un isolé au milieu d'ignorants. Il n'a plus que sa case, son lougan et le matériel agricole qui lui a été donné. L'artisan du village est trop primitif pour lui être utile. Si la charrue ou la herse ne fonctionnent plus, si le joug du bœuf et le harnais du mulet sont détériorés, personne ne peut les réparer ; s'il a besoin d'une écurie pour abriter ses bœufs ou un mulet, d'un hangar pour rentrer son fourrage, personne ne sait les construire : si un bœuf est malade, il ne peut en emprunter ou en louer un autre ; si le bœuf meurt, il ne sait comment le remplacer. Le noir ne cultivera rationnellement que le jour où il sera placé dans un milieu social permettant une culture rationnelle.

3° L'indigène n'est pas sollicité par le commerce pour la vente de ses récoltes, sauf sur les points où les transports sont faciles. Une grande partie de l'A. O. F. échappe à l'action du commerce par l'absence de moyens de transports. L'indigène ne cultivera rationnellement que le jour où il sera certain, par une expérience répétée, de vendre sa récolte un prix rémunérateur, comme le fait existe déjà avec l'arachide au Sénégal.

4° L'indigène n'a pas, à proximité, une foire locale ou un bourg, où il est sûr de trouver ce dont il a besoin et de vendre à un prix connu ce qu'il ne veut plus. Si son bœuf ou son mulet a péri, comment le remplacer immédiatement, comment vendre rapidement celui qu'il ne veut plus garder ? Où acheter une pièce de rechange de harnais ou de herse, une charrue en remplacement de celle qu'il avait et les objets utiles à une petite culture, si modeste soit-elle?

On voit par là comment l'indigène renvoyé dans son village après une instruction agricole de plusieurs années dans la ferme-école, se trouve dans un isolement qui le [contraint en grande partie à vivre et travailler comme ses congénères.

La vie économique du paysan européen, si élémentaire soit-elle dans quelques cas, présente une certaine complexité. Il a à proximité une foire ou un bourg où il peut vendre une vache ou acheter un cheval ; il est sollicité de vendre à un cours connu et public par le courtier en grains, le marchand de bestiaux, etc... s'il le désire, il peut vendre directement et facilement les produits de son bien ; [en un mot il]a la facilité de monnayer tout ce qu'il possède et de se procurer auprès de nombreux commerçants tout ce qu'il désire. L'artisan de village est à sa disposition ; le maréchal-ferran[t] ferre son cheval ou son bœuf et a souvent quelques connaissances de médecine vétérinaire, le charron répare ou construit le tombereau ou la voiture à fourrage, le maçon construit un hangar, répare la maison ou l'écurie, le menuisier travaille pour lui, le ferblantier de passage répare les seaux, les arrosoirs, les ustensiles divers. Le paysan, même celui établi au loin dans la montagne ou dans la forêt, profite d'une organisation sociale complexe et de moyens de transports commerciaux. En A. O. F., l'élève de la ferme-école, revenu dans son village n'a pas les moyens d'un travail pratique et l'écoulement assuré de ses produits.

Le village-école

La solution qui paraîtrait logique et qu'on pourrait tout au moins expérimenter, n'est pas la ferme-école, mais le village-école, mettant les indigènes dans la situation qu'ils doivent définitivement occuper. Le village-école serait destiné à former dans le délai de huit à dix ans, un centre définitif de civilisation et de culture rationnelle. Les élèves sont, non pas des jeunes gens isolés, mais de jeunes familles, de jeunes noirs mariés, ayant une ou plusieurs femmes suivant les mœurs de la région. Ils sont installés comme fermiers avec leurs femmes et leurs jeunes enfants. Le missionnaire catholique ou protestant a sur eux une particulière autorité.

L'emplacement du village est choisi sur une voie ferrée ou sur un point du fleuve navigable presque toute l'année, et ré gulièrement desservi. L'eau potable et l'eau d'arrosage sont abondantes, la terre fertile, la population environnante assez dense afin de profiter de l'exemple et de permettre le développement de l'instruction agricole.

Il comprend une centaine de fermes de 20 à 40 hectares. Les constructions sont faites suivant un type à étudier, correspondant au climat, au mode de culture, à la vie indigène améliorée (1).

Chaque ferme comprend, au moins, la maison d'habitation pour l'élève noir, sa femme, ses enfants et un ou plusieurs auxiliaires ; une écurie, un hangar pour remiser le matériel, un hangar à récoltes, une pompe

1. On étudierait à cet effet l'organisation des fermes du Texas cultivées par des hommes de couleur.

ou une prise d'eau et les accessoires indispensables. Par groupe de 3 fermes existe la maison habitée par le moniteur de culture, européen ou noir, et au centre des fermes et à proximité d'une gare est le bourg habité par le directeur européen du village-école. On y trouve une école de garçons et une école de filles, un bureau de poste, un dispensaire où des conseils d'hygiène sont donnés, une salle de réunion, avec possibilité de faire des projections ou des représentations cinématographiques, une mission catholique ou protestante et tous les artisans européens ou indigènes utiles au fonctionnement du village : charrons, maréchal-ferrant, charpentier, maçon, couvreur, menuisier. ayant chacun deux ou trois apprentis. A proximité du bourg est une ferme d'essais de culture et de dressage d'animaux de trait.

Le bourg possède en outre une boucherie, une épicerie, un comptoir où les fermiers peuvent acheter à bon compte tout ce qui leur est nécessaire, et vendre avec certitude, à un cours connu, les produits de la ferme ; une auberge capable d'accueillir les européens de passage et les indigènes.

Le comptoir et les commerçants n'ont aucun monopole. Tout commerçant européen ou indigène peut commercer ou s'installer dans le bourg où des terrains sont réservés pour les constructions et sont vendus. Le directeur provoque au contraire la concurrence et le peuplement du bourg afin de faciliter l'écoulement des produits.

Le personnel européen est composée du directeur du village-école, du directeur de la ferme d'essais de culture, élevage et dressage d'animaux de trait, du missionnaire catholique ou protestant, d'un instituteur et

d'une institutrice européens, quatre femmes européennes
chargées du dispensaire, de l'enseignement ménager, et
du bureau de poste, des agents de commerce du comptoir. Les commerçants sont européens ou indigènes,
de même que les moniteurs de culture répartis entre les
fermes. Le village école comporte donc un groupement
de 5 à 600 habitants répartis sur environ 3.000 hectares.

Le directeur du village-école doit avoir des pouvoirs
de magistrat, comme les ingénieurs des services d'hydraulique agricole de l'Inde, et pouvoir infliger sans
appel des peines allant de un jour à un mois de prison,
principalement pour fautes dans la culture ; labours
superficiels, semis tardifs, mauvaise fumure, négli-
gence dans les soins du bétail.

Afin de mettre en jeu immédiatement l'intérêt personnel, l'élève fermier est locataire de la ferme dans
des conditions à étudier. Il travaille sous la surveillance
quotidienne du moniteur et paie son loyer sur le bénéfice de sa récolte. Il paie son ou ses jeunes auxiliaires.
Le fermier doit acquérir peu à peu, par son travail, le
matériel de culture mis à sa disposition : les instruments agricoles, le mobilier, les animaux de trait, etc.

Si, par sa conduite et son travail, il arrive, après
plusieurs années, à acquérir le train de culture, la
ferme lui sera vendue à tempérament. Ce sera une
famille instruite et définitivement installée. Le village
se développera alors par la création de nouvelles fermes
ou d'un centre voisin. On visera à la méthode de la
tache d'huile. Le succès d'un village-école provoquera
la création de villages voisins avec un personnel dirigeant beaucoup plus réduit.

En principe, le directeur cherchera à avoir le plus
tôt possible, non seulement une exploitation payante

par des cultures rémunératrices, mais encore à amortir les frais de premier établissement.

Le village-école ayant acquis, après une dizaine d'années, une autonomie suffisante par l'éducation agricole des indigènes et la vente des fermes, sera laissé aux indigènes, et le personnel européen, réduit à un seul agent sera utilisé dans les créations de villages semblables dans la même région, aussi peu éloignés que possible du premier de manière à suivre toujours la méthode de la tâche d'huile et à ne pas laisser sans surveillance le premier village.

On objectera peut-être, pour diverses raisons, que ce projet est utopique. Nous n'avons nullement la prétention qu'il soit définitif. C'est plutôt le schéma théorique permettant l'étude d'une application pratique. Devant l'échec de la ferme-école, nous avons cherché à en déterminer les causes et nous estimons que le meilleur procédé d'éducation agricole n'est pas de créer des écoles techniques élémentaires comme on l'a [pratiqué jusqu'ici, et qui sont bonnes seulement dans les pays civilisés d'Europe où l'élève peut utiliser les connaissances acquises dès sa sortie de l'école et dans sa famille.

Le Noir d'Afrique est un mineur qui a besoin d'une contrainte paternelle. La méthode d'instruction doit être différente. Ce n'est pas seulement la culture qui est à enseigner. On doit élever moralement l'indigène et le placer dans un organisme possédant les rudiments d'une vie civilisée. Cet organisme, c'est le village-école.

Certains diront que les sommes nécessaires à la création de semblables organismes sont trop élevées. Il n'est pas indispensable de créer le village-école tout d'une pièce. On utilisera un centre déjà existant ou bien on développera peu à peu le village nouvellement créé de manière à obtenir, après quelques années, le village type.

Le directeur sera moins un fonctionnaire que le directeur d'une vaste exploitation agricole dont il devra amortir le capital de premier établissement. En réalité, et au point de vue de l'intérêt général, ce capital sera placé à intérêts composés, si on considère que les villages-écoles augmenteront considérablement la richesse du pays en élevant le niveau moral des indigènes, en assurant leur éducation agricole, en décuplant le rendement de la terre et en augmentant par là même le rendement des impôts.

Il semblerait bon que le village-école créé par l'administration jouisse de l'autonomie financière, comme s'il s'agissait d'une entreprise privée et avec un mode de contrôle à constituer. Le gouvernement de la colonie avancerait le capital de premier établissement, en contrôlerait l'emploi et comblerait les déficits des premières années (1). On connaîtrait exactement le montant des frais engagés, les remboursements effectués et le bénéfice réalisé.

Le village-école ne doit pas être établi avec l'intention de cultiver principalement le coton, mais avec celle d'éduquer l'indigène dans une entreprise financièrement viable. La culture du coton étant triennale et n'exigeant ni installation spéciale, sauf la proximité d'une usine d'égrenage, ni instruments culturaux particuliers, il sera toujours loisible de la restreindre ou de

---

1. Le système belge consistant à confier fréquemment l'éducation agricole aux missionnaires catholiques ou protestants est incontestablement le plus économique et assure le continuité de la direction.

l'augmenter, au gré de la fluctuation des prix de vente,
sans autre dommage qu'une légère fluctuation dans son
assolement cultural.

La question de la charrue et des animaux de trait

Les résultats à attendre du village-école ou de la
ferme-école, sont lointains. Le petit nombre d'européens ou de noirs américains dont on disposera, sera
tel, par rapport à l'immense étendue du pays, qu'une
éducation agricole sérieuse sera nécessairement limitée
a une partie infime des vastes territoires de l'A. O. F.
La culture rationnelle ne sera peut-être généralisée
qu'après plusieurs générations.

En attendant, un progrès sensible serait obtenu, si
on arrivait simplement à remplacer par la charrue le
travail à la houe et le portage à tête d'homme par les
animaux de trait ou de bât. La charrue offrirait la possibilité de mettre en état de culture des étendues beaucoup plus vastes que par le passé sans augmenter le
nombre des ouvriers agricoles. On évalue de plus le
rendement des champs labourés à la charrue de un à
deux tiers plus élevé que celui des champs travaillés à
la pioche.

Les expériences poursuivies au Dahomey, au Togo,
en Nigeria et en Afrique Orientale durant plusieurs
années ont démontré que, même sous une direction
étrangère compétente, les indigènes n'apprennent pas
rapidement le maniement de la charrue ainsi que le
dressage des animaux de trait. Il semble qu'il leur
faille de nombreuses années pour arriver à ce résultat.

La difficulté d'introduire l'emploi de la charrue est

quelquefois telle que des experts du Comité colonial Allemand en Afrique Orientale estimaient que la charrue ne serait jamais adoptée par tous les indigènes.

D'une utilité pratique certaine serait l'enseignement par l'image. Des manuels populaires, composés d'images représentant la culture dans la colonie même, avec la charrue et autres instruments agricoles, faisant valoir les avantages de ce mode de culture, montrant la meilleure manière de dresser et de soigner les animaux de trait, contribueraient à propager un mode de culture rationnel.

Des missions agricoles, composées de cultivateurs européens et de noirs instruits, de mulets, de bœufs et de matériel agricole, pourraient séjourner quelque temps dans les régions où la population est dense et se livre volontiers à la culture.

Ces missions vendraient à un prix réduit des animaux de trait, du matériel agricole de toute sorte après en avoir montré l'emploi.

A côté des missions qui passent, il semblerait utile, dès que les moyens de transport seront suffisants, d'organiser des expositions de machines, instruments et objets usuels employés dans la culture, ainsi que les Allemands ont fait au Togo.

On ne se dissimulera pas que tous ces procédés d'instruction seront inefficaces s'il ne sont appuyés sur des institutions permanentes comme le village-école ou la ferme école. Ils seront considérés comme les moyens de propagande dans le voisinage de ces centres fixes d'instruction et de ravitaillement en animaux de trait tout dressés.

En même temps que la propagande à faire pour

l'emploi de la charrue, il convient d'étudier avec le plus grand soin et d'expérimenter les modèles variés d'outillage à utiliser d'après la nature différente des terrains dans les diverses parties de la colonie.

La charrue et l'outillage ne peuvent pas être ceux adoptés en Europe. Les animaux de trait de l'A. O. F. sont moins forts que ceux d'Europe et ne peuvent pas travailler aussi longtemps. De là découle la nécessité d'utiliser un matériel léger, rustique et bon marché, ne fatigant ni les conducteurs, ni les animaux (1).

Les régions côtières où les animaux de trait ne peuvent vivre à cause de la mouche tsé-tsé, sont limitées à la bande étroite de territoire qui longe le littoral de la Côte d'Ivoire, du Togo, du Dahomey, et à quelques rares régions de l'intérieur, sur les rives de certains fleuves. Le mulet et le bœuf peuvent être employés dans tout le reste de la Colonie.

Les Allemands avaient fait au Togo un effort mérire afin de répandre au plus tôt l'usage de la charrue. Le résultat fut médiocre. En vue d'éviter le retour des

1. Les labours que l'on pourrait effectuer actuellement en A. O. F. avec les bœufs indigènes, ne dépassent guère o m. 15 de profondeur. De l'avis des agronomes, le rendement serait bien supérieur si le sol était labouré plus profondément. Il est difficile d'augmenter la profondeur, car il faudrait atteler sur un instrument plusieurs paires de bœufs, ainsi que cela se passe sur les terrains argileux d'Europe; or, les conducteurs arrivent très difficilement à obtenir une traction simultanées des animaux; la formation des conducteurs est peut-être plus difficile que le dressage des bœufs. On en est réduit à employer des instruments légers traînés par un ou deux bœufs et répéter les façons culturales.

La période la plus favorable pour effectuer les labours en A. O. F. est celle qui suit la saison des pluies alors que le sol est encore frais et que la température peu élevée ne fatigue pas les animaux.

mêmes expériences, il n'est pas inutile de connaître leurs procédés

Les mesures suivantes avaient été prises : fondation d'un dépôt de charrues d'où la répartition des charrues et autres instruments aratoires de toute sorte, était faite entre les communes et les indigènes à leur compte, à moitié du prix de revient ; voyages de représentants du Comité colonial dans toute la Colonie pour y faire la propagande des charrues et enseigner aux indigènes la manière de s'en servir. On leur prêtait tout d'abord ces charrues, on leur en faisait cadeau plus tard lorsqu'ils avaient effectivement travaillé le sol avec elles. De plus, des primes de « charruage » en argent ou objets utiles, étaient accordées aux indigènes selon leur habileté dans le labourage à la charrue (1).

* *

Les tracteurs agricoles avec moteurs à essence et outillage mécanique permettent d'augmenter l'étendue des cultures, En principe, ils diminuent le prix de revient et effectuent des labours plus profonds.

L'usage des tracteurs est à encourager dans les exploitations européennes, mais il reste inutilisable dans les exploitations indigènes, où il ne pourra de longtemps éliminer les animaux de trait.

Plusieurs sociétés étrangères emploient dans leurs cultures de coton en Afrique Orientale, des treuils mus par des locomobiles. La vapeur et le pétrole sont malheureusement d'un prix trop élevé en A. O. F. Les tracteurs font de la besogne plus rapidement que les

---

1. D'après le rapport du Délégué allemand au 7ᵉ Congrès international cotonnier.

bœufs, mais les frais d'exploitation sont onéreux et l'emploi de ces tracteurs peut être rendu difficile par les canaux d'irrigation.

On notera toutefois que les tracteurs rendraient d'immenses services dans le premier aménagement des fermes en défrichant le terrain après désouchage, celui-ci étant pratiqué à la dynamite, comme dans la forêt canadienne, lorsqu'il présente des difficultés. Sur la plupart des terrains, un premier labour profond de 0 m. 30, assurerait la fertilité du sol pour plusieurs années (1).

* * *

Ce serait « mettre la charrue avant les bœufs » que de compter vulgariser l'usage de la charrue, si, auparavant, la question des animaux de trait n'avait reçu de solution. De l'abondance, du bon marché des animaux de trait, dressés au travail, dépendent avant tout l'usage de la charrue. Nous avons dit que depuis la fin des hostilités on avait distribué des charrues à des travailleurs indigènes de l'A. O. F. ayant séjourné en France, et

---

1. La guerre a démontré la nécessité de développer l'outillage mécanique en Europe. Les progrès qui résultèrent de l'effort plus grand fait par les savants et les industriels pour réaliser un outillage pratique, doivent profiter à nos colonies. Avant la guerre déjà, les agriculteurs des Etats-Unis avaient sur ce terrain une avance considérable sur ceux du vieux continent ; non seulement leur outillage mécanique leur permettait de cultiver 10 hectares de céréales à l'aide d'un seul ouvrier, mais ils étaient parvenus à employer des machines pour les opérations spéciales dans la culture arbustive, par exemple, celle du cotonnier, pour laquelle cet emploi semblait devoir rencontrer d'assez grandes difficultés. C'est ainsi que des résultats intéressants ont été obtenus dans la culture du coton à Taft's Ranch (Etats-Unis) (Communication de M. du Vivier de Streel au Congrès d'Agriculture coloniale de 1918).

qu'on n'était arrivé à aucun résultat sérieux. Pourquoi ? La routine, l'ignorance, l'attachement à des habitudes séculaires ne sont pas les seuls motifs de cette abstention. L'indigène n'a pas les animaux de trait dressés et adaptés aux machines qu'on lui donne. Aurait-il ces animaux qu'il ne saurait pas les soigner comme il convient.

Les bœufs indigènes, dont les diverses colonies de l'A. O. F. offrent des types très variés, n'ont jamais été assujettis au travail. Ils sont gardés en troupeaux dans les pâturages et souvent parqués. Il n'y a pas chez les animaux cet atavisme créé par des siècles de discipline. Souvent les bêtes sont rétives et le dressage est long. Il conviendrait peut-être d'étudier le croisement avec des taureaux d'autres pays comme le Texas, les Indes ou l'Afrique du Sud, en vue, non seulement d'améliorer la race, mais afin d'obtenir des animaux facilement dressables.

Le noir, à l'heure présente, est, sauf exception, incapable de dresser des bœufs. Ce dressage doit être fait sous la direction de cultivateurs européens particulièrement compétents, aidés de noirs intelligents, qui seraient leurs élèves. De bons valets de ferme sont tout désignés pour le dressage des bœufs et l'instruction des noirs (1).

Il est nécessaire d'améliorer le bétail, non seulement par le croisement, mais par une alimentation plus substantielle que celle des animaux de la brousse. Cette alimentation est indispensable en vue de combattre le dépérissement que provoque un travail pour lequel ce

1. Il a été démontré que le noir est présentement, non seulement incapable de dresser seul les bœufs, mais qu'un noir ayant appris l'usage de la charrue, conduit difficilement deux bœufs au lieu d'un. Or, de nombreux terrains réclament un attelage de 4 bœufs, en vue de labourer à une profondeur de o m. 25.

bétail n'a que de médiocres dispositions. Aussi la question des cultures fourragères est-elle liée à celle du coton à la fois pour l'assolement et en vue de nourrir convenablement le bétail. Pendant la saison sèche, le pays est souvent brûlé par le soleil et ne peut pas fournir la nourriture du bétail qui végète misérablement. On doit, durant la saison des pluies s'approvisionner en fourrages. Les cultures fourragères sont encore insuffisamment connues en A. O. F. (1).

Le mulet est plus employé que le bœuf dans les cultures cotonnières des États-Unis. Le mulet vit très bien et peut travailler en A. O. F. sur la plus grande partie du territoire. Il n'y a aucune raison de ne pas le propager et l'employer. Son dressage est plus rapide que celui du bœuf indigène. Il est possible que le développement de l'emploi de la charrue sur quelques points de l'A. O. F. dépende de la rapidité avec laquelle le travail au mulet deviendra usuel.

1. La Station de Richard-Tall obtint en 1913 des résultats satisfaisants au point de vue de la nourriture par des mixtures de mil, données en barbotage aux animaux, mélangés avec des aliments mélassés. L'A. O. F. est, par l'arachide, une grande productrice de matières grasses. Elle serait en mesure de fournir des tourteaux qui feraient une excellente nourriture. Les bœufs du Texas sont nourris en grande partie avec les tourteaux provenant des huileries, qui traitent la graine de coton.

CHAPITRE XI

SUR L'INTRODUCTION D'UNE MAIN-D'ŒUVRE ÉTRANGÈRE A L'A. O. F.

L'éducation agricole des indigènes paraît devoir demander l'effort de plusieurs générations et ce n'est pas en quelques années qu'on modifie les mœurs d'une race ou qu'on peuple une colonie, où de vastes territoires exploitables n'ont pas plus de cinq habitants au kilomètre carré. Cette insuffisance numérique est peut-être le plus grand obstacle au développement rapide du pays. Toutefois, il ne serait pas impossible qu'avec de la méthode et une organisation puissante on arrivât assez rapidement à des résultats probants.

La situation économique et financière de la Métropole ne permet pas d'attendre un demi-siècle ou davantage l'aménagement de ses colonies, surtout lorsqu'il s'agit d'une colonie voisine comme l'A. O. F., appelée à former nos Provinces du Sud. Alors se pose la question de l'immigration de populations étrangères à l'A. O. F., question délicate et controversée.

La plupart des personnages officiels et de nombreux Européens ayant séjourné dans la Colonie, ont posé en principe que la colonisation de l'A. O. F. ne peut être effectuée que par les noirs autochtones. Cette idée est résumée dans une formule un peu vulgaire, mais précise dans sa concision : « Il faut faire du nègre ».

Au projet d'introduire en A. O. F. une race étrangère, on objectera que l'Afrique est le pays du noir, que seul le noir est acclimaté et remplit les conditions physiologiques permettant de travailler dans ces régions. On ne manquera pas de faire valoir l'opposition possible des gouvernements des pays d'origine, le danger que présenterait l'introduction d'une race différente, les conflits avec les indigènes qui menaceraient la paix intérieure, les maladies nouvelles, les difficultés de toutes sortes provenant de la différence de langue, de mœurs et de religion. Autant les uns accueillent avec sympathie et sans examen sérieux toute idée nouvelle, autant les autres lui sont de prime abord hostiles. Cependant l'Amérique du Nord, l'Amérique centrale, l'Amérique du Sud, l'Australie, la Nouvelle Zélande, ont été peuplées avec des immigrants et on y rencontre des climats analogues et quelquefois plus durs que ceux de l'A. O. F. Les noirs africains eux-mêmes ne peuplent-ils pas le Sud des Etats-Unis, l'Amérique centrale, le Brésil ?

L'européen est mis par le climat hors d'état de cultiver la terre, et l'A. O. F. ne sera pas une colonie de peuplement européen. On remarquera cependant que dans la moitié nord du Brésil à climat tropical et équatorial, en Amérique Centrale et aux Antilles, les descendants des anciens planteurs blancs sont aujourd'hui parfaitement adaptés au climat et pourraient se livrer à un travail manuel s'ils ne disposaient pas de main-d'œuvre noire ou indigène. Les blancs vraiment acclimatés en A. O. F. seront ceux nés dans le pays à partir de la deuxième ou troisième génération. Mais là n'est pas la question puisqu'il s'agit d'introduire en A. O. F. une main-d'œuvre utilisable le plus tôt possible, c'est-à-dire éduquée et provenant d'un climat analogue au climat africain tropical. De plus, l'introduction de manœuvres serait loin d'être suffisante. On doit implanter dans le pays et dans les régions les plus propices et les moins habitées des familles d'immigrants faisant souche et attachées à la terre.

Les noirs des Etats-Unis installés en petit nombre en Afrique Orientale allemande, se sont très rapidement adaptés au climat. Par contre, les quelques essais de main-d'œuvre asiatique faits en Afrique avec les chinois et les annamites, n'ont pas donné satisfaction. Comme on le verra plus loin, ces essais ne démontrent nullement qu'une immigration asiatique est impossible, mais qu'il y faut de la méthode et de la patience.

L'A. O. F. représente près de huit fois la surface de la métropole et la colonisation partielle de certaines régions peu habitées ne présente aucun danger de conflit avec les autochtones. L'avenir des entreprises européennes, l'établissement même des européens, dépendront pour une bonne part de la quantité et de la qualité de la main-d'œuvre étrangère.

Cette colonisation ne doit pas être laissée au hasard. Dans ce pays encore barbare, elle est pour une bonne part subordonnée à l'établissement de l'outillage économique le plus indispensable : chemins de fer, routes, travaux d'irrigation permettant à l'immigré, fût-il asiatique, de vivre avec un minimum de confort. La famille de l'immigrant qui n'aurait pas une place assurée, un logement sain et toute l'aisance désirable, serait vouée à la misère, sinon à la mort dans un pays inorganisé. L'intervention administrative et celle de puissantes sociétés privées serait indispensable au début et des sacrifices d'argent à consentir.

Comme dans toute entreprise nouvelle et complexe

il y a une période de tâtonnements, d'échecs et de succès à traverser. Seuls ceux qui ne font rien ne se trompent pas. Les débuts seront modestes et serviront de sujets d'expériences. Après quelques années, on saura peut-être comment peupler les régions du Niger, à culture irriguée qui sont presque sans habitants et qui en réclament plusieurs millions.

Une société d'immigration subventionnée par la colonie et la Métropole, agissant en vertu d'une réglementation bien établie, sous le contrôle et avec le concours moral de l'administration, en rapport avec les chambres de commerce et les sociétés européennes, pourrait, semble-t-il, mener à bien une telle entreprise. Cette formule semble préférable à la création d'un service d'immigration au gouvernement général. Il faut, dans cette affaire, beaucoup d'initiative et de liberté. La liberté des fonctionnaires est entravée par des causes multiples. Il n'en va pas de même de celle d'une société privée, même si cette société est liée par des règlements ou des instructions administratives. D'autre part, la responsabilité du Gouvernement général ne serait pas engagée directement dans une entreprise complexe.

*
* *

Quelles sont les régions de l'A. O. F. où on pourrait dès maintenant procéder à des expériences probablement profitables ?

La zone d'irrigation du Moyen Niger où vont être exécutés les travaux de M. l'ingénieur Belime est presque inhabitée. Plus au Nord, la Compagnie de Culture cotonnière du Niger, installée à Diré a dû faire venir pour une bonne part, ses 5.000 indigènes du Mossi situé à une distance de 600 kilomètres. Cependant le pays est sain. Le Macina a un climat sec qui est peut-être celui de l'A. O. F., le plus convenable à l'Européen. La colonisation de ce pays semi-aride, à transformer par l'irrigation sur des milliers de kilomètres carrés, ne sera faite que lentement au fur et à mesure de l'aménagement hydraulique. L'Africain du Nord, le fellah d'Egypte, le Kabyle, le Marocain, peuvent très bien travailler dans le pays. Pour des raisons économiques et politiques, il semble qu'ils doivent être préférés aux noirs indigènes. La présence séculaire des Maures et des Touaregs originaires de l'Afrique du Nord, celle des Peulhs originaires de la Haute-Egypte, démontre déjà l'attirance de la boucle du Niger sur ces peuples.

Le succès d'un mouvement d'immigration provenant du Nord et de l'Ouest est subordonné à l'exécution du Transsaharien reliant le Sud-Oranais à la boucle du Niger. Il est démontré aujourd'hui que ce transsaharien peut être créé sans nécessiter des travaux d'art importants. Les missions automobiles et d'aviation, se succédant sans arrêt depuis 1923, ont fini par gagner au projet l'opinion publique et laissent espérer que dans un délai relativement court, on pourrait procéder à l'exécution.

L'introduction du fellah égyptien sur le Moyen Niger ne paraît pas chimérique. L'Egypte compte en effet quinze millions d'habitants entassés sur le Delta et l'étroite bande des rives du Nil. La densité moyenne, abstraction faite des surfaces désertiques et inhabitées, est de 300 habitants au kilomètre carré, une des plus fortes du monde. La population a presque triplé depuis un demi-siècle et est arrivée à ce point de saturation que l'émigration va devenir une nécessité. L'Egypte, pays agricole, n'est guère composée que de fellahs. La population des villes y forme une infime minorité. Aussi la terre atteint-elle des prix exhorbitants et il est courant de payer dans le delta l'hectare plus de 20.000 francs.

Jusqu'à une période récente le paysan égyptien s'estimait moins volé, moins maltraité par les fonctionnaires anglais que jadis par ses pachas. Mais ce temps n'est plus. L'enrôlement forcé de plus d'un million de fellahs dans l'Egyptian Labour and Camel transport Corps, les réquisitions de céréales et d'animaux domestiques, les contributions levées au profit de la Croix-Rouge, ont soulevé, durant la guerre, des colères qui ne sont pas éteintes et des rancunes qui n'attendent peut-être que le moment de s'assouvir. L'Orient souffre en silence, mais n'oublie jamais rien. On parle des frères, des enfants morts là-bas, en Palestine, par excès de fatigue ou par manque de soins. Il est vraisemblable qu'en offrant au fellah une existence plus large sur des terres bon marché et aménagées comme dans son pays d'origine, où il se livrerait aux mêmes cultures et notamment à celle du cotonnier, on parviendrait à créer, grâce au transsaharien, un mouvement d'immigration sur le Moyen Niger, qui, par cette voie ferrée, ne serait pas à une très grande distance du pays d'origine. Il n'est pas à craindre que le paysan égyptien émigre en nombre dans le Soudan égyptien, car si les soudanais exécrent leurs nouveaux maîtres, les Anglais, ils n'ont pas plus de sympathie pour leurs anciens maîtres, les Egyptiens malgré la communauté de religion et la similitude de langage.

Quant à la main-d'œuvre kabyle et marocaine, son emploi ne se ferait peut-être pas sans rencontrer quelque résistance des gouvernements de l'Afrique du Nord, parce ce qu'elle n'est pas nombreuse. Cependant les

Kabyles et les Marocains sont aujourd'hui utilisés dans l'industrie et l'agriculture de la métropole et leur présence n'est pas sans offrir quelque danger social et moral. Ils seraient sans doute mieux à leur place dans les cultures cotonnières irriguées du Moyen Niger.

Le peuplement de la zone d'irrigation du Moyen Niger et de la boucle du Niger par des Africains venus d'Egypte ou du Nord, présenterait un avantage politique : on installerait ainsi dans le pays une population de race blanche, plus proche de nous que les noirs, dont l'éducation agricole ne serait pas à faire, assimilable avec le temps et constituant les marches du monde blanc au cœur de l'Afrique. Le jour où le désert sera traversé par la voie ferrée, la présence d'une race blanche dans la boucle du Niger peut entraver l'utilisation des noirs dans l'Afrique du Nord et éviter les problèmes et les incidents causés par la présence des hommes de couleur comme aux Etats-Unis.

*
* *

Si la présence du paysan égyptien et de l'Afrique du Nord est possible et désirable dans le Macina et la boucle du Niger sur les confins de la Mauritanie et du désert, où le fellah retrouve un habitat analogue à celui de son pays d'origine et les mêmes cultures irriguées, notamment celle du cotonnier, il semblerait présentement aléatoire d'employer une autre main-d'œuvre que la main-d'œuvre noire au cœur même de la colonie.

Le comité Colonial allemand a regretté de ne pas avoir poursuivi avec plus de méthode l'utilisation de fermiers américains de race noire au Togo. Par contre il les a employés avec succès en Afrique Orientale. La zone de culture sèche du cotonnier en Haute Côte d'Ivoire étant maintenant connue et la construction de la voie ferrée Bouaké-Bobo-Ouagadougou poussée avec assez d'activité, il semblerait tout indiqué de faire venir des Etats-Unis des fermiers noirs auxquels une situation avantageuse serait réservée (1).

Le fermier noir américain est originaire d'Afrique et provient surtout des anciens marchés d'esclaves de l'Ouest africain. Son acclimatement peut être rapide et sa supériorité sur les autres indigènes d'un salutaire exemple. Son emploi, limité au début à quelques dizaines de familles, ne soulèvera pas d'opposition de la part des Etats américains intéressés, s'il est présenté comme une expérience utile ayant un champ d'action bien déterminé.

Si la question de la main-d'œuvre et de la désertion des campagnes ne se posait pas aujourd'hui avec une certaine acuité aux Etats-Unis, on pourrait même se demander si le Gouvernement de Washington ne verrait pas avec satisfaction le départ d'un grand nombre de noirs.

A ce sujet, et dès 1911, le délégué allemand au VIIIe Congrès International cotonnier, s'exprimait ainsi :

« Pour ce qui est de l'instruction de nos indigènes en
« Afrique, il faudrait peut être prendre en considéra-
« tion qu'on obtiendrait une extension plus rapide de la
« culture du coton si nous attirions dans nos colonies
« des noirs américains parfaitement instruits en théorie
« et en pratique. Le nègre originaire de l'Afrique est le

1. Voir ce qui est dit à ce sujet dans le chapitre : Passé et avenir de la culture sèche.

« propre facteur de la culture du coton aux Etats-Unis
« de l'Amérique du Nord.

« L'excitation inouïe qu'a causée en juillet dernier
« aux Etats-Unis, la victoire d'un champion noir sur un
« blanc, dans un assaut de boxe, jette une lumière crue
« sur le profond abîme que forme encore la question de
« race entre les habitants de couleur blanche et ceux
« de couleur noire dans l'Amérique du Nord. Il n'est
« pas nécessaire d'accepter trop sérieusement la pro-
« position radicale, conforme aux anciennes idées de
« Lincoln, que fait William P. Pickett dans son livre
« *The Negro Problem* : la création d'une émigration
« soi disant volontaire, subventionnée par l'Etat avec
« plusieurs centaines de millions de dollars en vue
« d'éloigner des Etats-Unis les dix millions de nègres
« qui vivent dans notre Grande Union ».

« Cependant, nous pourrions attirer facilement de ce
« fait, dans nos colonies, en Afrique surtout, un nombre
« limité de nègres américains intelligents ».

« J'ai relaté dans la *Deutsche Kolonial Zeitung* en
« 1908 les conversations que j'ai eues à ce sujet avec les
« deux célèbres leaders nègres, Le D\u02b3 Booker T. Was-
« hington et le professeur Dubois. Le succès que le
« Comité colonial économique a remporté dans la per-
« sonne d'un élève de l'institut nègre fondé à Tuskegee
« par Booker Washington, John W. Robinson, pendant
« les neuf années durant lesquelles il a contribué à l'in-
« troduction de la culture du coton au Togo, doit cer-
« tainement nous encourager à étudier cette question
« avec une plus grande attention (1). »

---

1. D'après le rapport de Moritz Shanz, délégué allemand au
VIIIe Congrès International cotonnier, Barcelone, 1911.

Le recrutement et le choix de quelques noirs américains serait facile. Mais si, en vue d'arriver à une progression rapide de la colonie, on visait à l'immigration de quelques milliers de familles, alors une organisation spéciale deviendrait nécessaire en vue de les adapter rapidement à un milieu différent et d'assurer leur établissement. Il est certain que si, dans une région déterminée, par exemple dans la région Korogho-Sikasso-Bougouni, le Gouvernement de la Colonie arrivait à créer, dès l'arrivée de la voie ferrée, un noyau de population de fermiers instruits et capables, ce serait un grand progrès sur la situation présente.

Une des méthodes de réalisation possible consisterait à faire subventionner par la colonie et l'Association cotonnière une société privée de défrichement, construction et aménagement de fermes cotonnières vendues isolément ou en groupe et à tempérament. Il n'est d'ailleurs nullement prouvé que l'achat de ces fermes pourvues d'une main-d'œuvre expérimentée n'intéresserait pas certains industriels du textile, français, belges, polonais, tchéco-slovaques. La vente à des industriels de pays amis et alliés aurait l'avantage d'attirer dans le pays un certain nombre d'Européens, qui contribueraient au progrès de la Colonie.

*   *   *

L'utilisation en nombre d'asiatiques formant un peuplement soit sur le Moyen Niger, dans la culture irriguée du cotonnier, soit en Haute Côte d'Ivoire, dans la zone de culture sèche, paraît présenter aujourd'hui de grandes difficultés. Les insuccès rencontrés en Afrique dans les rares expériences faites à ce jour, ont d'ailleurs créé chez les Européens de l'Ouest africain, un état d'esprit hostile à l'introduction d'une main-d'œuvre asiatique. Cependant, dans une colonie aussi vaste que l'A. O. F. il est des territoires côtiers où la présence de l'Asiatique est possible et aurait l'avantage d'augmenter l'effectif de la main-d'œuvre. Ce serait, par exemple, pour l'exploitation de la grande forêt sur la Côte d'Ivoire à proximité de la mer, où le développement des cultures du palmier à huile, du cacaoyer, du caféier, nécessite chaque jour une main-d'œuvre plus nombreuse qu'on ne trouve pas dans le pays et pour l'exploitation de la Basse Casamance pays fertile et d'avenir habité par des noirs proches de l'animalité et non éduquables.

Les objections faites reposent principalement sur les expériences suivantes :

Le Génie militaire a fait venir des Annamites employés à la construction du chemin de fer de Kayes à Bafoulabé. Ces immigrés se seraient montrés incapables de fournir un travail sérieux ; beaucoup seraient morts de maladies ; certains attribuent à leur présence l'apparition de la fièvre jaune. Finalement le résultat fut mauvais. Quand les travailleurs ont été répartis sur les chantiers, dans des conditions hygiéniques insuffisantes avec une nourriture à laquelle ils n'étaient pas habitués, la route de Kayes au Niger n'était autre chose que la brousse avec ses fatigues, ses privations et ses dangers. Les travailleurs n'avaient ni la nourriture, ni le logement, qui leur convenaient. Les Annamites sont souvent fragiles, petits et maigres. Ils auraient péri dans leur propre pays s'ils avaient travaillé dans les mêmes conditions.

Les Belges ont fait venir des Chinois au Congo, pour la construction du chemin de fer de Matadi. Ces Chinois ont déserté en partie dans la forêt tropicale où ils sont morts de misère. Quelques-uns ont traversé toute l'Afrique et on en a retrouvé trois années plus tard sur la côte du Pacifique, en marche vers leur pays d'origine. La cause principale de ces désertions était, paraît-il, que l'Administration belge avait omis de renvoyer dans la terre des ancêtres les corps de ceux qui étaient décédés. L'insuccès était causé par le manque de respect des croyances religieuses.

On a créé au Congo une Colonie pénitentiaire à l'usage des Annamites, qui n'a pas donné des résultats favorables Mais le climat du Congo est celui de l'A.O.F. sont très différents. Cet insuccès ne prouve pas qu'un bon résultat ne serait pas obtenu en A.O.F.

Les Anglais, vers 1905-1906, ont importé des milliers de Chinois dans les mines d'or du Transvaal où le travail est très dur. Le mineur travaille souvent à une profondeur de 300 à 600 mètres. La chaleur est torride. Les poussières et les écarts de température avec la surface sont une cause très fréquente de tuberculose pulmonaire. Les Chinois donnaient satisfaction, mais une longue et ardente campagne humanitaire fut menée en Angletere et au Transvaal contre cet emploi de la main-d'œuvre jaune. La direction des mines fut contrainte de la rapatrier.

Les quelques expériences faites jusqu'ici sont loin d'être concluantes. Elles prouvent seulement que l'emploi de la main-d'œuvre asiatique n'est possible que si l'on met le travailleur dans des conditions favorables d'hygiène, aussi bien morale que physique. Il n'a pas été fait d'expériences de peuplement avec des familles de jeunes cultivateurs. C'est là une entreprise qui ne peut être livrée au hasard et qui exige une étude approfondie et une méthode rationnelle. Toutes les formes de climat, du plus froid au plus chaud, existent en Asie ; les races y sont plus variées qu'en Europe. En très grande majorité, elles sont plus intelligentes et surtout plus travailleuses que le noir africain.

L'élément importé cohabitera-t-il sans heurt avec la population autochtone, étant donné qu'il n'y aura aucune communauté d'origine ni de religion et aucune similitude de mœurs ? D'abord l'immigrant sera installé sur la côte dans des régions où la population autochtone est peu nombreuse et les conflits ne seront guère à craindre. D'autre part, cet émigrant appartenant à une civilisation supérieure à celle du noir, il est vraisemblable qu'il se produira ce que l'histoire enseigne ailleurs à savoir, que si deux peuples de culture différente sont intimement mêlés sur un même sol, celui à civilisation supérieure finit par imposer ses mœurs. Nous avons l'exemple de l'Amérique du Sud, où des immigrants d'origine très différente ont pu s'établir et prospérer sans lutte avec la population autochtonne. D'ailleurs cette question est toute théorique et ne se poserait que si les immigrants étaient en nombre. Elle ne présente, à l'heure actuelle, aucun intérêt pratique.

N'oublions pas que l'A. O. F. a 3.900.000 kilomètres carrés et seulement 12 millions 1/2 d'habitants, que d'immenses territoires cultivables ont à peine 5 habitants au kilomètre carré. Les rives du Sénégal par exemple, sur un parcours de 900 kilomètres ont à peine 150.000 habitants. La région du Moyen-Niger où se fera la culture par irrigation sur une longeur de 500 kilomètres et une largeur allant de 50 à 250 kilomètres, qui peut devenir une des plus riches contrées du globe, n'a pour ainsi dire pas d'habitants.

Dans un pays aussi vaste et aussi peu peuplé que l'A. O. F. il y a place pour tous. Au lieu de heurts et étant donné la nature du noir, ne se produira-il pas plutôt un croisement des races?

L'objection venant de l'introduction possible de maladies nouvelles, est sans valeur. Des races diverses cohabitent dans les Indes anglaises et néerlandaises, la Birmanie et l'Indo-Chine. Les Japonais sont en Californie et dans l'Amérique du Sud. Avec une hygiène publique et privée suffisantes, l'immigration asiatique n'est pas plus dangereuse pour l'indigène que l'immigration européenne.

Une grande difficulté est de savoir d'abord quels immigrants conviennent au pays et au climat. Il faut en Afrique Occidentale des familles de jeunes agriculteurs attachés à la terre, travailleurs et pacifiques. On installera des familles de fermiers.

Le chinois qui émigre sur les côtes du Pacifique, dans les îles de l'Océanie, et jusqu'à Madagascar, devient rapidement un petit ou un grand commerçant. Il n'aime pas le traveil de la terre. C'est un homme d'affaires qui ne convient pas à l'A. O. F. Mais la Chine est un vaste monde, divers de race, de langue et de mœurs. La Chine seule est plus grande que l'Europe. Il existe en Chine des régions surpeuplées d'agriculteurs attachés à la terre. C'est une étude à faire, une méthode à adopter. La question est simplement posée.

Le Ferghana et certaines provinces du Turkestan où on cultive principalement le coton, possèdent une population dense. Or, le natif de l'Asie Centrale est un ouvrier agricole idéal et le climat du Ferghana a quelque ressemblance avec celui du Soudan.

Il y a entre l'Hindou le Malais et le noir, au point de vue physique, une certaine affinité de race. L'Hindou est supérieur au noir. Les Hovas de Madagascar, d'origine malaise, font la richesse du pays. Aucune expérience n'a démontré jusqu'ici que les hindous et les noirs ne pourraient pas cohabiter et même fusionner.

Le paysan japonais est un excellent agriculteur qui, dans son pays, fait rendre le maximum au petit lopin de terre qui lui est échu. Le Japon est surpeuplé. Une notable partie de la population est contrainte d'émigrer. Une modeste expérience d'immigration japonaise en A. O. F. sous forme de création de quelques villages, dans un lieu à déterminer, présenterait de l'intérêt, principalement au point de vue de l'acclimatement et de la capacité de travail agricole sous le climat africain. Des Japonais cultivent déjà le coton en Asie. Ils se sont adaptés au climat tropical.

Les indigènes de Malaisie et de Java sont d'excellents cultivateurs qui ne craignent pas d'émigrer et qui commencent à être utilisées en Nouvelle-Calédonie par des Sociétés françaises agricoles. Ces indigènes trouveraient en Guinée un climat semblable à celui de leurs pays d'origine (1).

L'idée d'une immigration asiatique en A.O.F. ne va pas sans rencontrer des contradicteurs intransigeants. Sur quels faits positifs se basent-ils puisqu'aucune expérience sérieuse n'a été faite à ce jour ? L'immigration n'existe-t-elle pas dans tous les pays neufs dont la mise en valeur est commencée ? En A. O. F. devant une population mineure, la question se pose peut-être autrement

---

1. Le comité de l'Asie française à Paris serait peut-être désigné pour étudier la question d'une émigration asiatique et indiquer les solutions possibles.

qu'ailleurs. Elle se pose quand même avec autant de force.

Nous sommes devant la nécessité de mettre en valeur un immense pays où l'européen ne peut pas travailler manuellement. On n'aboutira pas sans une main-d'œuvre suffisamment nombreuse et éduquée. A ce point de vue, nous savons ce que vaut le noir et combien longue sera son éducation. Quelle autre solution que de chercher ailleurs la main-d'oeuvre complémentaire augmentant l'effectif général ?

Il est incontestable que les difficultés sont grandes, mais ce n'est pas une idée chimérique. Le recrutement, le transport, l'acclimatement, l'établissement de populations à mœurs et traditions différentes, nécessitent de la persévérance, de la méthode, une organisation spéciale, l'appui de l'administration : ces difficultés ne sont pas insurmontables (1).

Pour répondre en un mot à toutes les contradictions remarquons que nous ne proposons pas l'introduction de la main-d'œuvre asiatique dans l'intérieur du pays, mais uniquement sur la côte et en choisissant exclusivement des familles de travailleurs agricoles.

1. Il est certain qu'une entreprise comme celle-ci exigerait de l'esprit de suite durant de longues années. C'est pourquoi il semblerait préférable qu'elle soit confiée à une société privée subventionnée par le gouvernement général, indépendante des changements de personnes et de méthodes qui se produisent dans le personnel administratif. A titre de simple indication et sous réserve d'une étude sérieuse, les recettes pourraient provenir : 1° de subventions ; 2° de commissions perçues auprès des entreprises européennes auxquelles la société procurerait la main-d'œuvre; 3° des contrats avec les immigrants, qui dans un délai plus ou moins long, devraient rembourser une partie des frais de transport et autres ; 4° de la vente à tempérament d'exploitations aménagées par la société à laquelle des terres auraient été concédées gratuitement par le Gouvernement de la Colonie.

CHAPITRE XII

LES EUROPÉENS EN A. O. F.

1° Les Européens et l'Aclimatement.
2° Le Capital à engager par l'Européen.
3° L'Instruction et les connaissances techniques de l'Européen

Il est admis par tous ceux qui ont parcouru l'A. O. F.
et étudié la Colonie, que la mise en valeur de ce pays
riche et demi-sauvage et l'élévation à un degré social
supérieur d'indigènes primitifs, ne pourront être obtenues sans la présence et l'autorité de nombreux Européens, hommes et femmes.

L'Européen, par son industrie, par ses machines,
pourvoira aux besoins généraux que l'indigène n'assure
qu'avec beaucoup de temps et de peine en travaillant à
la main ; fabrication de graisses végétales et d'huiles,
décorticage du mil et du riz, égrenage du coton, débi-
tage du bois, etc... Il enseignera l'usage des animaux
de trait, supprimera le portage à tête d'homme. Son
esprit inventif lui fera vite trouver le matériel le mieux
adapté à l'indigène et au sol, depuis la simple brouette
et les outils à main jusqu'aux machines plus complexes.
Les entreprises européennes pourvoieront au débroussement, désouchage et défrichement par tracteurs sur les
nouvelles exploitations.

S'il est exact, comme le Comité impérial britannique
l'a prétendu, que la culture du coton devait être pen-

dant longtemps pratiquée exclusivement par les cultivateurs locaux ou une race adaptée au climat, il n'en est pas moins vrai que la méthode employée depuis vingt-cinq ans en A. O. F. n'a pas donné de résultat.

Il ne s'agit nullement de déposséder brutalement l'indigène, mais, au contraire, de l'élever progressivement du collectivisme à la notion de la propriété privée. Par ailleurs, il existe assez de terres vierges en A. O. F. pour faire une large place aux entreprises européennes.

La présence de l'Européen en A. O. F. soulève de nombreux et importants problèmes, notamment celui de l'acclimatement, du capital à engager, des connaissances techniques indispensables dans un pays si différent et de l'utilité de la femme européenne.

*
* *

Une objection apparemment grave à la présence des Européens en A. O. F., c'est le climat. Ces pays chauds, à variation brusque de température dans certaines régions comme le Soudan, où l'alimentation durant la période d'acclimatement doit se rapprocher de celle d'Europe, n'est pas sans présenter quelque danger pour les tempéraments débiles. Cependant, il ne faut pas exagérer ce danger, et il est établi maintenant que les jeunes gens partant dans ces colonies, s'ils y vivent de façon sobre et régulière, évitent les accidents que nous redoutons.

En un mot, les excès, de quelque nature qu'ils soient, préjudiciables à la santé dans nos pays tempérés, deviennent dangereux dans les pays chauds.

Les premiers soldats et les premiers explorateurs, qui faisaient de véritables raids dans des conditions très dures, manquant souvent du nécessaire, dans un pays sans routes, sauvage et hostile, devaient être des hommes de vingt-sept ans au moins, rompus aux fatigues. Il n'en est plus de même lorsqu'il s'agit de jeunes gens à envoyer dans des exploitations agricoles. L'expérience, déjà ancienne de la Compagnie Française de l'Afrique Occidentale a montré que des jeunes gens de seize à vingt ans s'acclimatent souvent mieux physiquement et moralement que des hommes faits.

Le général de Trentinian remarquait justement, il y a plus de vingt ans, que si les jeunes gens vivaient en France dans les conditions d'isolement moral, de privations et d'insalubrité qu'ils subissaient alors en A. O. F. ils tomberaient malades dans un lieu comme dans l'autre.

L'A. O. F. a inexactement la réputation d'un climat peu sain. l'Afrique de l'Ouest, du Tchad à Dakar, de Tombouctou au Cameroun, est aussi grande que l'Europe. Si les climats de l'A. O. F. comportent des différences moins accentuées que sur notre continent, il n'en est pas moins vrai que ceux-ci sont variés. L'équateur thermique ne correspond pas à l'équateur géographique. Les parties les plus chaudes longent le fleuve Sénégal et comprennent le Nord du Soudan où la chute des pluies est inférieures à o m. 5o. C'est au Sénégal, sur l'Equateur thermique, que les Français se sont établis tout d'abord, et le climat de ce pays, quoique l'européen y vive bien, a fait inexactement la réputation de tout le reste de la colonie.

D'autre part, notre établissement au Dahomey et à la Côte d'Ivoire a nécessairement débuté sur les côtes incultes et fièvreuses et la pénétration, se heurtant à la forêt équatoriale, ne s'est faite que lentement.

Une partie très importante de l'A. O. F. jouit d'un climat relativement tempéré, sauf durant trois mois de l'année. En général, l'européen peut s'établir et diriger sans danger une exploitation agricole avec un personnel d'indigènes. Rien ne prouve d'ailleurs qu'après une période d'acclimatement et d'adaptation plus ou moins longue aux conditions locales, l'européen ne pourra pas séjourner constamment dans la Colonie. (1)

Les montagnes du Fouta-Djalon en Guinée, celles de l'Atakora au nord du Dahomey, donnent, par leur altitude même, un climat sain et doux où l'Européen peut vivre dans les meilleures conditions. La plus grande partie de la Côte d'Ivoire, au delà de la forêt, à environ 200 kilomètres de la côte et jusqu'au 11ᵉ degré de latitude, a une chute annuelle de pluies allant de 2 mètres à 1 m. 25, un climat salubre et tempéré à faibles variations, sauf pendant trois mois de l'année. Il est à remarquer que les parties les plus saines sont précisément celles où il n'y a pas d'européens parce que l'absence de voies ferrées les rend inaccessibles au commerce ou à une culture rationnelle.

Le Soudan occidental est relativement salubre. Son climat n'a rien qui caractérise le climat dit intertropical, c'est-à-dire une chaleur élevée, constante et un air en toutes saisons plus humide que dans les régions tempérées. L'air est sec la majeure partie de l'année. Durant la saison froide du 1ᵉʳ novembre au 1ᵉʳ mars, le ther-

1. Il existe de nombreux exemples de missionnaires catholiques ayant passé une longue existence en A. O. F. sans revenir en Europe. Il est même démontré qu'à la rigueur l'Européen pourrait se livrer au travail agricole dans le Macina où nous proposons l'introduction de fellahs égyptiens.

momètre descend à 10° et parfois 8°. Dans la journée la température est d'environ 30°. Pendant la saison chaude de mars-mai la moyenne des minima à Ségou est de 23°4, celle des maxima, 41°. Le paludisme y est rare et ne revêt pas les formes graves. Il n'est que trop vrai, dit M. Bélime, que l'ennemi le plus dangereux de l'Européen est l'état barbare, inorganisé de cette colonie. L'absence de voies de communication, de moyens de transport confortables, de logement, de nourriture substantielle et des accessoires indispensables à la vie du civilisé, n'est pas un obstacle invincible. Ce sont les privations et les fatigues qui ouvrent le champ aux maladies et l'on peut prédire sans crainte d'erreur, ajoute M. Belime, que toutes les commodités qui suivront en cortège la mise en valeur du pays, seront les facteurs les plus décisifs de sa salubrité (1).

Il serait du plus haut intérêt que les européens installés dans la colonie puissent y vivre en famille, ce qui n'est pas généralement le cas aujourd'hui. Si l'Européen vit avec sa femme et ses enfants, il sera moins attiré par

1. Il faut disposer de fonds importants pour voyager en A. O. F. avec le minimum de confort. Au point de vue voyages et tourisme, le pays est à outiller complètement avec des hôtels à construire ailleurs que dans les 5 ou 6 grands centres. En attendant, les commandants de cercle pourraient être en mesure d'assurer le logement, la nourriture et les soins médicaux aux européens de passage à un prix connu d'avance, ne grevant pas leur budget malheureusement réduit, et leur laissant même un bénéfice. L'initiative prise par la Compagnie Transatlantique qui organise des voyages collectifs dans l'Afrique du Nord, serait utilement suivie en A. O. F. Le premier soin des Allemands après avoir relié la côte au lac Tanganyika en Afrique Orientale, a été de construire un luxueux palace sur les rives du lac. Un guide du voyageur en A. O. F. avec l'indication d'itinéraires variés, des moyens de se loger et de se nourrir, des prix demandés, etc... serait utilement publié d'après les renseignements fournis par l'Administration.

la Métropole et n'éprouvera pas le besoin d'y revenir aussi souvent. Il en ressortira en outre un avantage moral de la vie en famille.

Il y a très peu de femmes européennes en A. O. F. Elles ont cependant un rôle important d'éducatrices à remplir parmi les populations indigènes. Elles déploieront leur activité et leurs aptitudes dans les œuvres d'assistance, hôpitaux, dispensaires, œuvres d'enfants, administrations publiques et privées, exploitations et maisons de commerce.

Le relèvement moral et social de la femme indigène peut être l'œuvre, longue il est vrai, de la femme européenne.

Pour cela, une des premières conditions à remplir est que les relations avec la Métropole soient faciles, rapides, nombreuses, économiques. Alors la colonie soudée à la Métropole n'aura plus l'apparence d'une terre d'exil et l'A. O. F. sera habitable pour les femmes et les enfants qui peuvent très bien s'y acclimater.

II. — Le capital à engager par l'Européen

Il existe déjà un assez grand nombre d'entreprises agricoles européennes en A. O. F., la plupart toutes récentes et datant d'après-guerre (1). On commence à rencontrer des planteurs dans les diverses régions intérieures atteintes par la voie ferrée. Ce mouvement, à

---

1. Citons seulement la Compagnie de culture cotonnière sur le Niger à quelque distance sud de Tombouctou, les plantations Delage à Diamou, Devès Chaumet, Delmas, les cultures de cacao de la maison Gaston Menier sur la Côte d'Ivoire, la Cotoa au Togo, le Consortium des Compagnies françaises de Chemins de fer pour l'exploitation des bois sur la Côte d'Ivoire, une cinquantaine de plantations de cacaoyers, caféiers, ananas, bananes, réparties en Côte d'Ivoire et Guinée, etc.

peine amorcé qui démontre la nécessité dans la Métropole de s'approvisionner aux colonies, semble appelé à
se développer rapidement.

De quel capital faut-il disposer pour créer une entreprise agricole aux colonies ? C'est une question qui est
souvent posée et à laquelle il n'est pas aisé de répondre.
Néanmoins il est permis de fournir des indications qui
montreront aux futurs planteurs que la nécessité d'un
crédit important s'impose absolument. La culture du
coton par irrigation, telle qu'elle commence à être entreprise sur le Niger, exige outre le défrichement, des travaux de nivellement longs et coûteux, l'établissement
de rigoles, la plantation de rideaux d'arbres protecteurs
du vent, etc. En Guinée et en Côte d'Ivoire, les cultures de cacao, de caoutchouc, de café, de tabac, de
kola, d'ananas, etc., ne peuvent être aménagées sans
une mise de fonds importante.

En admettant que des fermes cotonnières semblables
à celles du Texas soient installées dans la Haute Côte
d'Ivoire, et exploitées par des noirs américains, l'aménagement d'un groupe de fermes de 3o à 6o hectares, à
une distance maxima de 5o à 6o kilomètres de la voie
ferrée et exploitées dans leur ensemble sous direction
européenne, nécessiterait vraisemblablement une mise
de fonds variant entre 5oo et 1.ooo francs l'hectare, non
compris la viabilité faite par la colonie.

On m'objectera, dit M. Fauchère (1), qu'il existe des
colons agriculteurs qui ont réussi, avec très peu de fortune ; que quelques-uns ne disposant d'aucun capital,
ont créé des plantations prospères. C'est exact, mais ce
sont là des exceptions rares et les hommes qui en sont

1. L'exposé qui suit est emprunté en majeure partie à M. Fauchère, *Guide pratique d'agriculture coloniale*, t. I. Paris, 1918.

les auteurs, ont donné des preuves d'énergie les rendant dignes de toute notre admiration. Néanmoins ces
exemples ne sauraient nous faire perdre de vue la nécessité absolue de disposer de sommes considérables pour
créer des exploitations agricoles dans les colonies nouvelles.

Il y a quelques années, par suite d'une méconnaissance des exigences de l'agriculture tropicale, les gouvernements de certaines de nos possessions extérieures
encouragaient l'immigration des colons pauvres, desquels on n'exigeait que la possession d'un avoir de
5.000 francs. Ce système a conduit à des mécomptes.

L'introduction de colons pauvres se comprendrait
dans des colonies dites de peuplement où l'européen
pourrait travailler manuellement à la culture. Ce n'est
le cas dans aucune de nos possessions de la région tropicale. Dans ces pays, l'homme blanc ne peut travailler
la terre, il doit se confiner dans un rôle d'éducateur et
de directeur, qui ne lui laisse aucune chance de réussir
s'il n'est soutenu par des moyens financiers puissant s

Envoyer des colons peu fortunés dans ces contrées
c'est les vouer à une vie misérable et à une mort prématurée certaine.

Dans les colonies, l'européen a besoin d'un grand
confort entraînant fatalement des dépenses lourdes. Il
est de plus indispensable que périodiquement il revienne
en Europe se reposer et se refaire, ce qui suppose des
moyens financiers importants, car, non seulement il
faut tenir compte des dépenses de voyage, de séjour
en Europe, etc..., mais encore envisager la nécessité
d'un double personnel qui rende possible ces déplace-
ments.

Il est nécessaire enfin de songer que presque toutes

les cultures des régions tropicales demandent un long temps avant d'entrer en production et qu'il faut pouvoir vivre et dépenser en attendant la première récolte. Cette situation s'aggrave encore des aléas qui s'attachent à toutes les créations dans les pays nouveaux.

Pour toutes ces raisons j'estime, dit M. Fauchère, que l'agriculture tropicale nécessite impérieusement la mise en œuvre de beaucoup de capital, dont il est d'ailleurs impossible de fixer le montant.

Souvent, en outre, la nécessité d'industrialiser sur place les produits de la culture, vient encore augmenter le besoin de moyens financiers puissants.

L'agriculture tropicale envisagée dans le sens large de la mise en valeur des colonies, ne peut être faite avec fruit que par des particuliers riches, ou mieux, par des sociétés puissantes pouvant supporter les aléas inhérents à toutes les entreprises dans les pays nouveaux et donner à leur personnel européen des rémunérations suffisantes, permettant d'exiger de lui les connaissances, l'activité, la moralité indispensable pour la réussité des affaires.

La secret de la prospérité des sociétés qui se livrent à l'agriculture tropicale dans maints pays étrangers : Ceylan, Java, Malacca, Iles Hawaï, Antilles, etc... réside indiscutablement dans l'importance des capitaux dont elles disposent. La « United Fruits Cº » qui fait la culture et le commerce de la banane dans les Antilles et le centre Amérique, est au capital de plus de 200 millions de francs. Le capital de la firme « Level Brothers », qui cultive et industrialise les oléagineux dans toutes les colonies anglaises et dans quelques colonies françaises, dépasse 500 millions de francs. Les sociétés anglaises pour la plantation des caoutchoucs à Java,

Malacca, Ceylan disposent d'un capital supérieur à deux milliards de francs et certaines d'entre elles sont puissamment riches.

Il en est de même des plantations de théiers à Ceylan, qui ont toutes de grands moyens financiers, comme d'ailleurs la plupart des exploitations sucrières de Java, des Antilles, des Iles Hawaï, etc. Dans ces dernières, certaines plantations qui produisent jusqu'à 20 ou 30.000 tonnes de sucre annuellement, représentent un capital énorme. Les plantations de théiers à Ceylan sont à un capital minimum d'un million de roupies (1).

1. Voir A. Fauchère, inspecteur principal d'agriculture coloniale, *Guide pratique d'agriculture coloniale*.

L'industrie textile allemande n'avait pas hésité à s'intéresser directement à la culture du coton dans les colonies. C'est ainsi que la Leipziger Baumvolle Spinnerei s'assurait en 1907, 60.000 hectares de terrains sur le territoire du Lac Victoria et la Maison Heinrich Otto à Reichenbach en Wurtemberg, 20.000 hectares dans la même région. Un groupe d'industriels mettait en exploitation 4.000 hectares dans le district de Kilwa, au Sud du Deutsch Ost Africa. D'autre part, le Compagnie de Chemin de fer de Dar-es-Salam, à Morogora, commençait à cultiver le coton. A la veille de la guerre, on préparait la culture par irrigation dans la plaine alluviale du Bénoué, au Cameroun. On comptait, en 1909, les entreprises suivantes dans l'Afrique orientale allemande : 17 plantations d'une superficie d'environ 2.000 hectares plantés en coton ; 24 plantations à culture mixte, la superficie réservée au coton étant d'environ 3.200 hectares ; 12 plantations d'environ 85.000 hectares. Le coton y était réservé sur 10 o/o des terrains et les cotonniers couvraient 6.000 hectares en 1909.

L'industrie textile anglaise a établi en Nigeria et surtout en Afrique Orientale un certain nombre de sociétés de culture de coton. La seule association britannique pour la culture du coton avait, en 1911, les compagnies subsidiaires suivantes opérant en Afrique : La « British Cotton Ginning Cᵒ » (Capital 2.500.000 fr. en 1911), la British East Africa Corporation (Capital, 2.500.000 fr. en 1911), the East Africa Cotton Syndicat (Cap. 875.000 en 1911), la Rhodesia Cotton Cᵒ (cap. 750.000 fr. en 1911) Thorne Ltd, (cap. 250.000 fr. en 1911).

Rien d'approchant n'existe encore en A. O. F. où les nouvelles exploitations agricoles européennes représentent un capital relativement minime et où jusqu'ici la culture indigène paraissait seule devoir être encouragée. Un progrès très rapide est cependant constaté depuis 1922.

III. — L'instruction et les connaissances techniques de l'Européen

Ainsi que nous venons de le voir, il est la plupart du temps désastreux d'entreprendre une culture tropicale si on ne dispose pas d'un capital suffisant pour créer l'exploitation et attendre quelquefois plusieurs années des rendements rémunérateurs. Le capital lui-même est insuffisant s'il n'est utilisé par un personnel européen de techniciens, ingénieurs et agronomes connaissant à fond les diverses cultures tropicales.

En matière cotonnière, les Etats américains sont le meilleur terme de comparaison. On verra par leur exemple combien nous sommes éloignés d'une organisation rationnelle. Certains observeront que les conditions de milieu sont très différentes aux Etats-Unis et en A. O. F. et que la comparaison ne présente pas d'intérêt pratique. Il est clair que les méthodes employées ne seront pas les mêmes. Ces dernières ne sont pas non plus uniformes aux Etats-Unis. Alors que la majeure partie du Texas, habitée par des noirs d'origine africaine, a un climat et un sol qui rappellent certaines parties du Soudan méridional, d'autres états cotonniers ont au contraire un climat plus tempéré. La culture est enseignée et pratiquée différemment dans chaque région.

Le développement des méthodes perfectionnées de culture aux Etats-Unis révèle l'esprit de l'époque où vivent les cultivateurs de coton, qui sont en majorité des fermiers noirs. Les Etats de la zone cotonnière ont fondé des collèges dans un but d'éducation scientifique et de recherches. Cette facilité offerte aux intéressés de s'instruire, s'est répandue rapidement dans les divers Etats où une instruction semblable est donnée et où se fait une application pratique des principes scientifiques. Quoique les fins que l'on s'efforce d'atteindre dans le développement de l'agriculture ne puissent être représentées par une formule mathématique, il n'en est pas moins vrai que les études entreprises ont produit des résultats avantageux : elles ont assuré une production uniforme qui n'est influencée que par les intempéries et les conditions climatériques.

La sélection scientifique des semences assure maintenant des variétés régulières et durables, sans lesquelles la culture est impossible ; et la culture appropriée et scientifique faite au moyen d'instruments perfectionnés, permet à la plante de rester saine et de croître régulièrement jusqu'à la période de fructification. Les expériences ont démontré que l'application d'une méthode convenable a pour résultat de faire retenir les fruits par la plante jusqu'à leur complète maturité au lieu de les lui faire rejeter ; enfin le fermier qui s'instruit sait maintenant de quoi son sol a besoin pour nourrir la plante, ce qu'il doit faire pour empêcher une croissance excessive, pour hâter la maturité et augmenter le rendement des champs (1).

Les « Agricultural and Méchanical Colleges » créés

1. D'après le rapport ce M. A. S. Terrill, délégué américain au VIIIe Congrès international cotonnier. Barcelone, 1911.

depuis 1862, entretenus par les divers Etats, avec subvention du Gouvernement fédéral, sont des écoles secondaires offrant à des jeunes gens de 14 à 18 ans, au
moyen de cours durant de deux à trois ans, l'occasion
de perfectionner leurs connaissances agricoles. L'instruction et la pension sont très fréquemment gratuites,
car il est mis à la disposition de chaque comté et ville
dans l'Etat, un nombre déterminé de places gratuites.
Le collège de Clemson (Caroline du Sud) ne compte
pas moins de 700 élèves et possède en outre une section
textile spéciale. Les frais de ces établissements sont
couverts en majorité par les contributions d'Etat perçues pour l'analyse chimique de l'engrais commercial,
imposée dans tous les Etats cotonniers et dans quelques
états du Nord. Ces établissements ne sont destinés en
général qu'aux blancs, mais il existe également des établissements analogues pour les gens de couleur (1).

A noter aussi les « Agricultural Experiment Stations »,
fermes d'essais, appartenant à l'Etat, dont la première
fut créée en 1875 dans le Connecticut et qui, de concert
avec les écoles d'agriculture, ont été installées depuis
1886 dans presque tous les Etats. Leur entretien est
payé à peu près par moitié par le Gouvernement fédéral
et par l'Administration des divers Etats. Dans les Etats
cotonniers, il y a des fermes spéciales pour essais de
coton, succursales des instituts agricoles et suivant la
diversité des terres, il y a dans un seul Etat plusieurs
de ces fermes. Elles comptent de 200 à 300 acres environ, soit une centaine d'hectares. Elles sont cultivées
par des journaliers ou parfois aussi par des forçats, et
dépendent d'un expert nommé par le Gouvernement

1. On cite particulièrement celui de Houston (Texas) et l'Institut normal et industriel de Tuskegee (Alabama).

qui, joignant ses connaissances théoriques à sa pratique
du pays, aide à obtenir les meilleurs résultats possibles.
On cultive, outre les fèves, le maïs, le sorgho, les légumineuses, etc... des espèces variées de coton. Certains
établissements suffisent complètement à leur entretien
grâce à leur propre production. Depuis 1888, le ministère de l'Agriculture à Washington possède une subdi-
vision spéciale pour stations d'essais, qui les tient sous
contrôle, collectionne et classifie leurs diverses expériences.

Le bureau de « Plant Industry » et le Bureau de
« Biological Survey », deux autres subdivisions du ministère de l'Agriculture, sont les centrales scientifiques
pour toutes les études et expériences concernant la
sélection de la semence, les améliorations des qualités
et de la culture en général, les moyens à employer pour
combattre les insectes nuisibles et les maladies de la
plante cotonnière (1).

* * *

La France, depuis un demi-siècle, a plus que décuplé
son patrimoine colonial. Cependant, à part l'Ecole coloniale destinée au recrutement des fonctionnaires coloniaux et l'Ecole de Nogent-sur-Marne (Jardin Colonial)
qui forme en petit nombre des fonctionnaires de l'agriculture coloniale, rien n'avait été fait avant 1907 pour
provoquer et encourager les vocations coloniales.

Cette constatation amena un négociant du Havre,
M. Ch. Marande, à fonder en 1907, au Havre, marché
cotonnier français, en s'inspirant surtout de la pratique
des affaires, une Ecole d'apprentissage colonial.

1. D'après le rapport de M. Moritz Shanz de Chemnitz au Congrès International du coton, 1908.

La caractéristique du cours de productions coloniales de l'Ecole, réside dans l'esprit pratique dont est imprégné ce cours : de fréquentes visites sur les quais, aux docks, dans les magasins publics, chez les courtiers, négociants et industriels, mettent les élèves au milieu même de la réalité. De même que l'expérience a fait constater les inconvénients d'une monoculture, si productive soit-elle, de même elle a fait ressortir la nécessité de ne pas limiter à une spécialité les connaissances du futur colonial. Celui-ci doit apprendre à regarder et à voir tout ce qui se trouve dans chaque colonie et à réfléchir sur le parti à en tirer ; il doit être préparé à devenir négociant, agriculteur, industriel, administrateur, voire même un peu médecin et vétérinaire. C'est là l'esprit dans lequel fut conçu le programme de l'Ecole pratique coloniale au Havre, qui embrasse un ensemble de connaissances minimum.

Le choix du Havre, principal marché cotonnier français, devait donner une place importante à l'enseignement de la culture, de l'égrenage, du pressage et du commerce du coton (1).

L'école du Havre reste la seule tentative d'enseignement pratique en vue de provoquer et d'encourager parmi les classes moyennes des vocations coloniales raisonnées et de leur ouvrir des débouchés nouveaux.

---

1. L'Association cotonnière coloniale a installé dans l'Ecole des égreneuses des différents types en usage, ainsi qu'une presse hydraulique. Les élèves apprennent à connaître et conduire ces machines, et se rendent compte des conditions nécessaires pour obtenir une bonne préparation des fibres. On leur donne en même temps des notions sur la culture du coton, le coton brut et égrené, la sélection des graines, l'appréciation de sa valeur marchande.

* *

Nous manquons non seulement de vocations coloniales, mais encore plus d'hommes compétents capables de rendre des services peu de temps après leur arrivée aux Colonies. La création d'un enseignement colonial très répandu, est une importante question pour un pays qui, comme le nôtre, dispose d'un immense empire tropical en Afrique et en Asie. Cet enseignement présente un intérêt politique non seulement pour la conservation de cet empire dans les luttes très rudes qui s'annoncent, mais pour permettre à la Métropole de tenir son rang dans la politique mondiale. Il présente un intérêt économique pour le relèvement financier de la Métropole.

On est un peu confus, dit M. Fauchère, dans le *Guide pratique d'Agriculture coloniale*, de se trouver dans l'obligation d'écrire qu'à la tête des exploitations agricoles dans les colonies, on devrait toujours placer des hommes possédant à fond la pratique de l'Agriculture courante.

Cette vérité est tellement évidente, elle tombe tellement sous le sens, qu'il semble superflu de l'énoncer. N'est-il pas vrai que pour diriger une ferme il est indispensable de posséder de solides connaissances pratiques, non seulement en culture proprement dite, mais aussi en administration rurale ?

Eh bien ! aux Colonies, il n'en est pas de même, et les connaissances spéciales en agriculture sont les qualités dont on s'occupe le moins, lorsqu'il est question de confier la direction d'un domaine à quelqu'un.

Les résultats : ce sont des centaines de mille francs

enfouis en pure perte dans la terre coloniale, du découragement, du discrédit sur toutes les colonies, et enfin, la situation peu flatteuse dans laquelle se trouve notre production coloniale.

Pour remédier à cette situation, il est indispensable de changer nos méthodes et nous devons admettre que la compétence de la direction est la condition de réussite primordiale dans toutes les affaires d'agriculture coloniale.

Aussi est-il nécessaire de fonder dans la Métropole et dans les colonies, des Ecoles coloniales pour Européens. Etant donné le mal de la dépopulation en France, on pourrait y attirer, par une sage publicité, non seulement des Français, mais des élèves de nationalités amies : des Belges, des Suisses, des Polonais, des Tchéco-Slovaques (1). Ces écoles seraient doublées d'écoles existant dans les colonies où les élèves poursuivraient pratiquement leurs études, s'acclimateraient et apprendraient à connaître et manier les indigènes. Elles seraient fondées par les Syndicats patronaux, les Chambres de commerce, les municipalités, et permettraient le recrutement d'un personnel européen acclimaté, connaissant

---

1. Lors de la discussion du budget des colonies en janvier 1925, M. Angoulvant a soutenu avec vraisemblance que dans l'avenir les différentes colonies européennes deviendraient des pays à mandat. La chose est possible, mais d'autre part, certains publicistes français ont fait entendre que la cession d'une partie importante de notre empire colonial, serait une forme élégante de régler les dettes interalliées. La transmission pourrait se faire, soit sous forme d'un abandon pur et simple, soit sous la forme plus habile d'une transmission totale ou partielle de mandat, ce qui reviendrait au même. Une telle prétention est inadmissible. Ce serait non seulement compromettre l'avenir du pays, mais servir l'impérialisme anglo-américain.

les diverses cultures, les indigènes, leur langue et leurs mœurs (1).

La création d'écoles européennes dans les colonies paraît, à l'heure actuelle, présenter de graves difficultés. On dira que créer au Soudan ou à la Côte d'Ivoire une école d'agriculture tropicale pour Européens est une utopie, qu'en effet cette école n'aura pas d'élèves et que, malgré tous les efforts, elle n'en trouvera pas.

La méconnaissance des colonies, la difficulté des Français à s'expatrier, les appréhensions des parents, sont un gros obstacle, mais il n'est pas insurmontable. On peut, comme aux Etats-Unis, créer en nombre important, des bourses gratuites. A défaut d'un recrutement normal au début, celui des premières années se ferait en France chez les enfants assistés de quatorze à seize ans, après une sérieuse sélection.

Le placement des élèves serait facile dans les nombreuses entreprises nouvelles, aussi bien en A. O. F. qu'à Madagascar.

Des écoles coloniales de filles auraient leur place en France et aux Colonies. Elles rendraient les plus grands services. Les élèves recevraient rapidement des notions d'histoire et de géographie coloniales, de culture tropicale, d'hygiène et de médecine coloniales, d'enseignement ménager adapté aux colonies. Ces écoles faciliteraient le recrutement de femmes employées dans les administrations privées et publiques, les œuvres d'enseignement et d'assistance. Elles attireraient l'attention des

1. Le Syndicat général de l'Industrie cotonnière et l'Association cotonnière seraient peut-être indiqués pour prendre l'une de ces initiatives, par exemple à Roubaix, Mulhouse, Epinal. La nouvelle Inspection du service général des textiles et de l'hydraulique agricole de Bamako, pourrait être doublée d'une Ecole d'agriculture coloniale.

femmes françaises sur des situations dont le nombre
peut croître rapidement. Elles permettraient l'établissement aux Colonies d'un certain nombre de femmes
appelées à fonder un foyer.

* * *

Il y a aussi la méthode du stage dans les exploitations,
couramment employée par les Anglais. Les contrats de
concessions de terrains à des sociétés européennes pourraient peut-être prévoir l'obligation d'accepter un certain nombre de stagiaires payants ou gratuits, à des
conditions à déterminer. Les Anglais, si expérimentés
en matière d'agriculture coloniale, envoient les jeunes
gens qui se destinent à cette profession se former dans
les colonies mêmes où ils accomplissent des stages
payants de durée suffisante dans des exploitations prospères. Les jeunes gens qui se destinent à l'Agriculture
en A. O. F. devraient être autorisés à faire un stage,
non seulement dans les entreprises privées, mais dans
les stations agronomiques et les jardins d'essais qui,
pour la plupart, n'existaient guère jusqu'ici que sur le
papier. Ils termineraient leur stage dans les fermes-
écoles où ils constateraient par eux-mêmes les difficultés inhérentes à l'Agriculture tropicale. Pendant leur
séjour dans ces fermes, les jeunes gens s'initieraient à
tous les travaux des champs, aux détails de la direction
et apprendraient la langue des ouvriers qui fournissent
la main-d'œuvre. Après un temps plus ou moins long,
suivant leurs facultés, ils seraient capables de prendre
la direction de plantations similaires sans avoir à se
livrer à de coûteux tâtonnements (1).

1. Pour arriver à un résultat pratique dans le cas où ces
stages seraient admis, une publicité permanente de l'Agence

économique de l'A. O. F. de la Ligue maritime et coloniale, de l'Association cotonnière, permettrait le recrutement des stagiaires. Il ne suffirait pas en effet, d'autoriser le stage, il faudrait aussi que les moyens de recrutement soient en même temps recherchés.

CHAPITRE XIII

1° — *La propriété européenne et ses formes.*
2° — *Le mode d'exploitation.*
3° — *Les renseignements statistiques et pratiques.*

Nous avons dit que la propriété foncière indigène, sauf dans les villes habitées par des européens et aux abords immédiats de celles-ci, n'existait guère que sous la forme collective et qu'elle était authentifiée principalement par le travail de la terre. Cela se conçoit d'ailleurs dans un pays où la plupart des individus n'ont qu'un état civil imprécis (1).

En dehors des terres considérées comme la propriété collective d'une tribu ou d'un village, de vastes territoires vacants peuvent être l'objet de concessions européennes (2). Les terres appartenant à une collectivité indigène ne peuvent être cédées à des particuliers par vente ou location, qu'après l'approbation de l'Administration.

Les concessions sont accordées sur la demande des particuliers ou Sociétés à des conditions qui doivent,

1. Cette observation s'applique à l'ensemble de l'A. O. F. Il est évident qu'aux abords de la voie ferrée, dans les cultures d'arachides du Sénégal par exemple : la propriété collective de la tribu ou du village quoiqu'elle ne soit pas immatriculée sur les livres fonciers, est beaucoup plus précise et ne subit pas d'importantes variations. Mais la voie ferrée ne dessert qu'une partie infime de l'A. O. F.

2. Décret du 26 octobre 1904 portant organisation du domaine en A. O. F.

par leur exécution, profiter à l'intérêt général. Ces conditions varient suivant la nature de la concession. Celle-ci est en principe délivrée gratuitement. Les Lieutenants-gouverneurs ont la faculté d'accorder dans leur colonie respective, des concessions de 200 hectares. Au delà, et jusqu'à 2.000 hectares, la concession est accordée par le Gouverneur général, sur avis du lieutenant-gouverneur, après avis du Conseil d'Administration ; au-dessus de 2.000 hectares, par décret rendu sur le rapport du ministre des Colonies (1).

L'Administration exerce en cette matière une appréciation souveraine, car des mécomptes sont toujours possibles dans les entreprises coloniales, qui exigent une importante avance de capitaux. En raison de la variété des climats, des productions et des coutumes indigènes, la réglementation est d'ailleurs variable. La concession définitive n'est accordée qu'après l'accom-

---

1. Cette restriction à la faculté pour le Gouvernement général d'accorder des concessions, paraît contraire au principe d'autonomie qui devrait régir une grande colonie comme l'A.O.F. On reconnaît là notre esprit centralisateur à l'excès. Ce régime soumet les concessionnaires à une énorme perte de temps par les formalités à accomplir et restreint l'autorité du Gouvernement général qui devrait jouir d'une grande liberté d'action. Il oblige le Gouvernement de l'A. O. F. à soumettre des rapports au Ministre, c'est-à-dire aux bureaux et à échanger une correspondance souvent inutile, alors que le Gouverneur-général et les Lieutenants-gouverneurs peuvent mieux que quiconque juger sur place de l'opportunité de la concession. Etant données les superficies demandées par les Sociétés européennes d'une certaine importance, il serait à souhaiter que les Lieutenants-gouverneurs disposassent de 3.000 hectares par concession et le Gouverneur général de 10.000 hectares. On pourrait d'ailleurs instituer, sans grever le budget, une commission de contrôle des concessions, qui sauvegarderait s'il y a lieu les intérêts de l'Etat. La concession accordée par un simple arrêté deviendrait irrévocable sur le rapport de la commission de contrôle, établi dans un délai bref et obligatoire.

plissement des obligations imposées. La demande de concession est adressée au Lieutenant-gouverneur qui statue sur son octroi ou la transmet avec son avis au Gouverneur général.

*
* *

Le régime de la propriété foncière en A. O. F. a été organisé par le décret du 24 juillet 1906 (1). Ce décret institue un service de la conservation de la propriété et des droits fonciers chargé d'assurer aux titulaires la garantie des droits réels qu'ils possèdent sur leurs immeubles et crée un bureau de la conservation de la propriété et des droits fonciers au siège de chacun des tribunaux de première instance. La garantie est obtenue par la publication sur des livres fonciers, à un compte particulier pour chaque immeuble, de tous les droits réels qui s'y rapportent ainsi que de leurs modifications. Cette publication est précédée de la vérification des justifications produites et faisant foi à l'égard des tiers. L'immatriculation sur le livre foncier est définitive et le titre inattaquable. D'une façon générale, les dispositions du Code civil et les lois françaises sont applicables aux immeubles immatriculés et aux droits réels qui s'y rapportent. Mais lorsque les immeubles sont en la possession d'indigènes, les règles du droit coutumier local relatives à l'état des personnes et à la dévolution des successions restent applicables.

Ce décret a mis en vigueur pour l'immatriculation des immeubles une procédure qui, dans ses grandes lignes, ressemble à celle qui avait été appliquée déjà où qui a été appliquée depuis, dans d'autres colonies ou

1. *Journal officiel* du 4 août 1906.

pays de protectorat, notamment à Madagascar et au Maroc (1).

* *

Une lacune paraît exister en ce qui concerne les subventions remboursables accordées aux Sociétés européennes. Il est certain que ces Sociétés, par la difficile mise en valeur d'un sol vierge, par l'introduction d'une culture ou d'une industrie nouvelles, l'exécution de travaux d'intérêt général comme des routes, des ponts, des voies de om. 60, des barrages de rivières, contribuent largement à la plus value de la propriété foncière et au progrès de la Colonie. L'Américain Ford a dit, tout récemment et, semble-t-il, avec justesse, que l'industrie, le commerce, on peut ajouter l'agriculture, ont pour but l'utilité générale et non, comme on le soutient souvent, l'intérêt particulier, qui vient en second lieu. Dans un pays neuf comme l'A. O. F., à équiper presque entièrement, l'avance de capitaux est énorme et le rendement productif n'est obtenu qu'après plusieurs années. Certaines sociétés privées d'entreprises agricoles doivent sans aucun doute être aidées au début : il le faut faire dans une équitable mesure. A cet effet, le Gouvernement général et les Lieutenants-Gouverneurs disposent, dans une mesure limitée, des budgets de la colonie qui sont encore modestes et notoirement insuffisants.

En ce qui concerne les subventions de la Métropole, celles-ci figurent au budget des Colonies et donnent lieu

---

1. *Sur le droit coutumier et le régime de la propriété indigène et européenne* voir A. Merignhac : *Traité de législation et d'économie coloniale*, 1 vol, in-8 1925 et Arthur Girault ; *Principes de colonisation et de législation coloniale*, 4 vol. in-16 1923.

au Parlement à des discussions interminables. On a vu, en 1906, la Chambre et le Sénat perdre des heures pour accorder finalement une subvention de 46.000 francs à l'Association cotonnière. Appartient-il aux parlementaires de prendre une décision sur des questions souvent obscurcies par des rivalités de personnes ou d'intérêts, qu'ils ignorent en grande majorité ? On souhaiterait qu'une somme globale importante fût accordée sur le budget au pouvoir exécutif avec faculté d'en disposer au mieux des intérêts coloniaux, sous réserve d'un contrôle efficace, compétent et autre qu'une commission parlementaire. Les Anglais qui ont des affaires coloniales une autre expérience que les Français, nouveaux venus en la matière, sont régis par le *Trade Facilities Act*, qui permet au gouvernement impérial d'accorder des subventions aux sociétés ou aux particuliers. C'est ainsi que le gouvernement a accordé, en février 1925, une avance d'un million de livres sterling à une société sud africaine pour la construction d'un pont sur le Zambèze.

Les subventions accordées sous la responsabilité du ministre des Colonies, seraient, pour rendre la chose possible sans trop de dépenses, remboursables dans le délai moyen d'une quinzaine d'années. Elles pourraient comporter, après un délai de cinq à sept ans, une participation aux bénéfices. Ces subventions seraient versées au fur et à mesure de l'avancement des travaux et garanties s'il y a lieu par un droit hypothécaire, une émission d'obligations ou sous toute autre forme.

II. — Le mode d'exploitation

Sous quelle forme juridique pourra se faire l'exploitation européenne ? Il est difficile de répondre actuellement à cette question. On peut néanmoins envisager l'hypothèse du fermage, du métayage et de l'exploitation directe avec louage de service.

Le fermage paraît n'avoir aucune chance de réussite. La terre n'a pas de valeur foncière proprement dite ; seuls comptent le travail et les produits. Les indigènes n'ont pas la notion de la propriété foncière privée et ne peuvent y accéder qu'avec lenteur. Le fermage ne sera vraiment possible que le jour lointain où une population dense sera suffisamment éduquée.

Les mêmes objections peuvent être faites au métayage. L'expérience a montré que les indigènes ne doivent pas être livrés à eux-mêmes (1), et le programme d'action poursuivi depuis un quart de siècle l'a suffisamment prouvé. On peut néanmoins concevoir un métayage d'une nature spéciale où des Européens collaboreraient à l'exploitation en fournissant le cheptel, le matériel agricole et surveilleraient le travail (2).

Dans les exploitations européennes, une direction blanche avec main-d'œuvre indigène, paraît seule praticable, mais on se heurte alors aux difficultés rencontrées par les nouvelles exploitations agricoles européennes récemment créées en A. O. F. qui arrivent difficilement à recruter leur main-d'œuvre.

Le louage de service, tel qu'il est conçu en Europe, doit subir des dérogations lorsque le contrat de travail existe avec des primitifs ayant besoin d'une tutelle étroite, juste et ferme. En cette occurrence, le contrat de

1. C'est l'avis de M. Belime, de M. A. Chevalier et de tous ceux qui, ayant séjourné longuement en A. O. F. donnent par leurs connaissances scientifiques et pratiques, des avis éclairés.
2. Voir au chapitre « Togo » ce qui est dit au sujet de la société la « Cotoa ». D'autre part, le métayage serait praticable dans les cultures irriguées du Moyen-Niger avec une main-d'œuvre éduquée provenant de l'Afrique du Nord ou d'Egypte.

travail est compliqué d'une responsabilité morale plus grande de l'employeur en face de l'employé qui est un grand enfant. D'autre part, le noir est moins souple, s'adapte moins facilement que l'Asiatique, mais, comme tout humain, a le sens inné de la justice. Aussi un grand prestige et une autorité efficace soutenue par l'Administration, paraissent-ils nécessaires à l'Européen.

Le procédé de la réquisition et l'impôt de prestation en nature, non rachetable sauf pour certaines catégories d'indigènes (1), ont permis dans le passé d'exécuter nombre d'entreprises absolument nécessaires. La réquisition paraît encore utile dans les jeunes colonies comme le Soudan, la Haute-Volta, la Côte d'Ivoire où les travaux de routes, ponts, puits, points d'eau sont appelés à modifier l'état barbare du pays et où le recrutement de travailleurs volontaires se heurte à de grandes difficultés. Le système de la réquisition est le seul qui se soit montré efficace. Toutefois, il n'a pas été sans offrir des inconvénients. Le prestataire, généralement bien nourri sur les chantiers, et convenablement payé, obéit à la contrainte. Pour cette raison et parce qu'il ne

1. Un arrêté du 1er mai 1919 a réglementé les prestations dues par les indigènes non citoyens français dans les pays de protectorat du Sénégal. La durée de la prestation est de douze jours par an et par prestataire. Elle ne s'applique pas aux constructions neuves, mais à l'entretien des routes, de travaux d'intérêt local, à la création de pistes, etc. Les commandants de circonscription établissent le programme des travaux en juillet et les rôles des prestations le 1er novembre. Sont exemptés des prestations les vieillards, femmes, enfants, infirmes, les militaires, les agents de la force publique et de l'administration, les membres des tribunaux indigènes, les chefs de tribus, de villages, de canton ou de provinces, les élèves des écoles officielles. La prestation est due en nature. Peuvent la racheter : les habitants de certains centres urbains, les indigènes portés sur les rôles de la population flottante, les indigènes employés sur les entreprises privées.

travaille pas pour lui, le rendement est souvent médiocre.

Il est a remarquer d'ailleurs que la réquisition en A. O. F. a été notoirement plus douce que dans les colonies anglaises d'Afrique. Nous l'avons bien constaté lors de la guerre par la facilité de recrutement d'une armée noire, qui aurait été impraticable, si le régime français s'était montré intolérant et s'était aliéné les populations. On pourrait soutenir avec vraisemblance que la réquisition, humainement, justement appliquée et rémunérée, peut être une forme d'éducation chez les indigènes les plus primitifs, en les astreignant à travailler durant un temps déterminé par avance, avec une régularité qu'ils ignorent.

Les nombreux mobilisés rentrés d'Europe (1) tendent d'ailleurs à créer un état d'esprit nouveau et il est possible que dans un délai assez court s'implante le louage de services tel qu'il est conçu dans les pays civilisés.

Il est bien entendu que la réquisition ne peut pas, en principe, être appliquée dans les exploitations européennes privées, sauf dans les cas où celles-ci présentent un intérêt général et d'urgence. Les exploitations européennes donnent lieu à des contrats de travail analogues à ceux usités en Europe avec les modalités nécessitées par les circonstances de lieu.

L'administration de la colonie étudie une réglementation du travail tendant à faciliter le recrutement par les garanties données aux engagés et engagistes et à instituer une procédure d'arbitrage simple et rapide (2).

1. L'A. O. F. a fournis 163.000 combattants durant les hostilités.

2. Sur la main-d'œuvre, voir général Hélo, *La colonisation et la main-d'œuvre au Soudan et en Haute-Volta*, 1 brochure in-8. Comité du Niger, Paris, 1923.

III. — Les renseignements scientifiques, statistiques et pratiques en matière cotonnière

La culture européenne, aussi bien que la culture indigène rationnellement faite, ne prospérera pas sans disposer d'une façon permanente de renseignements scientifiques et pratiques, de statistiques précises. C'est là une œuvre qui, tout au moins dans la période des débuts, incombe principalement aux pouvoirs publics. A ce point de vue, les Etats-Unis disposent d'un outillage considérable, œuvre du temps et de l'expérience. Il serait puéril de demander à l'Afrique Occidentale une organisation tout à fait disproportionnée à la production actuelle. Toutefois, on estimera peut-être utile, dans un rapide aperçu, de connaître l'organisation américaine dont l'exemple est utile dans tous les pays cotonniers.

Le Bureau météorologique du ministère de l'Agriculture à Washington, collectionne et publie, pendant la période de croissance du coton, des rapports hebdomadaires sur la pluie, la température et l'état de la culture. Le Bureau statistique du même Ministère, qui existe depuis 1882, rédige annuellement sept bulletins contenant des rapports et jugements d'experts, sur l'état de la récolte comparé aux années antérieures et sur les probabilités de la prochaine récolte. Le rapport du mois de juin évalue l'étendue de la surface de terrain planté en coton ; cinq publications paraissant le premier de chaque mois, de juin à octobre, rendent compte de l'état des plantations et le rapport de décembre donne une évaluation de la récolte totale à espérer. Dans les cinq rapports mensuels, le chiffre 100 désigne l'état normal — conception nullement claire — et les chiffres de comparaison publiés, désignent, quand ils sont supérieurs, un développement excellent ; au-dessous de 100, ils indiquent un développement médiocre des plantes, mais le chiffre normal 100 n'est jamais atteint dans les rapports officiels sur le coton.

Cinq agents spéciaux du ministère de l'Agriculture, les « Special fields agents », sont chargés de recueillir sur place les renseignements statistiques. Ils sont attachés chacun à un groupe d'Etats, voyagent constamment dans leurs districts et se renseignent, soit par leurs propres yeux, soit par des conversations avec les planteurs, acheteurs de coton, banquiers ou fournisseurs de machines agricoles, ou à tout autre source paraissant digne de foi ; une série de correspondants leur font des rapports mensuels. Des correspondants des comtés et villes, ainsi que des fermiers isolés et des établissements d'égrenage, adressent leurs rapports directement à Washington. Chaque Etat possède en outre un agent statistique qui a sous ses ordres une équipe de correspondants, il y a 12.000 correspondants dans tout le pays, différents de ceux qui rédigent les rapports directs pour Washington ; ces derniers se chiffrent également à plusieurs milliers. De toutes ces informations, Washington tire alors la moyenne et publie le résultat.

Malgré une organisation aussi complète et coûteuse, la valeur des rapports généraux est souvent problématique. Ils ont plus souvent donné lieu à des spéculations que servi au commerce légitime. Aussi l'insuffisance des rapports du ministère de l'Agriculture a eu pour suite l'élaboration de l'aperçu statistique de la production par une autre voie, celle du bureau de recensement dépendant du Département du Commerce et du Travail à Washington. Cette administration publie depuis l'année 1900 des statistiques suivies sur la quantité de coton manipulé dans les établissements d'égrenage et élabore entre septembre et mars, dix rapports basés sur les déclarations de 724 fields agents. Cependant, l'exactitude des déclarations des établissements d'égrenage est contestée. Outre ces rapports partiels, le bureau de recensement publie annuellement un rapport sur la production, l'exportation et l'importation du coton et de ses produits dérivés, et un autre rapport étudie la consommation annuelle et l'existence du stock de coton, fin août de chaque année, aux États-Unis et dans les principaux pays industriels.

Il est clair que dans un pays aussi neuf que l'A. O. F. où la production cotonnière est à l'état embryonnaire, on ne songera pas à créer une administration spéciale et coûteuse dont l'étendue d'action serait pour le moment très réduite.

Le rôle des pouvoirs publics semble devoir consister dans la publication périodique de renseignements culturaux et statistiques permettant d'apprécier l'importance des cultures, les surfaces ensemencées, le choix des semences, l'action de la température et des pluies, la présentation de la récolte, l'importance de la cueillette, les résultats. Il est intéressant et utile pour un planteur du Soudan, par exemple, de connaître les méthodes suivies et les résultats acquis au Dahomey ou à la Côte d'Ivoire, et réciproquement. Il a été publié jusqu'ici de simples statistiques annuelles de la production, qui sont souvent incomplètes ou contradictoires.

L'Inde est aujourd'hui pourvue d'Instituts scientifiques, qui publient régulièrement des rapports sur la culture et possède de nombreux collèges agricoles (1).

Le Comité colonial allemand publiait deux fois par an, dans des rapports spéciaux qui constituent une précieuse source d'informations, des détails complets sur son activité dans le domaine de la culture cotonnière (2).

La création d'un institut scientifique s'impose en A. O. F. Il pourrait être adjoint à l'inspection du Service général des Textiles et paraîtrait désigné pour publier ou faire publier à Bamako même, sous forme de revue mensuelle ouverte à tous les spécialistes et aux agriculteurs de la colonie, des renseignements précis analogues à ceux publiés par le Bureau d'Agriculture de Washington. Cette revue contiendrait des articles d'intérêt général utiles à l'agriculture tropicale en A. O. F, i ndiquerait les surfaces cultivées, le développement des diverses récoltes, leurs perspectives quantitatives et qualificatives, les prix de revient, la température, etc... En ce qui concerne le coton, elle renseignerait sur le nombre de balles récoltées, égrenées, expédiées aux centres indigènes et aux ports. Elle serait utilisée par

1. M. A. Chevalier raconte (*Revue scientifique*, Paris, 14 mars 1925) que lors de son voyage d'études aux Indes néerlandaises en 1914, il a constaté que ces colonies employaient dans les établissements de l'Etat ou les stations privées 60 docteurs ès sciences occupés à des recherches relatives aux améliorations agricoles ; à Bentenzarg seulement une dizaine de naturalistes travaillent à ces recherches, à l'Institut de Passervan, au centre de Java, entrenu exclusivement par les planteurs de canne à sucre. Il existe des services consacrés à l'étude des sols, à la bactériologie, à la physiologie végétale, à la phytopathologie et à la génétique, avec un budget d'un million et demi de florins.

2. Les résultats obtenus sont contenus dans un ouvrage du professeur Dr Zimmermann, d'Amani, publié par les soins du Comité sous le titre *Méthodes de culture du coton dans les colonies allemandes.*

les bulletins des bourses de commerce de la Métropole, les périodiques de l'industrie textile et la presse coloniale. On faciliterait ainsi le travail des planteurs dans la colonie et les commerçants de la Métropole seraient exactement renseignés (1).

1. Une semblable revue aurait nécessairement des correspondants au Havre, à Roubaix et dans les centres industriels consommant le coton de l'A. O. F. afin de renseigner les planteurs de la colonie sur l'état du marché et les désirs des clients.

CHAPITRE XIV

LE MARCHÉ DU COTON DE L'A. O. F.

Il semblera étrange de parler d'un marché du coton de l'A. O. F. alors que ce marché est pratiquement inexistant. Cependant la production croît rapidement. Elle a atteint 25.000 balles en 1923, sur lesquelles 6 à 8.000 balles ont été exportées. Si, comme il est probable, les prix du coton se maintiennent longtemps à un cours élevé, une exportation de 30 à 40.000 balles de coton de culture sèche ne serait pas surprenante d'ici peu d'années sans compter le coton de culture irriguée. Aussi n'est-il pas téméraire d'envisager les conditions dans lesquelles peut se créer et se développer un marché du coton de l'A. O. F.

En matière cotonnière, comme en tout autre genre de production, l'écoulement du produit comporte un problème généralement aussi ardu que son obtention, problème d'autant plus ardu en A. O. F. que le coton est resté jusqu'à ces dernières années un article de commerce peu rémunérateur pour l'indigène (1).

1. Depuis 1904 jusqu'à 1918, l'achat du coton aux indigènes, devant l'abstention des maisons de commerce, était assuré en A. O. F. par l'Association cotonnière coloniale, et au Dahomey par la Compagnie Française du Coton colonial à des prix variant de 0,15 à 0,40 le kilo de coton brut suivant les années et la qualité, 16 à 25 centimes à San et Koutiala, 0,25 à Kayes (début 1916) 0,25 à 0,40 à la Côte d'Ivoire (1915-1918). Dans cette dernière colonie où le développement de la culture cotonnière date du début des hostilités, alors que l'A. C. C. était sans per-

Encore aujourd'hui la production est en majeure
partie ouvrée et consommée sur place. L'exportation ne
porte que sur une fraction qu'on peut évaluer approximativement à un cinquième.

L'adoption courante du coton de l'A. O. F. par l'industrie de la Métropole, se heurte d'abord à une difficulté ne pouvant être vaincue que par des mesures administratives, avec la collaboration des producteurs. Cette
difficulté provient de la qualité souvent inférieure et
dépourvue de toute homogénité des cotons coloniaux.
Le commerce du coton colonial est livré au hasard des
circonstances et des prix. Le coton sauvage de la brousse,
grossier et taché, est importé en même temps que le
coton industriel et mélangé à lui. Aussi, afin d'éviter
toute surprise les filateurs préfèrent-ils consommer
exclusivement le coton américain, quitte à le payer
beaucoup plus cher. La Chambre de commerce du
Havre persiste, avec raison, dans son refus d'admettre
ces cotons coloniaux à la cote du marché.

Pour arriver à l'homogénité, chaque colonie doit fixer,
dans les régions propices à la culture industrielle les

sonnel et disposait de ressources très restreintes, l'Administration de la colonie s'est vue dans l'obligation d'intervenir
directement dans les achats, soit sous forme d'achats directs,
soit sous forme d'adjudication publique de coton égrené.

La marchandise grevée des frais d'égrenage, pressage, emballage et transport, était vendue au Havre à un cours laissant une
modique marge bénéficiaire qui augmentait d'autant les ressources de l'A. C. C. L'entretien d'un personnel européen en Afrique
et les frais élevés de transport, comparés à la faiblesse de la
production, n'aurait pas permis de vivre à une entreprise commerciale s'adonnant spécialement au coton, Mais aujourd'hui, le
kilo de coton brut se vend plus de deux francs, soit de 8 à
12 francs le kilo de fibres. Il est recherché par le commerce et
la production est devenue intéressante pour l'indiène.

variétés appropriées au sol et au climat. Ces variétés doivent être imposées par l'Administration.

Il est en outre indispensable que tout le coton brut destiné à l'exportation passe par des usines d'égrenage contrôlées et que seules les semences sélectionnées provenant des usines, soient utilisées dans la culture. Il serait juste et utile que l'Association cotonnière coloniale, auxiliaire de l'Administration et trait d'union entre l'industrie métropolitaine et la colonie, obtînt le monopole de droit et de fait du contrôle de l'égrenage du coton par un corps de spécialistes qualifiés. Il ne s'agit nullement d'entraver l'initiative privée et d'empêcher les sociétés ou les planteurs d'avoir leurs propres usines, mais il devrait être entendu que toutes les usines, sans aucune exception, seront contrôlées par des agents de l'A. C. C. habilitée à cet effet par l'Administration. Les agents de l'A. C. C. seraient seuls autorisés à apposer sur chaque balle de coton destinée à l'exportation et soumise à leur examen, une marque déposée permettant de retrouver l'usine d'origine et garantissant la qualité marchande du coton traité. Cette apposition de marque pourrait donner lieu au paiement d'une taxe au profit de l'A. C. C. Seules les balles officiellement marquées seraient acceptées au chargement sur bateau dans les ports.

Les directeurs des usines d'égrenage auraient à procéder sous leur responsabilité aux achats et transports à l'usine du coton brut pour le compte de tiers, à recevoir et à magasiner en lots séparés les achats de coton brut des comptoirs européens, à l'égrenage (1), au triage,

1. Nous donnons à titre documentaire les conditions d'égrenage de l'Association Cotonnière Coloniale pendant l'exercice 1924-1925 :

1° Le prix de l'égrenage est fixé à 600 francs la tonne (poids

au classement et au compressage en balles. Le corps
des contrôleurs composé d'un personnel d'ingénieurs
spécialistes du coton, aurait comme rôle la visite des
usines. Il aurait le monopole d'apposition des marques,
contrôlerait la sélection des semences, aussi bien des
usines privées que des usines de l'A. C. C. et en même
temps agents administratifs, seraient répartis par régions.
Ils auraient une automobile à leur disposition afin de
se rendre rapidement d'une usine à l'autre et de ne pas
retarder les expéditions. Ils adresseraient à l'Inspection
des Textiles tous les renseignements présentant un intérêt général, état des récoltes, température, pluies, nouveaux procécés des culture, etc...

Dans un pays neuf comme l'A. O. F., le rôle des
directeurs des usines d'égrenage, rôle de direction dans
l'usine et de surveillanee des cultures indigènes dans le
voisinage, est suffisant pour absorber leur activité sans
que celle-ci soit compliquée par des voyages en dehors
de leur zone d'action immédiate.

brut), coton pressé et mis en balles sous toile et cerclées. La
graine et les déchets restant la propriété de l'A. C. C. qui sera
libre d'en disposer comme bon lui semblera;

2° Les demandes devront être faites par écrit et adressées à
l'Agent général, en indiquant aussi approximativement que possible la quantité de coton brut à égrener, et la station d'égrenage où l'intéressé désire que son stock soit traité;

3° Un tour sera établi pour chacune des stations d'égrenage,
en tenant compte de la date de réception des demandes ;

4° Il ne pourra être égrené en une fois pour une seule maison
de commerce plus de onze tonnes de coton fibres ;

5· Il sera perçu un droit de magasinage de 5 francs par tonne
et par mois à partir du huitième jour qui suivra la fin de l'égrenage d'un stock. Tout mois commencé est entièrement dû ;

6° Lorsque à Ségou, les opérations d'embarquement ou de
débarquement et emmagasinage seront exécutées par le personnel de l'A. C. C., il sera perçu une taxe de 10 francs par
tonne pour le coton brut, 5 francs pour le coton fibres. L'A. C. C.
ne pourra se charger de ces opérations qu'autant que ses dispo-

Le drainage de la récolte par les directeurs d'usine et les comptoirs européens, comporte la création de centres d'achats nouveaux, de marchés ou de foires périodiques comme autrefois dans nos provinces. Le portage à tête d'homme doit être remplacé par l'animal de trait ou de bât. L'indigène saura par l'expérience que tout coton brut ne remplissant pas les qualités marchandes n'aura pas d'acheteur européen. Certes il aura la ressource de le vendre aux tisserands locaux, mais il se sentira de plus en plus contraint à n'employer que les semences sélectionnées de l'usine la plus proche. Au drainage de la récolte dans les marchés locaux s'ajouterait, pour le directeur d'usine, en collaboration avec l'Administration, la surveillance des cultures indigènes et l'application des mesures prescrivant l'arrachage. Avec cette méthode ou une méthode analogue et cette surveillance, il est à craindre, dira-t-on justement, que la majeure partie de la récolte restant dans le pays, ne trouve pas

nibilités en personnel le lui permettront, encore n'assumera-t-elle aucune responsabilité, la maison intéressée devant envoyer au moins un surveillant ;

7° Le prix de la mise en balles du coton égrené hors des usines de l'A. C. C. est fixée à 300 francs la tonne. Le pressage du dâ et du kapock à 350 francs (poids brut) ;

8° Le tour pour cette mise en balles est absolument indépendant du tour d'égrenage et aucun engagement ne sera pris à son sujet, cette opération ne pouvant être entreprise qu'autant que les usines ne seront pas accaparées par l'égrenage ;

9° L'A. C. C. se réserve le droit d'accorder un tour de faveur au coton sélectionné destiné à fournir les semences ;

10° Les tarifs indiqués peuvent être modifiés dans le cas d'une augmentation du coût de la main-d'œuvre ou des emballages ;

11° L'A. C. C. n'assume aucune responsabilité pour les pertes ou avaries occasionnées par un sinistre.

L'agent général,

Signé: DE RAVEL

Ségou, le 5 juillet 1924.

preneur. Ce n'est pas l'avis de M. le Gouverneur général Carde (1). « Les lots de mauvaise qualité que, dit-il, la filature européenne ne pourrait utiliser, trouveront toujours dans la petite industrie indigène, un large écoulement, et l'on peut même entrevoir dans cette voie, un *modus vivendi* qui permettra au tissage mécanique de se developper dans le pays sans compromettre les intérêts prépondérants de la métropole » :

Le coton de qualité inférieure, non utilisable par la filature, pourrait même sous certaines conditions de contrôle, de marque et d'emballage à la sortie de la colonie, afin d'éviter toute confusion, être utilisé partiellement dans la Métropole, à la fabrication des couvertures, du papier, des munitions, etc...

*
* *

Il serait désirable que les commerçants et industriels de la Métropole eussent connaissance de la valeur et de l'importance des lots de coton produits par l'A. O. F. et expédiés sur les marchés continentaux. On a proposé dans ce but la création d'une revue mensuelle par l'Inspection du service général des textiles de Bamako, qui aurait des correspondants dans la Métropole. Les lots de coton signalés parviendraient à la Chambre des courtiers-experts en coton du Hâvre qui, après échantillonnage les présenteraient aux acheteurs et procèderaient comme pour les cotons américains.

Cette manière de faire, qui est préconisée par le président de la Chambre de commerce du Havre (2) aurait un double avantage : d'abord pour les importateurs de

1. Circulaire du 14 mars 1924.
2. D'après la dépêche coloniale, 27 mai 1923.

faciliter la vente, en leur procurant une plus nombreuse clientèle et en permettant une plus large application du jeu de l'offre et de la demande, et ensuite pour les filateurs qui pourraient ainsi s'intéresser aux résultats des efforts tentés en vue d'augmenter et d'améliorer la production cotonnière de nos colonies.

On ne peut en effet supprimer l'intermédiaire entre le producteur et le consommateur qui, en l'espèce, est le filateur. Là comme ailleurs, l'intermédiaire a un rôle indispensable qu'il est bon néanmoins de réduire au minimum afin de laisser au producteur la plus grande marge bénéficiaire. Mais la filature a des exigences qui ne permettent pas de le supprimer.

Ces exigences ont, en effet, créé des habitudes commerciales qu'il serait puéril de tenter de changer dans l'état du marché, et qui consistent en ce que les industriels filateurs s'approvisionnent par des commissionnaires spécialistes installés sur les places de leur région, et en ce que — sauf exception — ils ne consentent pas à aller s'approvisionner sur les lieux de production. La raison en est qu'ils travaillent généralement des types définis de coton, ayant une origine différente et qu'ils ne peuvent pratiquement aller chercher sur les lieux de production.

*
* *

La solidarité entre le marché métropolitain et la production coloniale dans le domaine des matières premières, coton, laine, matières grasses, etc.., est encore bien modeste. En effet, la faiblesse de la production coloniale et le petit nombre d'européens installés dans les colonies ne justifiaient pas dans la colonie même les organisations corporatives nécessaires. Le mouvement présent d'expansion coloniale, causé par la nécessité de s'affranchir de la servitude économique vis-à-vis de l'étranger et de relever financièrement le pays, est sans doute appelé à modifier rapidement les errements du passé. Les premières tentatives en vue de grouper les producteurs coloniaux, et d'organiser la production, ne sont pas sans présenter un certain intérêt.

Au retour de sa mission en A.O. F. en février 1924, M. Waddington a préconisé la formation d'un consortium des commerçants du Soudan qui réunirait la totalité du coton traité et l'enverrait au même courtier au Hâvre. Le courtier disposant de larges débouchés et ayant ainsi entre les mains un important tonnage, parviendrait à faire connaître et apprécier à leur valeur sur le marché français, les différentes qualités de cotons estampillés qu'il recevrait régulièrement de la colonie. Ce projet de consortium n'a pas reçu un accueil favorable dans la colonie par suite des divergences d'opinion et d'intérêt. Des réunions annuelles des présidents des Chambres de commerce de l'A. O. F. ou de leurs délégués, sous la présidence du Gouverneur général, ne pourraient-elles pas constituer une sorte de Conseil économique qui étudierait les diverses organisations à créer par les planteurs et les commerçants en vue d'assurer aux meilleures conditions l'exportation des produits de la colonie ?

*
* *

A l'heure actuelle, la production en coton de l'A.O.F. est trop faible, les planteurs européens sont trop peu nombreux, les indigènes trop primitifs, les voies ferrées trop insuffisantes, pour songer à organiser dès aujourd'hui un marché colonial comme dans les vieilles colonies anglaises ou hollandaises.

Cependant, et tout en répudiant l'idée de spéculation, le rôle et l'intervention des banques françaises, peuvent être de premier plan, aider puissamment à la création d'un marché et au développement du commerce et de la culture. L'Association cotonnière coloniale, avec des ressources voisines de 3oo.ooo francs par an, maintenait et encourageait la culture par ses achats avant la guerre. Elle est et restera financièrement impuissante devant une production croissante et des prix dix fois supérieurs à ceux d'avant le cataclysme de 1914.

Le producteur européen ou indigène, isolé dans sa concession ou son village, ne doit pas être à la merci d'intermédiaires associés pour peser sur les cours d'achat afin d'augmenter la marge des bénéfices et nuisant par là même au développement de la colonie.

De puissantes banques sont installées en A. O. F. Leur attention sera attirée vers une organisation à créer de toute pièce. Dès que la production aura atteint une importance suffisante, on pourrait peut-être envisager la création d'entrepôts dans les grands centres de production et dans les ports où la marchandise serait warrantée. Le fait ne serait pas nouveau dans l'Ouest Africain. La Banque Anglaise de l'Afrique Occidentale a déjà accepté à plusieurs reprises d'escompter le coton de la British Cotton Growing Association. Sans cela elle n'aurait pu, malgré ses importantes ressources, mener à bien ses entreprises en Nigeria. L'association britannique a poursuivi elle-même, au Nyassaland une politique consistant à aider les planteurs en leur faisant des prêts sur récoltes et en leur fournissant le matériel indispensable par paiements graduels.

Elle perdit beaucoup d'argent de ce chef dans les premières années d'essais, mais cette manière d'agir était couronnée de succès dès l'année 1910. La plupart des planteurs gagnaient de l'argent et la plupart des avances étaient remboursées (1).

Le crédit agricole aux petites exploitations est bien difficile à créer en A. O. F. en raison du fait que la propriété indigène est sans constitution régulière, et qu'elle appartient à des noirs dont l'état-civil lui-même est difficile à déterminer. On peut cependant concevoir une forme de crédit, appropriée à l'état social de l'indigène, qui aurait surtout pour objet de le soustraire à l'emprise des usuriers.

L'indigène a besoin de crédit personnel pour faire ses semences et attendre la récolte prochaine. Ce crédit, il le trouve au village, auprès de gens de sa race, en le payant d'intérêts usuraires, car là où l'argent est peu abondant et les garanties offertes aléatoires, le prêteur est le maître et le fait bien voir. Le seul moyen de soustraire l'indigène à des exigences ruineuses qui le

1. D'après un rapport de M. A. S. Terrill, délégué anglais au VIIIe Congrès International cotonnier, Barcelone, 1911.

La Banque de l'Afrique Occidentale, privilégiée pour l'émission des billets, en vertu des lois de 1901 et de 1904, a étendu ses opérations à tous les territoires qui s'étendent du Sénégal au Congo. Aucune opposition n'est admise sur les Crédits ouverts par la Banque et résultant d'une opération de cession de récolte. Tous actes de nantissement, de cession de récoltes, etc... au profit de la banque, sont enregistrés au droit fixe. L'article 18 des statuts stipule que les avances ne peuvent dépasser le tiers de la valeur de la récolte. En raison de sa situation de banque émettrice, la Banque de l'Afrique Occidentale est tenue, comme les autres établissements de même genre, à une grande prudence.

maintiennent souvent dans un état de pauvreté et de dépendance dont il ne peut que difficilement sortir, ce serait de le grouper avec ses semblables en associations ayant pour objet le prêt aux cultivateurs de semences restituables à la récolte. Cette forme primitive de crédit et de coopération agricoles, pratiquée encore dans certaines régions de l'Europe méridionale, a pour elle l'avantage d'être facilement comprise et adoptée par des populations arriérées. Le succès obtenu en Algérie par des Sociétés indigènes de prévoyance, constituées dans le même but, en est la preuve. Rien n'empêcherait de greffer sur le prêt de semences, des opérations de warrantage sur récoltes emmagasinées (coton, maïs, arachides, etc...) dans des hangars que l'on créerait près des usines d'égrenage. Ces récoltes seraient aussi utilisées en vue de substituer aux semences apportées, des semences nouvelles, soigneusement sélectionnées. On éviterait ainsi le grand danger qu'est l'hybridation dans les pays cotonniers. Certes, il y aurait de ce chef quelques sacrifices d'argent à consentir; mais ne serait-ce pas un moyen aussi direct qu'efficace, d'aider au progrès de l'agriculture ? De grosses sommes destinées à l'encouragement figurent déjà dans les budgets coloniaux, qui pourraient être ainsi profitablement employées.

En ce qui concerne les exploitations européennes leur caractère et leur envergure ne permettent guère de donner au crédit la forme mutualiste et coopérative qui est peut-être la plus séduisante pour l'esprit parce qu'elle apparaît comme la plus économique. Mais elle ne serait guère applicable qu'à la petite et moyenne culture lorsque les indigènes seront capables d'en comprendre l'utilité. Les plantations européennes, encore rares en A. O. F., sont trop importantes et trop vastes pour que des mutualités de crédit soient en mesure d'avancer les capitaux dont elles ont besoin au cours de leur exploitation.

Ces plantations sont en outre dispersées sur de trop grands espaces pour favoriser cette connaissance et cette surveillance mutuelles entre les coopérants qui sont la meilleure sauvegarde des opérations de crédit conduites par une association coopérative profession-nelle.

Il est évident que là où on produira régulièrement et en abondance des denrées ayant un marché mondial, comme le coton, il ne manquera pas de bailleurs de fonds pour financer les récoltes en consentant de longs crédits et pour en faciliter l'exportation et la vente. Mais les avances consenties par eux reviennent souvent fort cher, car elles comportent des prestations en marchandises généralement comptées au prix fort et grevées d'intérêts élevés. C'est pourquoi, à mesure que l'on a mieux connu et pratiqué le mécanisme du crédit mobilier, est-on arrivé à considérer que l'institution d'une banque d'émission dans chaque colonie impor-tante, était encore une des formes les plus heureuses d'encouragement à donner au commerce et aux spécu-lations agricoles qui l'alimentent. Le droit d'émission conféré à la Banque de l'Afrique Occidentale lui per-met de mettre des capitaux à la disposition des emprun-teurs dans des conditions plus favorables que celles qui seraient faites par ailleurs : le producteur doit donc pouvoir se procurer auprès d'elle ceux qui lui sont nécessaires pour la conduite de son exploitation sur la garantie de sa propriété et de ses récoltes. De ce fait, la Banque de l'Afrique Occidentale, dotée d'une plus grande liberté d'action que ses congénères d'Europe, peut jouer un rôle très important dans la colonisation (1).

Pour ce qui est de l'organisation commerciale des producteurs, il est important de se référer aux méthodes des États-Unis qui ont, en matière cotonnière, une expérience plus que séculaire. Que s'est-il donc passé aux États-Unis ?

Dans les vingt années qui ont suivi la guerre de Sécession, le fermier américain s'est souvent trouvé le débiteur d'intermédiaires qui lui avançaient de l'argent au taux de 10 o/o et profitaient de tous les avantages du marché.

C'était tantôt son propriétaire, tantôt un homme

1. La Section financière du Congrès d'Agriculture coloniale de 1918, à Paris, a, entre autres vœux, émis les suivants :

« Qu'il soit créé un droit de 2 o/o sur toutes les matières premières à l'entrée en France, soit de toute autre manière, dont le produit serait mis à la disposition du ministre des Colonies et employé à concurrence de 60 o/o à des prêts agricoles, 20 o/o à l'institution d'établissements agricoles, stations expérimentales, fermes d'essais, laboratoires, etc... Le surplus étant affecté à l'étude et à la préparation de grands travaux publics (irrigations, routes, voies ferrées, ponts) et à subventionner des recherches minières propres à déterminer les ressources du sous-sol de notre empire colonial.

« Faisant état des mesures administratives et financières prises dans la Métropole pour venir légitimement en aide à l'agriculteur.

« Demande instamment que les mêmes avantages soient consentis aux agriculteurs de nos colonies.

« Estimant qu'il y aurait le plus grand intérêt, aussi bien pour les producteurs que pour le développement des cultures dans les colonies par la collaboration de tous, à ce que les mesures suivantes soient prises sans tarder, émet le vœu.

« Que soit étendu aux particuliers et aux Sociétés privées, pour les prêts sur récoltes, le bénéfice du mode de garantie établi par la loi de 1901 sur les banques coloniales ;

« Que pour ce genre de prêts, la législation et la procédure applicables au point de vue des recouvrements, puissent être, quand elles seront réclamées par les deux parties, la législation et la procédure indigènes beaucoup moins coûteuses et plus efficaces. »

d'affaires qui, lui-même, opérait avec une banque ou pour une banque. La situation du fermier était souvent difficile au point de vue pécuniaire. La fixation du prix du coton lui échappait complètement. La nécessité où étaient de nombreux fermiers de vendre immédiatement après la récolte, mettait en même temps sur le marché des quantités énormes de coton et causait la chute des prix. Les intermédiaires ayant un capital suffisant pour attendre l'année suivante, profitaient de la différence.

Après la récolte, le stockage était et est encore assuré par les « compresses », sociétés puissantes, qui reçoivent des usines d'égrenage, des intermédiaires et des fermiers, les balles à demi pressées. Le coton subit par leurs soins, une nouvelle et forte pression qui réduit de moitié le volume, puis on procède à l'emballage et à l'encerclage. Le coton est alors prêt à être transporté chez les filateurs du monde entier. Ces sociétés possèdent de vastes usines et magasins, situés presque toujours au nœud des voies ferrées ou dans les ports de mer.

Les « compresses » sont en majorité organisées en trusts, affiliées à des groupements financiers et entretiennent d'étroites relations avec les compagnies de chemins de fer, qui leur accordent certains avantages et accumulent de grandes quantités de coton aux centres des voies ferrées.

Ainsi le producteur tendait à dépendre de syndicats financiers qui réalisaient d'énormes bénéfices à ses dépens. En vue de remédier à cet état de choses, les producteurs fondèrent, au début de ce siècle, de grandes associations de planteurs, qui exercent une influence croissante. Ces associations sont : 1° La « Farmers Educational and Cooperative Union », fondée en 1902 à Dallas

(Texas) et 2° la « Southern Cotton Association », issue en janvier 1905 de la « Cotton Growers Protection Association » à Atlanta (Géorgie).

Ces deux associations comptent : la première un million et demi et la deuxième deux millions de membres. Elles mènent campagne pour l'élévation du prix du coton.

Ce furent en premier lieu les fortes fluctuations des cours du coton qui décidèrent de la formation de ces Associations. Les cours variaient entre 5 cents en 1898 et 15 cents en 1904. En l'espace de huit mois à peine, à la suite d'une spéculation effrénée à New-York, ils descendaient de plus de 17 cents en mai 1904, à moins de 7 cents en janvier 1905, occasionnant de lourdes pertes à un grand nombre de fermiers, ou supprimant tout au moins leurs bénéfices.

Un mouvement contre les abus de la spéculation et pour l'obtention des prix réguliers, laissant aux planteur la rémunération indispensable de son travail, était rigoureusement justifié. Mais ce mouvement dépassa vite son but ; les planteurs en vinrent à émettre des revendications exagérées. Partis du point de vue exact que le monde entier a besoin de leur coton et ne peut le remplacer, ils veulent imposer des prix de monopole.

Tant que le fermier était forcé de vendre le plus vite possible, pour se procurer l'argent dont il avait un puissant besoin, il contribuait lui-même à l'abaissement du prix. Les fermiers sont au contraire, depuis le début du siècle, dans une situation aisée ; ils n'ont plus besoin de vendre tout de suite leur coton, mais peuvent attendre les douze mois jusqu'à ce qu'on leur paie les prix élevés qu'ils en demandent. On prétend que la « Southern Cotton Association » réglemente à elle seule les trois quarts de la production américaine et qu'elle est situation d'en financer les deux tiers.

Comme moyen pour atteindre leur but, les deux associations ont construit des entrepôts, créé des bureaux de vente et des organisations financières faisant des avances sur les cotons entreposés. Seul, l'entrepôt de Memphis contient 250.000 balles. Dès 1907, il existait au Texas plus de 300 entrepôts d'une contenance de plus d'un million de balles.

En outre, les Associations recommandent aux planteurs l'augmentation ou la diminution de l'acréage en se basant sur la consommation mondiale et les cours pratiqués. Le change défavorable à l'Europe (et principalement aux Empires centraux après les hostilités) a fait diminuer considérablement l'exportation américaine en 1920-1921, et les cours sont tombés dans le pays d'origine à un prix quelquefois inférieur à celui d'avant-guerre. Les Associations de planteurs ont obtenu des fermiers une diminution sensible de l'acréage afin d'abaisser la production et d'augmenter les prix. Les rendements de 1921 ont été de 33 o/o inférieurs à ceux de 1920. De 1922 à 1925, la situation s'est grandement modifiée. La désertion des campagnes imputable principalement aux progrès de l'industrie et des mines, aux salaires élevés et à l'attraction des grandes villes, a raréfié la main-d'œuvre dans les Etats cotonniers. Le développement rapide de l'industrie textile américaine, qui va chercher de plus en plus sa clientèle extérieure dans les nations du Pacifique, ne fait pas craindre une surproduction de matière première, mais plutôt une raréfaction de plus en plus accentuée.

CHAPITRE XV

LES TRANSPORTS EN A. O. F.

L'A. O. F., comme la majeure partie de l'Afrique, est restée, jusqu'à une époque toute récente, un immense vase clos, fermé au reste du monde, défendu au nord par le grand désert, à l'ouest et au sud par des côtes inhospitalières sur lesquelles la barre ne laisse que de rares points d'accès. L'immense rideau de la forêt équatoriale, qui longe la côte sud, s'ajoutait au premier obstacle de la barre. Des fleuves à régime torrentiel, coupés de rapides, ne permettaient pas l'accès à l'intérieur. Ainsi s'explique la stagnation jusqu'à nos jours de la mystérieuse Afrique Tropicale, où le portage à tête d'homme est encore le mode de transport le plus usité.

Ce pays, si proche de l'Europe occidentale, appelé à devenir nos provinces du Sud et à fournir en abondance tous les produits tropicaux, est de plus en plus pénétré par la voie ferrée, l'automobile et l'avion.

Il semble inutile de dire que les moyens de transports rapides et bon marché, qu'une politique de chemins de fer à larges vues subordonnent tout en matière économique dans cette colonie, aussi bien la culture cotonnière que les autres cultures ou exploitations. En A. O. F., le rail ne joue pas seulement le rôle de transporteur : il est créateur de richesses en transformant au fur et à mesure de son avancée des régions réputées jusqu'alors semi-désertiques en vastes champs féconds.

La construction du chemin de fer de Dakar à Saint-Louis en 1884 a peuplé toute une région semi-désertique ; dans les régions qu'il parcourt, la production de l'arachide est passée de 4.500 tonnes à 300.000 tonnes. Un semblable résultat s'est produit en Guinée et au Dahomey. Au fur et à mesure de l'avancement des voies ferrées, le commerce crée de nouveaux comptoirs. Le chemin de fer provoque l'indigène à la production. L'indigène trouve à sa disposition de nouvelles facilités pour l'évacuation des matières premières vers les ports. Dans un pays où les espaces sont immenses et les transports fluviaux des plus réduits, le chemin de fer doit précéder la route. Le trafic des voies ferrées engendre par lui-même le développement des routes, des voies navigables et des ports.

Si on tient compte de la surface et des ressources du pays, il n'est pas osé de dire, quoique le commerce extérieur de l'A. O. F. arrive à dépasser actuellement et largement le milliard de francs, que les moyens de transport et d'évacuation sur la côte sont notoirement très insuffisants. Nous allons examiner très brièvement les ports, les transports fluviaux, les voies ferrées, les grands projets de travaux publics et leur mode possible de réalisation.

*
* *

Par bonheur, la côte Ouest offre deux abris importants sur lesquels la barre n'a pas d'action et accessibles aux navires de gros tonnage : Dakar et Conakry.

Dakar est à la fois un port d'escale et un port de marchandises à l'importation et à l'exportation. Comme port d'escale, il est de plus en plus l'arrêt obligé des navires sur le parcours d'Europe en Amérique du Sud et soutient victorieusement la concurrence des Canaries, de Santa Cruz, Ténériffe et Las Palmas. Comme port de marchandises, il est le point d'arrivée du chemin de er de Saint-Louis et de celui du Niger. Le trafic du port, en 1923, fait ressortir un mouvement total de 4.117 navires entrés et sortis, jaugeant 5.228.663 tonneaux, qui ont débarqué ou embarqué 599.686 tonnes de marchandises représentant une valeur de 5o2.18o o74 fr.

Ce port, en relation directe avec l'Europe et l'Amérique du Sud paraît destiné à devenir d'ici peu d'années, non seulement l'un des grands ports d'escale du monde à l'instar de Colombo et de Singapour, mais aussi un port de marchandises comme Bombay ou Buenos-Ayres.

Cependant l'aménagement est insuffisant pour assurer une manutention aussi rapide que les rivaux étrangers. L'alimentation en eau potable de la population et des navires, l'aménagement général de la ville nécessitent de grands travaux. La loi du 8 août 1920 a porté à 4o millions la dotation du port de Dakar sur l'emprunt de 167 millions autorisé. Le montant total de l'emprunt et la dotation du port sont loin de répondre aux besoins actuels de la colonie (1).

La Guinée n'a qu'un seul port, Conakry, port d'escale

1. Les autres ports du Sénégal sont des ports exportateurs : Saint-Louis, situé sur le fleuve Sénégal à 18 kilomètres de la mer, avec un outillage très sommaire et ne pouvant pas recevoir les navires calant plus de 5 mètres (mouvement des navires en 1923 : 166, représentant 34.206 tonnes et 46.665.480 francs). Rufisque, escale de grosses manutentions d'arachides, sur la voie ferrée Dakar-Thiès (mouvement 132.271.872 francs en 1923), Foundiougne et Kaoloak sur le Saloum, ce dernier relié à la voie ferrée Thiès-Kayes, l'un à 65 kilomètres, l'autre à 120 kilomètres à l'intérieur des terres (mouvement 42.154.250 fr. et 76.305.100 fr. en 1923, ; Ziguinchor, le seul port de la Casamance (mouvement

et port exportateur, bien abrité et accessible à tous les navires, centralisant le commerce extérieur de la colonie (mouvement 145.404.775 fr. en 1923). Les points de Victoria, Baké et Benty peuvent être transformés en ports de commerce, mais sont actuellement dépourvus d'outillage.

Les côtes sud de l'A. O. F. n'ont pas de port. Le flot vient se briser sur l'inclinaison rapide des sables et constitue la barre où une suite de fortes vagues rend très difficile la construction des jetées et l'accostage des navires. L'océan a déposé un bas rideau de dunes de sable presque plates, derrière lesquelles sont les lagunes formant une suite de lacs intérieurs et étroits, parallèles à la côte. Néanmoins la construction de ports en eau profonde est loin d'être impossible. Cette côte est actuellement desservie par des wharfs à proximité desquels mouillent les navires. Inutile de dire que les wharfs constituent un outillage provisoire en attendant l'établissement de véritables ports. Les wharfs sont ceux de Bassam (mouvement 93 269.83o en 1923) sur la Côte d'Ivoire et Cotonou (88.535.153 en 1923), au Dahomey. Le Togo est desservi par le wharf de Lomé.

* *

Les transports fluviaux. — Les seuls fleuves navigables sont le Sénégal et le Niger sur une partie de leur parcours et dans une partie de l'année.

Le Sénégal est la voie d'accès naturelle de la colonie

3o.455.3o3 fr. en 1923) n'est accessible à cause des fonds de sable qu'aux petits bateaux d'un millier de tonnes. Ces divers ports n'ont pas d'outillage ou ne sont pourvus que d'un outillage insuffisant.

de ce nom. Son embouchure présente une barre de sable qui se déplace sous l'action des courants marins et des apports du fleuve et ne laisse passage qu'aux bateaux calant moins de 5 mètres. La crue commence au milieu de juin et atteint son maximum en août, septembre. Durant ces deux mois, les vapeurs d'un tirant d'eau de 4 mètres peuvent remonter à Kayes, à 900 kilomètre de la côte. Du 1ᵉʳ juillet au 1er août et du 1er octobre au 15 décembre ne peuvent remonter à Kayes que les petits bateaux d'un tirant d'eau de 1 m. 3o à o m. 5o, suivant la saison. Du 15 décembre au 1ᵉʳ juillet, le fleuve n'est plus navigable. Une station de pilotage a été créée sur l'estuaire dont l'amélioration est projetée, mais rien de positif n'a été fait jusqu'à ce jour.

Le Saloum et le Casamance sont plutôt des estuaires marins s'avançant profondément dans les terres que des fleuves.

Le Niger, de Kouroussa à Ansango et son affluent, le Bani, sont navigables sur un parcours d'environ 2.5ookilomètres sur lesquels 1.852 kilomètres sont desservis par les bateaux de l'Administration ou les lignes privées. Une suite de barrages rocheux d'une cinquantaine de kilomètres interrompt la navigation entre Bamako et Koulikoro et divise le Niger en bief nord et en bief sud. La crue annuelle commence fin mai, atteint son maximum dans les premiers jours d'octobre et décroit jusqu'à fin janvier. De février à mai le fleuve n'est plus navigable. On distingue trois saisons dé navigation. Une période de hautes eaux du 15 août au 3o novembre durant laquelle les vapeurs et remorques peuvent circuler en pleine charge et deux périodes d'eaux moyennes (juin, juillet et décembre-janvier) durant lesquelles les vapeurs doivent être à demi-chargés. La flotte de l'Administration et des sociétés privées (1) comprend environ 15 vapeurs, 3 auto-vedettes et 13o chalands en acier. D'octobre à février, le vent d'est permet la circulation à voile entre Koulikoro et Kabara, port de Tombouctou.

* * *

Chemins de fer. — En 1885, une seule ligne ferrée existait en Afrique Occidentale : celle de Dakar à Saint-Louis (264 km.). En 1902, on comptait 676 kilomètres de voies (264 km. au Sénégal, 3ro km. au Soudan, 102 km. au Dahomey). Dès 1904, les travaux sont poussés moins lentement. En juin 1913, le réseau ferré atteint 2.494 kilomètres ; en 1918, 2.652 kilomètres se décomposant comme suit : Dakar-Saint-Louis, 264 kilomètres ; Kayes-Niger : 555 kilomètres ; Thiès vers Kayes jusqu'à Cotiari-Naoudé : 421 kilomètres ; Kayes Ambidedi : 44 kilomètres ; N'Guingnineo-Kaolak (embranchement du Thiès-Kayes : 21 kilomètres ; Conakry-Kouroussa-Kankan : 662 kilomètres ; chemin de fer de la Côte-d'Ivoire, d'Abidjan à Bouaké : 312 kilomètres ; Cotonou Savé 294 kilomètres ; Porto-Novo-Zakété-Pobé : 75 kilomètres.

Le Togo comprend les lignes Lomé-Grand-Popo, Lomé-Misahôhe, Lomé-Atakpamé, représentant un ensemble de 3oo kilomètres.

L'achèvement de la ligne Thiès-Kayes en 1923 et le prolongement en cours du chemin de fer de la Côte-d'Ivoire, portent à 3.ooo kilomètres le réseau ferré Ouest-Africain. On remarquera que le chemin de fer Dakar-Niger, exécuté par tronçons successifs a été commencé en 1884 : son achèvement a demandé quarante ans.

1. Les sociétés privés sont la société de Bamako et les Messageries africaines de Koulikoro.

La ligne de la Côte d'Ivoire, Abidjan-Ouagadougou est la seule sur laquelle les travaux ont repris depuis 1921 avec une certaine activité (environ 200 km. en prolongement de Bouaké, terminés en avril 1925). On en est actuellement au kilomètre 5oo ; Ferkessédougou, point à l'ouest duquel se trouve la région de culture sèche du coton dans la direction Korogho-Boundiali-Odienné est au kilomètre 56o.

Il a donc fallu quarante années pour construire 3.ooo kilomètres de voies ferrées en A. O. F. Cela représente 75 kilomètres par an. Cependant, sauf dans le Fouta-Djallon et l'Atacora, l'A. O. F. n'est pas un pays accidenté. L'établissement des voies ferrées ne se heurte pas à des difficultés techniques nécessitant des travaux d'art exceptionnels. Les Américains et les Anglais obtiennent un avancement beaucoup plus rapide. En 1925 et sur une seule ligne, la société anglaise du Benguella Railway qui construit et exploite la voie ferrée en construction du port de Benguella dans l'Angola au point de jonction avec les lignes belges de la Compagnie du Katanga avance à la vitesse de 26o kilomètres par an, dans un pays plus accidenté et avec une main-d'œuvre qui n'est pas supérieure à celle de l'A. O. F. Les 6oo premiers kilomètres ont été construits en l'espace de quatre ans, de 1909 à 1914.

Faire l'historique des chemins de fer Ouest-Africains français, exposer les avatars de la construction en vingt-quatre ans (555 km. soit 23 km. par an) du chemin de fer de Kayes au Niger par le Génie militaire, puis les progrès acquis après une dure expérience, serait sortir du cadre de ce travail. Disons simplement que l'étatisme dans ce domaine, qui est un domaine industriel, paraît néfaste. L'expérience l'a suffisamment démontré. L'État, dans un pays neuf est encore plus inapte à construire et exploiter des chemins de fer industriellement que dans la Métropole. On reconnaîtra cependant que le concours et le contrôle de l'Etat paraissent indispensables dans une industrie comme celle-ci qui intéresse toute la vie économique. Des formules pratiques semblent avoir été trouvées avec la Société du Dakar-Saint-Louis et la Compagnie des Chemins de fer du Dahomey. Des exemples multiples existent, si l'on regarde les Sociétés anglaises de l'Afrique du Sud, de l'Angola et de la Rhodésie. De même, les Belges ont assuré et assurent encore la construction d'un vaste réseau de voies ferrées au Congo en faisant appel à des sociétés privées. Les Belges opèrent également en terre africaine, dans une région généralement plus accidentée que l'A. O. F. avec une main-d'œuvre qui ne vaut pas mieux. Aussi paraît-il bon d'insister en quelques mots sur les méthodes employées.

Quatre modes d'entreprises ont été usités par nos amis belges pour la construction des chemins de fer :

1º La concession avec participation de l'Etat au capital, octroi d'un domaine foncier et liberté de construction et d'exploitation pour le concessionnaire.

C'est le cas de la ligne de Maïadi à Léopoldville, dans un pays de montagnes, particulièrement difficile.

2º Concession avec garantie d'intérêt du capital engagé et octroi d'un domaine foncier et minier dont le produit vient en déduction de la garantie d'intérêt.

Le capital est apporté par la compagnie concessionnaire. La construction est faite en régie, l'exploitation est assurée par le concessionnaire.

C'est le cas du réseau de la Compagnie des chemins de fer du Congo supérieur aux Grands lacs africains.

Cette forme de contrat paraîtrait convenir à la Côte d'Ivoire et à la Guinée, pays de forêts, de mines et de cultures riches.

3o Une variante du précédent : la ligne est construite et exploitée par la compagnie.

Cas de la ligne Stanleyville-Nil, de la compagnie des chemins de fer du Congo Supérieur.

4° Construction sur fonds d'Etat par un entrepreneur, sous le contrôle du Gouvernement.

L'exploitation est faite par une société à capital restreint jouissant d'une garantie d'intérêt et versant à l'Etat une partie du produit net après service de l'emprunt.

Cas du chemin de fer du Katanga et de celui du Bas-Congo au Katanga.

Ces modes de construction correspondent à des époques et à des situations différentes.

C'est ainsi que la construction en régie s'est imposée à cause de la difficulté que les initiatives privées auraient rencontrées à se procurer la main-d'œuvre nécessaire aux travaux.

On comptait jusqu'à 10.000 travailleurs indigènes en service pendant la construction du chemin de fer des Grands Lacs (1).

Contrairement à ce qui est pratiqué en A. O. F., on notera qu'en aucun cas le Gouvernement de la Colonie n'a construit lui-même une voie ferrée à l'aide de ses fonctionnaires et de ses techniciens. Les Belges ont estimé que la construction et l'exploitation d'une réseau colonial était une entreprise industrielle et financière

1. Cél. Camus, directeur de la Compagnie des chemins de fer du Congo Supérieur aux Grands Lacs africains, *Le Congo Belge*, chapitre XI, *la Politique des chemins de fer*. Paris, 1925.

dans laquelle l'Etat est incompétent. L'Etat n'a fait appel à un entrepreneur sous son contrôle direct que si les difficultés de recrutement de la main-d'œuvre ou l'établissement de travaux d'art coûteux ne permettaient pas de rémunérer les capitaux des sociétés privées. Au Congo belge comme dans les colonies anglaises d'Afrique, les pouvoirs publics se sont contentés de promouvoir, soutenir et encourager l'initiative privée.

Le gouvernement général de l'A. O. F. a obtenu par la loi du 8 août 1920 l'autorisation d'émettre par tranches de 25 millions des emprunts successifs pour un montant total de 157 millions. Quatre tranches de 25 millions ont été émises de 1921 à 1925.

Ces emprunts ont permis de continuer certains travaux interrompus depuis 1914 ou de réparer ceux existants, mais rien d'important et de neuf n'a été entrepris. Etant donnée la situation financière de la Métropole, quand et comment autorisera-t-on l'émission d'emprunts plus importants ?

M. Albert Sarraut, alors ministre des Colonies, a déposé le 12 avril 1921, sur le bureau de la Chambre des députés, un projet de loi fixant le programme des grands travaux à exécuter dans les colonies françaises et notamment en A. O. F. Ce programme bien conçu répondait aux nécessités présentes et prévoyait des emprunts pour un montant total de 1.250.000.000 concernant l'A. O. F. La durée de l'exécution devait être de dix à quinze ans (1).

---

1. Le programme des travaux publics d'intérêt général à exécuter en A. O. F. est arrêté comme suit :

Ports et rivières. — Extension du port de Dakar et amélioration du port de Kaolak (Sénégal).

Amélioration du wharf de Grand Bassam (Côte d'Ivoire).

Amélioration du wharf de Cotonou (Dahomey).

Les voies et moyens financiers destinés à l'exécution de ce programme n'étaient malheureusement pas établis mais réservés à un autre projet. M. Sarraut était partisan d'un Crédit National Colonial, dont la réalisation paraît bien difficile dans les circonstances présentes. Ces projets n'ont jamais été discutés, et quand le seront-ils ?

Le programme de M. Sarraut comportait la construction d'environ 3.ooo kilomètres de voies ferrées nouvelles à exécuter dans le délai de quinze ans. Dans quinze ans,

Extension et aménagement du port de Conakry (Guinée).

Construction d'un wharf à Vridi (Côte d'Ivoire) et outillage.

Construction de quais à Abidjan (Côte d'Ivoire).

Stabilisation de l'embouchure du Sénégal et étude des aménagements du fleuve.

Amélioration du port de Ziguinchor (Sénégal).

Aménagement des quais de Saint-Louis (Sénégal) sur le petit bras du fleuve.

Voies ferrées. — Réfection du Thiès-Kayes et du Kayes-Niger (Sénégal et Soudan français).

Chemin de fer de Koulikoro à Barouéli (Soudan français 90 km).

Remise en état du chemin de fer d'Abidjan à Bouaké (Côte d'Ivoire).

Prolongement du chemin de fer d'Abidjan à Bouaké vers le Nord (4oo km. environ).

Installations générales du chemin de fer à Abidjan et Vridi avec ferry-boat sur la lagune (Côte d'Ivoire).

Amélioration et parachèvement du chemin de fer de l'Est-Dahoméen.

Chemin de fer de Grand-Popo à Lukona et embranchement sur Segboroué (Dahomey).

Electrification du Kayes-Niger, y compris l'aménagement des chutes de Gouina (Soudan français).

Prolongement du chemin de fer de la Côte d'Ivoire vers le Mossi et le Niger.

Chemin de fer de Dimbokro à Daloa (Côte d'Ivoire).

Chemin de fer de Grand-Popo (Dahomey) à Anecho (Togo) 27 kilomètres.

Chemin de fer de Barouéli à Koutiala (18o km.) (Soudan français).

la colonie aurait donc un réseau ferré de 6.000 kilomètres chiffre encore très insuffisant.

La formule américaine prétend que l'exploitation normale d'un pays ne peut être assurée que si toutes les parties de son territoire ne sont pas distantes de plus de 3o kilomètres d'une voie ferrée. Le rayon d'action est donc de 6o kilomètres carrés, dont 3o à droite et 3o à gauche de la voie. La surface exploitable de l'A. O. F. abstraction faite de la majeure partie de la colonie du Niger présentement trop excentrique est de 3.200.000 kilomètres carrés ; 3.200.000 : 6o = 53.333 km. de voie ferrée.

Jonction du chemin de fer de Koutiala à celui de la Côte d'Ivoire (environ 25o km.).

Chemin de fer de Diourbil à Tieli (120 km.) (Sénégal).

Chemin de fer de Louga à Yang-Yang (120 km.) (Sénégal).

Chemin de fer de Tabili à Youkounkoun (25o km.) (Guinée).

Prolongement de l'Est Dahoméen vers le Nord (de Pobé à Kétou (5o km.)

Chemin de fer de Dassa-Zoumé à Bassila, Djougou, Natintingou (34o km.) (Dahomey).

Routes. — Route de Dakar à Rufisque, 3o kilomètres (Sénégal),

Construction et réfection de ponts à Khor, Diaoudoune, Kaolak, Niokolo (Sénégal).

Routes de Bamako à Bougouni, de Bougouni à Sikasso et de Bougouni à Kankan, 7oo kilomètres (Soudan français).

Routes autour d'Ouidah, Cotonou et Abomey, route de Savé au Niger, de Bohicon à Zagnanado et d'Abomey au Couffo (Dahomey).

Réfection de ponts Faidherbe et Servatius à Saint-Louis (Sénégal).

Construction et aménagement de routes en Guinée et en Haute Volta.

Assainissement et adduction d'eau. — A Saint-Louis, Dakar Rufisque, Abidjan, Kayes, Bamako, Porto-Novo.

Travaux d'irrigation dans la vallée du Niger y compris l'aménagement des chutes de Soluba (Soudan français).

Togo. Ponts et rivières. — Réparation du wharf de Lomé.

Construction d'un nouveau wharf à Lomé.

Voies ferrées. — Réparation et aménagement des voies exis-

En supposant que le pays soit suffisamment riche, peuplé et instruit, l'exploitation agricole, minière, forestière, industrielle et commerciale nécessiterait un réseau de 53.333 kilomètres.

L'A. O. F. est un pays trop peu peuplé, dont de vastes régions semi-désertiques ne nécessiteront pas avant longtemps un véritable réseau ferré. Aussi ne doit-on pas raisonnablement faire les mêmes calculs avec l'A. O. F. qu'avec les Etats américains.

Prenons pour base un rayon d'action de 200 kilomètres par kilomètre de voie en exploitation, en nous appuyant sur l'expérience des pays neufs d'Afrique, Rhodésie,

tantes : Chemin de fer de Tchade à Tokpli, 65 kilomètres. Chemin de fer d'Atakpamé à Bassari, 250 kilomètres.

Construction et aménagement de routes secondaires. — Nous nous permettrons d'ajouter une observation au plan Sarraut.

Le chemin de fer de Dakar au Niger est d'un rendement très faible. Ses pentes et ses courbes sont telles que les trains ne peuvent comprendre, sur la moitié du parcours, que quelques voitures. La pénurie d'eau est si grande entre Kayes et Dakar qu'on ne peut assurer aux locomotives un approvisionnement suffisant. Si demain le Soudan produisait 20.000 tonnes de coton, le chemin de fer serait dans l'impossibilité absolue de le transporter vers la côte (Rapport Messimy à la Commission sénatoriale des colonies, 1924).

De là ressort la nécessité de raccorder le plus tôt possible la ligne ferrée de la Côte d'Ivoire, Abidjan-Ouagadougou à Bamako sur le Moyen-Niger. La voie d'évacuation la plus courte et la plus pratique du Moyen-Niger sur la Côte n'est pas dans la direction de Dakar mais dans celle d'Abidjan. Le centre économique de l'A. O. F. est à Bamako, et la voie ferrée Bamako-Bougouni, direction Abidjan ne présente pas de difficultés techniques de construction. Son rendement commercial dépasserait de beaucoup celui de Bamako-Dakar.

Dès 1889, le capitaine Binger arrivant à Grand-Bassan sur la Côte d'Ivoire, ayant terminé son exploration de la boucle du Niger, rapportait cette impression que les voies d'accès les plus rationnelles sur le Moyen-Niger avaient leur origine sur le Golfe de Guinée.

Katanga, Mozambique, soit 100 kilomètres à droite et
100 km. à gauche de la voie ; $\dfrac{3.200.000}{200} = 16.000$ km.
La mise en valeur de la colonie nécessiterait donc un
réseau de 16.000 kilomètres sur lesquels 3.000 seulement sont construits, à répartir inégalement suivant les
ressources, la valeur de chaque région, la densité de
la population, certaines lignes ayant un rayon d'action
de plus ou de moins de 200 kilomètres carrés. Ces
chiffres ne sont pas arbitraires. Les calculs faits, suivant
les données présentes des ressources de la colonie,
donnent approximativement le même résultat.

Il y a 13.000 kilomètres de voies à construire, non pas
en quinze ans, mais en dix ans, soit 1.300 kilomètres
par an, ce qui représente une moyenne d'avancement
annuel de 185 kilomètres pour chaque colonie (1).

Des estimations assez récentes portent à 175.000 francs
le prix de revient du kilomètre (2) 13.000 kilomètres
à 175.000 francs font 2 milliards 275.000 millions,
non compris le matériel roulant, l'électrification d'une
partie du réseau, tous les frais accessoires et l'imprévu.
Une dépense de quatre milliards environ est à prévoir
afin d'outiller convenablement l'A. O. F. en voies
ferrées.

Le Gouvernement de la colonie peut-il dans le délai
de dix ans engager le capital nécessaire ? Evidemment
non. L'éducation agricole des indigènes, l'aménagement
des ports, les travaux d'irrigation, l'enseignement, les
établissements scientifiques et hospitaliers peuvent

1. Sénégal, Soudan, Haute Volta, Dahomey, Côte d'Ivoire,
Guinée, en ajoutant le Togo.

2. *L'Afrique Française*, bulletin mensuel du comité de l'Afrique
Française, 1921.

absorber et au delà les ressources budgétaires de la
colonie. Cependant la mise en valeur rapide de la colonie
est indispensable, afin d'aider la Métropole à sortir
d'une situation économique et financière apparemment
inextricable et les chemins de fer africains sont de
première nécessité.

De là semble découler la nécessité de faire appel aux
capitaux et à l'initiative privées pour la construction et
l'exploitation des voies ferrées et de suivre en cela
l'exemple de l'Angleterre en Afrique du Sud et des
Belges au Congo. La réalisation semble possible en con-
cédant aux compagnies de chemins de fer des avantages
divers sous une forme à étudier .et qui serait, comme
chez les Belges, la concession gratuite de forêts, mines,
terrains, dont l'exploitation ou la vente apporterait des
bénéfices appréciables, étant donnée la plus-value apportée par la voie ferrée.

La mise en valeur de l'Afrique du Sud et du Congo
belge a été faite non seulement avec des capitaux
anglais et belges, mais avec des capitaux français. Les
emprunts du Transvaal, les actions des sociétés territoriales anglaises, Chartered, Tanganyika, etc., celles du
chemin de fer du Congo aux Grands Lacs, etc., sont
cotées depuis longtemps dans les bourses françaises. La
France a un empire colonial et elle n'est pas en état de
continuer à financer, même partiellement, les entreprises coloniales de l'Angleterre. Ce n'est vraisemblablement pas avec ses seules ressources en capitaux et
en hommes qu'elle mettra cet empire en valeur. Si, à
cause de l'abstention des capitaux français, la construction des voies ferrées rencontrait des difficultés insurmontables, ne conviendrait-il pas, sous certaines conditions, de faire appel aux capitaux étrangers, notamment

aux capitaux américains ? Le matériel devrait provenir néanmoins, en majeure partie, des établissements métallurgiques français, la direction devrait passer tôt ou tard entre des mains françaises. Les chemins de fer russes, brésiliens, argentins, chinois, etc., n'ont-il pas été construits avec des capitaux étrangers, notamment avec des capitaux français, sans atteinte à la souveraineté de l'Etat qui en profitait ? Ces capitaux étrangers ont largement contribué au progrès économique des pays qui les utilisaient. Les Compagnies françaises de chemins de fer, qui disposent du personnel technique et de puissants moyens matériels pourraient, semble-t-il être intéressés à la constitution des sociétés, à la construction et à l'exploitation des chemins de fer coloniaux. Il y a déjà un précédent dans les intérêts de la Compagnie de P.L.M. dans l'Afrique du Nord (1).

* * *

Une question de la plus haute importance et que les missions automobiles et d'aviation de ces derniers temps a heureusement vulgarisée, est celle de la liaison directe de l'A.O.F. avec l'Afrique du Nord par la traversée rapide du désert, mettant le Niger à 5 ou 6 jours de Paris et soudant, pour ainsi dire, la Métropole à l'A. O. F. appelée à devenir les Etats du Sud de l'Europe Occidentale.

Les contradicteurs n'ont pas manqué de soutenir que

1. Un consortium des Compagnies françaises de chemins de fer étudie l'exploitation d'une partie de la forêt côtière de la Côte d'Ivoire en vue de se procurer les traverses de chemins de fer. Ces Compagnies développeraient leurs intérêts coloniaux dans un intérêt général en construisant et exploitant des voies ferrées coloniales.

l'idée était utopique, que construire une voie ferrée à travers un désert de 2.000 kilomètres était un non-sens. En effet, disent-ils, ce chemin de fer ne recevrait aucun chargement durant le parcours. Ou bien les marchandises à leur point d'arrivée, aussi bien dans un sens que dans l'autre, seraient grevées de frais de transport prohibitifs, si les tarifs étaient basés sur le prix de revient et les frais d'exploitation de la ligne, ou les prix de transport seraient fixés assez bas pour lutter avec les voies concurrentes vers la côte, mais l'exploitation serait alors nécessairement déficitaire.

On remarquera que de semblables voies ferrées, au point de vue physique et géologique, ne seraient pas les premières existant dans le monde. Le transcaspien russe, le chemin de fer d'Orenbourg à Samarkand traversent d'immenses déserts avant d'arriver aux terres à coton du Turkestan. Le transsibérien, sur une partie de son parcours, traverse également des espaces désertiques. Ces voies ferrées étaient néanmoins payantes avec le coton de Turkestan, le blé et le bois sibérien.

Le premier transsaharien susceptible d'une réalisation et étudié depuis plusieurs années est la voie ferrée Oran-Colomb–Béchar–Ouallen–Bourem sur le Niger, suivant l'itinéraire de la mission Gradis en décembre 1924 et parcourant un espace de 2.000 kilomètres complètement désertique.

La connaissance du pays démontre que non seulement les travaux d'art seraient nuls, mais que la surface complètement plane du terrain sur la majeure partie du parcours rendrait la construction particulièrement facile et économique. Ce chemin de fer aboutira à Bourem, sur le Niger à 300 kilomètres est de Tombouctou et du delta nigérien. Il aurait l'avantage de permettre le transport sur le Moyen Niger de colons égyptiens, algériens et marocains dans la zône de culture irriguée et de créer vers ces régions, actuellement semi-désertiques, mais appelées à un grand avenir, un mouvement d'immigration d'une race blanche africaine, préférable à un peuplement noir.

Il n'est, d'autre part, nullement prouvé que les producteurs n'auraient pas intérêt à évacuer par ce transsaharien le coton des cultures irriguées, le sucre de canne, le riz, et les matières grasses de la boucle du Niger, produits dont le prix peut supporter des frais de transport assez élevés (1).

On peut toutefois soutenir avec vraisemblance que pendant longtemps ce transsaharien ne présentera pas un intérêt économique sérieux, le trafic dépendant de la mise en valeur plus ou moins rapide du Moyen Niger et de la boucle du Niger, notamment des travaux d'irrigation, de la culture irriguée du cotonnier et des cultures d'assolement.

Ce qui doit décider sa construction, c'est son intérêt politique et militaire.

La voie ferrée anglaise du Cap au Caire a surtout un but politique, celui d'assurer la maîtrise de l'Angleterre sur la moitié orientale du continent africain. Les transsahariens projetés, (Sud-Oranais-Niger, Tanger-Dakar et peut-être une autre voie : Sud-Algérie ou Tunisie au lac Tchad) ont pour objet d'affermir l'autorité de la France et de la Belgique dans la moitié occidentale du continent africain en reliant par des voies d'accès directes et rapides l'Afrique du Nord à l'Ouest-Africain,

1. Les frais de transport seraient en tous cas moins élevés que ceux des produits en provenance de Chine, d'Indo-Chine et même des Indes.

à l'Afrique équatoriale française et au Congo belge.

Le Congo belge se développe avec ampleur ; les intérêts de la France et de la Belgique sont solidaires en Afrique comme en Europe. Les Belges, de plus en plus nombreux dans la Colonie ont besoin d'un moyen de transport rapide et facile. Ils pourraient contribuer à l'établissement de la voie qui les intéresse.

Le chemin de fer Oranie-Niger permettrait le transport des troupes noires de l'A. O. F. dans l'Afrique du Nord, dans le cas où nous ne disposerions pas de la liberté des mers.

Le Tanger-Dakar, relié à Paris, serait la grande voie d'accès vers l'Amérique du Sud et la partie ouest de l'A. O. F. (1).

Certaines voies ferrées ne peuvent être considérées exclusivement du point de vue du rendement commercial. L'avantage politique et même l'avantage international d'une œuvre semblable aurait, dans le domaine économique, une large répercussion (2).

Tels sont les principaux projets qui ont pour but de souder l'Afrique tropicale à l'Europe occidentale, et d'aider puissamment au relèvement économique et financier de la Métropole.

1. Ce dernier projet, nullement chimérique, a fait l'objet d'un rapport au Congrès du Génie civil de 1921. Il comporte : 1º le percement d'un tunnel sous le détroit de Gibraltar ; 2º l'établissement d'une ligne directe de chemin de fer entre Paris et Dakar ; 3º la construction d'un grand port de commerce à Dakar. Ce serait la route la plus courte et la plus rapide du continent sud-américain. Les Sud-Américains seraient particulièrement intéressés à sa réalisation, qui profiterait à l'A. O. F. Son exécution ne semble praticable qu'avec l'aide de subventions étrangères justifiées par le caractère international de l'entreprise.

2. La majorité actuelle de la Chambre des députés a refusé, en mars 1925, un crédit de huit millions pour l'étude du trans-saharien Sud-Oranie-Niger.

CONCLUSION

I

Conclusion d'ordre général. — On se trouve en
A. O. F. en présence d'un groupe de colonies neuves,
insuffisamment connues, à richesses latentes énormes,
avec un personnel européen plein de bonne volonté,
mais beaucoup trop peu nombreux, composé essentiellement de fonctionnaires et de militaires disséminés sur
d'immenses territoires, en présence aussi, d'une population indigène arriérée, chez laquelle des millénaires
de servitude, de guerres, de massacres et de famine ont
créé un atavisme de fatalité, de paresse et d'imprévoyance.

Le commerce extérieur de l'A. O. F. qui dépasse le
milliard de francs n'est qu'un modeste début si on tient
compte des possibilités.

Un résultat appréciable paraît ne devoir être obtenu
que si la plus large autonomie est accordée au Gouvernement général, secondé par un Conseil d'Européens
indépendants et de notables indigènes. Le Gouvernement général lui-même restera un organe de coordination, de conseil et de renseignements entre les diverses
colonies du groupe.

Des garanties de sécurité personnelle, basées sur une
tradition bien établie, doivent être accordées aux fonctionnaires coloniaux, principalement aux administra-

teurs commandant de cercle, quant aux mutations et à l'avancement. Ceux-ci éloignés les uns des autres, dans l'impossibilité de se réunir, n'ont pas, comme en France la facilité de se concerter. La fonction doit être stable et l'avancement assuré autant que possible dans la colonie même. Il est, en principe, inadmissible qu'un administrateur passe indifféremment d'A. O. F. en Indo-Chine ou à Madagascar et réciproquement.

Les fonctionnaires coloniaux seront très largement payés et des avantages importants seront accordés aux fonctionnaires mariés vivant avec leur famille.

Les institutions modernes sont inapplicables aux indigènes, dont l'assimilation sera une œuvre séculaire. Un régime d'autorité, tempéré par la représentation des notables indigènes, sera pendant longtemps nécessaire.

Quant à l'éducation des indigènes, on s'inspirerait heureusement de l'exemple du Congo belge, progressant plus rapidement que l'A. O. F. parce que l'enseignement est confié en bonne part aux missions catholiques et protestantes qui coûtent meilleur marché, assurent la stabilité du personnel et la continuité des méthodes.

Dans tous les pays neufs et particulièrement en A. O. F. pays continental, privé de côtes facilement accessibles, le chemin de fer s'est montré l'agent de progrès le plus actif.

Sous les tropiques, l'eau joue un rôle primordial en matière agricole. Il en résulte que l'orientation du Gouvernement général paraît devoir être dominée par une politique de chemins de fer et un politique de l'eau.

Les ressources budgétaires actuelles et l'emprunt autorisé de 167 millions sont très loin de correspondre à la nécessité de mise en valeur rapide d'un pays huit fois plus étendu que la Métropole, appelé à lui fournir les matières premières agricoles, coton, laine, caoutchouc, café, cacao, arachides, jute, etc.

Les capitaux à investir dans les entreprises d'intérêt public et dans un court délai peuvent être évalués à environ 6 milliards de francs correspondant à un milliard 6oo millions de francs-or, dont la moitié consacrée aux voies ferrées et l'autre moitié aux routes, travaux d'irrigation, instituts scientifiques, stations agronomiques, éducation professionnelle et agricole des indigènes, assistance, etc.

L'expérience de la Compagnie de Dakar Saint-Louis et de la compagnie des Chemins de fer du Dahomey montre que l'exploitation des voies ferrées en A. O. F. par une compagnie privée est une affaire financière non seulement viable, mais prospère. L'expérience des Anglais aux Indes et des Hollandais à Java prouve également que les travaux d'irrigation rémunèrent les capitaux engagés et enrichissent largement la colonie par l'augmentation de la production et du rendement des impôts.

Les gouvernements de la colonie ne peuvent pas se procurer des capitaux importants par les ressources budgétaires ou par l'emprunt. Il est d'autre part prouvé que l'Etat est un mauvais industriel. Il en ressort la nécessité de confier la construction et l'exploitation des voies ferrées aussi bien que les travaux d'irrigation à des sociétés privées, les ressources du budget et les emprunts devant être utilisés partiellement à des subventions ou à la garantie d'emprunts obligataires.

Les chemins de fer appartenant à la colonie devraient donc passer à des Sociétés privées, de préférence à des filiales de nos grandes compagnies de chemins de fer, avec un Cahier des Charges les contraignant à pour-

suivre rapidement les travaux, le rôle de l'Administration se bornant à fournir la main-d'œuvre prestataire.
Nous ne ferons en cela que suivre l'exemple des Anglais
en Afrique du Sud, en Rhodésie et des Belges au
Congo.

Cette somme de 6 milliards de francs papier, qui pa-
raîtra exagérée, est cependant bien inférieure aux 5 milliards de francs-or engagés par les Français depuis 1895
dans les entreprises minières du Transvaal, les chemins
de fer africains anglais, les sociétés territoriales anglaises
de l'Afrique, les sociétés belges du Congo.

Le projet consistant à relier le Niger au Sud-Oranais
par un transsaharien n'est pas une utopie, mais une
entreprise qui transformera les territoires de la boucle
du Niger et qui s'impose par son caractère politique,
stratégique et commercial.

Parallèlement à l'exécution des travaux publics, la
création d'Instituts scientifiques agricoles s'impose
avec la même rigueur. Les services d'agriculture doivent
être transformés. Ces services, dit M. A. Chevalier (1)
sont constamment ballottés sans chefs stables, sans
archives, sans tradition. Quant aux établissements de
recherches, si l'on excepte l'Algérie, il n'existe pour
ainsi dire rien de sérieux à l'heure actuelle. Nous ne
connaissons, dit-il, que deux docteurs es-Sciences occupés à l'étude des problèmes de l'agriculture dans tout
notre empire colonial, Algérie exceptée. L'Angleterre
en a plusieurs centaines, la Hollande un chiffre impo-
sant et nous sommes largement devancés par les Belges
au Congo. Il semble nécessaire momentanément de
faire appel à des techniciens étrangers.

1. *Revue scientifique.* Paris, 14 mars 1925.

A ce jour, toute question politique et économique d'importance paraît devoir être envisagée sous l'aspect national et sous l'aspect européen. Les colonies ne sont pas fermées aux étrangers. Cela est si vrai qu'en A. O. F. les importations étrangères, notamment anglaises, dépassent les importations françaises. Notre intérêt ne serait-il pas d'étendre la propagande coloniale à la Belgique et aux Etats de la Petite Entente, principalement à la Pologne et à la Tchéco-Slovaquie, pays de forte natalité et sans colonies. Ces pays collaboreraient avec nous à la mise en valeur en hommes et en capitaux. Leurs intérêts seraient solidarisés avec les nôtres si, comme il est à craindre, l'intégrité de notre empire colonial était un jour menacée.

En ce qui concerne l'émigration de Français, nos habitudes sédentaires et notre faible natalité ne permettent pas de compter que nous en enverrons rapidement un nombre suffisant. Toutefois, la ruine et la disparition progressive de la classe moyenne peut orienter dans cette voie un assez grand nombre de jeunes gens, grâce à une propagande méthodique et à une organisation coloniale permettant une vie plus large qu'en France.

Il doit être admis que la présence de nombreux Européens en A. O. F. est seule capable de faire progresser la population indigène et d'assurer un contrôle efficace de l'Administration en renseignant l'opinion publique. A cet effet, des écoles coloniales dans la Métropole et dans les colonies sont nécessaires à l'usage des Européens, qui se destinent à d'autres carrières que l'administration. Le véritable obstacle à l'immigration n'est pas le climat mais bien, suivant l'expression de M. Béline, l'état barbare et inorganisé du pays. Cet obstacle n'est pas sans remède.

II

Conclusion d'ordre cotonnier. — La prospérité actuelle et bien relative de la culture sèche sous la direction de l'Association cotonnière ou de l'Administration est toute apparente, parce qu'elle est pratiquée au Soudan dans une région qui, à cause de l'insuffisance des pluies et de l'effet du vent d'Est, ne lui est pas favorable. Le dry farming n'est possible qu'avec le concours de nombreux Européens et il se bornera durant longtemps à d'intéressantes expériences.

Avec les faibles rendements obtenus au Soudan, cette prospérité est due exclusivement aux hauts prix du coton et à la situation des changes. La culture sèche ne se maintiendra et ne se développera en A. O. F. que si elle est pratiquée à ses débuts par des cultivateurs expérimentés, des noirs introduits des Etats-Unis dans les régions propices de la Haute Côte d'Ivoire, desservies par la voie ferrée et recevant une chute annuelle d'eau de 1 m. 20. Ces noirs seront en même temps utilisés à l'éducation agricole des indigènes.

L'exemple des années 1920-1922 a montré que la culture sèche au Soudan disparaîtra devant une crise économique de longue durée. Elle ne peut subsister en temps normal, avec les Européens comme avec les indigènes, que dans la mesure où les rendements seront réguliers et payants.

L'effort à donner en Haute Côte d'Ivoire incombe principalement à l'Association cotonnière. Le Gouvernement de la Côte d'Ivoire est absorbé par le développement de l'exploitation forestière, les cultures de cacao et de café appelées à une très grande extension.

A l'exemple des Associations anglaises, l'Association cotonnière, dont les ressources sont insuffisantes, devrait pouvoir disposer d'un personnel « *d'investigateurs* », ingénieurs spécialistes, chargés du contrôle, de la recherche des emplacements favorables, des rapports avec la direction de Paris, des renseignements techniques et d'un personnel d'exécution sédentaire, directeurs d'usine d'égrenage, chefs de culture. Partout où les circonstances locales le permettraient, l'intérêt général exigerait qu'on adjoigne à l'usine quelques machines utiles à la production de produits alimentaires pour les indigènes : huile, farines de maïs, graisse végétale, décorticage du mil et du riz.

L'usine type de l'A. O. F. avec modèles de machines utilisées dans les autres usines est encore à créer. On assurerait rapidement les réparations et les remplacements de pièces par trois dépôts de pièces de rechange, l'un au terminus actuel du chemin de fer Bouaké-Ouagadougou, un à Bamako et un à Kankan. Le bricolage et surtout la longue attente des pièces venant d'Europe seraient ainsi évités.

Les travaux de construction d'usine devraient dépendre d'une direction unique et responsable. A l'heure actuelle, les agents d'exécution reçoivent des instructions contradictoires du service des travaux publics, de l'Association cotonnière et de diverses autorités (1). Il n'y a pas de coordination entre les services.

Il y aurait lieu de créer un modèle d'égreneuses à main, très simple et à bas prix, facilement utilisable par les indigènes en dehors des centres d'égrenage.

Tous les commandants de cercle pourraient être

---

1. Robert Millet, *La question cotonnière en A. O. F. (Le monde colonial illustré*, janvier 1925).

pourvus d'instruments météorologiques utilisables par un profane : pluviomètre, thermomètre, baromètre à pression atmosphérique, appareil mesurant la vitesse du vent, hygromètre. Les observations quotidiennes seraient centralisées à la direction compétente.

Les circonstances actuelles offrent l'occasion d'intéresser les industriels du textile à l'expansion coloniale. Ils ne porteront intérêt à la culture sèche du coton que s'ils sont sûrs par ce moyen d'approvisionner le marché en y gagnant de l'argent.

L'avenir de la culture irriguée sur le Niger et le Sénégal est démontré par les exploitations déjà existantes. Comme dans toute la colonie, l'absence de main-d'œuvre compétente entrave l'essor de la production. Dans la période des débuts, la main-d'œuvre indigène est la seule bonne à prendre, mais l'avenir de l'A. O. F. rend préférable sur le Niger la présence d'une main-d'œuvre blanche venant d'Egypte et de l'Afrique du Nord. Cette immigration est subordonnée en grande partie à l'exécution du transsaharien Oranie–Bourem.

APPENDICES

APPENDICE I

Les essais de culture sèche au Sénégal et en Casamance

Les premières interventions européennes datent de 1820
à 1825 dans les environs de Saint-Louis qui furent partagés
en quatre cantons agricoles : Dagana, Richard-Toll, Faf,
Lampsar. Il fut délivré gratuitement des semences, des instruments aratoires aux colons et des primes furent accordées
proportionnellement au nombre de pieds plantés. Puis, des
primes furent distribuées proportionnellement à la quantité
de coton exporté, ce qui était plus rationnel et empêchait la
fraude. De 1820 à 1825, il fut exporté 50 tonnes de coton,
49 tonnes de 1825 à 1835. Toute exportation cesse à partir
de cette année. En 1860, de nouvelles tentatives furent faites
sous l'impultion du Gouverneur Faidherbe. Les indigènes
furent incités à planter des cotonniers et l'administration se
portait preneur de tout le coton brut produit, à raison de
o fr. 40 le kilo. Dans le Baol, à faible distance de Dakar, sur
le tracé du futur chemin de fer Thiès Kayes, Drouet et Fritz
Koechlin plantaient en 1863, 200 hectares de coton Jumel
d'Egypte, Castellansare napolitain, Géorgie. Ils furent en
grande partie mangés par les sauterelles et les terrains furent
abandonnés. A Richard-Toll, au confluent de la Taouey et
du Sénégal, là où l'Administration et l'Association cotonnière coloniale devaient faire plus tard des essais répétés
de culture par irrigation, Licard procéda en 1864 à diverses
tentatives qui ne furent pas sans résultat et montrèrent le
rôle que peut jouer l'irrigation dans ce pays. L'exportation

de coton brut pendant cette période fut de 28 tonnes de 1863 à 1866 et de 300 tonnes de 1867 à 1872 ; Ce progrès était causé par la guerre de Sécession, qui avait augmenté considérablement les prix. Les essais de l'Administration, abandonnés depuis 1872 furent repris en 1899, par M. Perruchot, inspecteur de l'Agriculture. Il fit à la ferme école de M'Bambey, dans la dépression de la Taouey, des expériences comparatives sur les variétés exotiques : Sea-Island, Géorgie, Louisiane, Abassi, Mi-Afifi. Les cotonniers égyptiens avaient donné des résultats favorables. Malheureusement, ces fermes et jardins d'essais furent abandonnés à son départ. A Kita, les Pères de la Mission font depuis longtemps la culture soignée du cotonnier, mais dans une mesure très restreinte. Des expériences de culture irriguée, avec les variétés égyptiennes, dont il sera parlé plus loin, dans la partie consacrée aux irrigations, ont été faites entre les années 1905 et 1914 à Richard-Toll et à Podor. Elles ont démontré qu'on obtiendrait par l'irrigation les mêmes rendements qu'en Egypte.

Un essai industriel sur le coton indigène par la filature Casimir Berger et Cie de Rouen, démontra qu'on obtenait avec le coton du Sénégal la même qualité de tissu, qu'avec le coton Good Middling américain.

Historique des essais de culture en Casamance. — A Joat, sur les terrains de la mission Saint-Joseph N'Gazobli, Mgr. Kobès dépensa plus de 400.000 francs en 1863 dans des plantations qui, après une forte sécheresse furent dévorées par les sauterelles.

Ce pays paraissant assez favorable à la culture du coton, des essais furent tentés en 1901-1902 par la Compagnie des Caoutchoucs de Casamance. Les semis faits en août 1901 avaient levé au bout de deux jours. On comptait 30.000 pieds de coton bien venus. Deux variétés avaient principalement bien réussi : le coton Géorgie à longue soie et le coton de la Louisiane à courte soie. Le Sea-Island et le Mit-Afifi avaient donné des résultats négatifs. Le coton de la Louisiane se rapprochait beaucoup du coton qu'on trouve à l'état sauvage dans ces régions, mais avec une soie très fine et beaucoup plus longue. Malheureusement ces essais ne furent pas continués par suite du peu de résultats obtenus sur les autres produits de la concession.

Le Commandant du Cercle de Oussouyé procédait en 1904, sur une surface restreinte, à des essais qui ne furent pas concluants et ne furent pas renouvelés.

Des expériences étaient entreprises en 1905-1906 sous la surveillance de l'Administration. Les meilleurs résultats étaient obtenus en Haute Casamance dans le Fouladou, aux environs d'Hamdallaye, sur un sol argilo-siliceux, fort et profond de 1 mètre à 1 m. 50. Les graines distribuées aux chefs de village de la région étaient des graines américaines moyenne soie ; la culture faite à la mode indigène, dans des champs de mil. Le coton récolté fut en grande partie concervé par les indigènes. L'absence d'agents européens ne permit pas de réunir les observations.

En Basse Casamance, où d'autres essais furent tentés, l'abondance des pluies provoqua l'attaque des insectes et les maladies cryptogamiques empêchèrent les cotonniers de bien réussir. Il semble que la culture cotonnière n'a pas d'avenir en Basse Casamance par suite d'une trop grande humidité, mais que, par contre, la Haute Casamance mérite une sérieuse étude. Les indigènes de race peuhle cultivent déjà le cotonnier comme culture intermédiaire avec le mil.

La nouvelle *Compagnie de culture tropicale en Afrique* à Tombacounda (Sénégal) dirigée par le Commandant Jeannel (1925) opère dans une région limitrophe de la Haute Casamance.

APPENDICE II

Historique de l'intervention
et de l'Expérimentation Européenne au Soudan

Campagne Cotonnière 1903-1904. — M. Merlaud-Ponty,
à cette époque délégué du Gouverneur Général, prit en mains
la propagation de la culture du coton dans la colonie du
Haut Sénégal Niger. Il s'agissait d'établir un mode de production et de décider si la production cotonnière serait le fait de
l'indigène seul ou si l'industrie française comptait l'assurer
par l'exploitation de concessions régies et cultivées à l'européenne. M. le Gouverneur Général Roume, M. Merlaud-
Ponty et l'industrie française furent d'avis qu'il fallait
amener le noir à produire le coton, comme il produit l'arachide, à l'exclusion des concessions européennes.

La première station d'égrenage avait été installée à Kayes,
sur le Sénégal, en 1903 et la même année, M. Quesnel, le
premier agent de l'Association cotonnière colonial sur le
Niger, recevait les graines provenant du Jardin colonial et
des Etats-Unis. Il se mettait en mesure de les répartir dans
un certain nombre de villages avec l'appui effectif des commandants de cercles (1).

Avant d'entreprendre l'amélioration des espèces indigènes,
on tentait donc des essais avec des graines exotiques, américaines, égyptiennes, indiennes et du Pérou. Des contrats de

1. Le premier effort sur le Niger était concentré dans la région
voisine de Ségou et de Koulikoro qui se recommandait par la
facilité des communications avec le chemin de fer Kayes-Kouli-
koro et par les cultures indigènes déjà existantes. Le Gouverneur Général avait accrédité l'agent de l'A. C. C. auprès de
l'Administration.

culture étaient passés avec quelques chefs de village (1).

Les graines furent distribuées dans les six cercles de Bamako, Ségou, Sansanding, San, Djenné et Bandiagara et semés dans les lougans de 206 villages. M. Quesnel avait réparti les essais sur un grand nombre de points afin de ne pas géner les indigènes en ne leur demandant qu'un petit effort individuel. Chacune des variétés fut essayée dans deux ou trois régions de chaque cercle et dans des terrains différents de façon à multiplier les sources de renseignements.

Afin d'éviter qu'une qualité puisse être confondue avec une autre, chaque village reçut des graines d'une seule marque déterminée. Les chefs de villages devaient rendre compte de la façon dont se comportaient les cultures.

M. Quesnel demanda aux cultivateurs de préparer les champs suivant ses indications et leur enseigna la façon de semer les graines par trois ou quatre dans un trou au lieu de le faire à la volée et insista, vraisemblablement sans résultat, sur la nécessité d'arracher les mauvaises herbes contrairement à l'habitude de laisser les cultures encombrées de souches et de racines. Il promit en outre de donner des récompenses aux travailleurs les plus zélés.

La plupart des graines germèrent et au mois de septembre, les fleurs commencèrent à paraitre. Dans plusieurs régions, les indigènes étaient satisfaits des résultats obtenus; la rapidité avec laquelle les semis de graines exotiques avaient levé les étonnait et ils étaient surpris de la grosseur et du nombre de gousses que portait un même plant (2).

---

1. M. Caldwell établi au Texas et agent de filatures rédigeait des instructions sur la préparation des terres, les procédés d'ensemencements, les soins à donner à la plante et la façon de faire la cueillette.

2. Devant ce résultat, l'Association cotonnière résolut d'ajoindre deux collaborateurs à M. Quesnel, M. Jacquey, ingénieur agronome qui avait été attaché au jardin de Kita, M. Francis Bernard, qui venait de séjourner un an au Texas et dans la Louisiane. Tous deux rejoignirent leur poste en janvier 1904. Le cercle de Ségou était dévolu à M. Jacquey, ceux de San et Djenné à M. Bernard.

La récolte commença en novembre 1903. Les indigènes passaient tous les trois ou quatre jours dans les plantations, contrairement à leur habitude de faire la cueillette lorsque tout le champ est entièrement mûr laissant ainsi le vent et les insectes abîmer les premières gousses.

Les résultats furent très variables. Bamako et Bandiagara donnèrent des rendements médiocres ; ceux de Ségou et Djenné furent meilleurs. Les rendements obtenus n'ont pu être évalués à l'hectare, les indigènes ayant gardé par devers eux une bonne partie de la récolte.

Les cotonniers avaient été plantés, le plus souvent en sol vierge nouvellement défriché, suivant le mode indigène. Les matières organiques nutritives, n'étant pas décomposées, faute d'oxygène, n'étaient pas assimilables par les racines des plantes. On attribua en bonne partie à la nature du sol le faible rendement de cette première année.

D'autre part, peu confiant au début de toute entreprise nouvelle, l'indigène ne sema que par ordre du commandant de cercle, car il ne s'attendait pas à ce qu'on le payât. Mais lorsqu'il eut touché une gratification supérieure à ses prévisions, l'impression fut favorable et les demandes de graines affluèrent aussitôt.

Le sol le plus apte à la culture du coton, dans cette région, paraissait se trouver dans la partie non inondée du cercle de Djenné, comprise entre le Niger et le Bani. A Ségou, les variétés américaines avaient donné des capsules bien remplies, des graines développées et abondamment pourvues de fibres blanches, fines et soyeuses, indices d'une bonne adaptation des cotonniers au sol et climat soudanais. Aucun signe de dégénérescence n'avait été remarqué cette première année. Les femmes qui filèrent ce coton trouvèrent qu'elles n'avaient pas à rattacher le fil à chaque instant. Cela prouvait que le coton exotique avait les fibres vrillées, ce qui est une grande qualité que le coton indigène ne possédait pas (1).

1. Vers la même époque, M. Coviaux, colon à Ségou, procédait à d'intéressantes expériences avec des graines des Indes, de Haïti, de Mississipi et du Texas. Les variétés de Haïti et de

Tandis que l'Association cotonnière tentait l'introduction des variétés américaines, l'Administration poursuivait la sélection et l'amélioration des variétés indigènes au Jardin d'essai de Koulikoro. L'essai de graines exotiques était ajourné (1).

Enfin, une petite usine d'égrenage, la première sur le Niger, comprenant 4 égreneuses, était installée à Koulikoro.

Le rendement en fibres sur machine était de 28 à 30 o/o. Celles-ci étaient de belle qualité, d'environ 30 millimètres, utilisables par la filature française (2).

De ces premières expériences ressortait la nécessité d'une action commune de l'Administration et de l'Association cotonnière coloniale.

Campagne cotonnière 1904-1905. — Le programme de cette campagne consista à faire distribuer par les agents de l'Administration et de l'Association cotonnière coloniale les deux ou trois espèces de graines exotiques ayant le mieux réussi en 1903. Les indigènes devaient augmenter et agrandir le nombre de leurs lougans. L'essai fait sur une moindre étendue, afin de rendre possible la surveillance, environ 100 villages au lieu de 206, marquerait une nouvelle étape incitant l'indigène en faveur de la culture. Cinq tonnes de graines américaines furent distribuées en majeure partie dans plusieurs villages du cercle de Ségou ; une certaine quantité fut remise au Fama Mademba, souverain de Sansanding pour mettre en culture environ 63 hectares de ses Etats de Sansanding. On devait faire arracher et brûler les cotonniers indigènes pour éviter l'hybridation dans les localités où les graines étaient distribuées.

Une note de l'Inspecteur de l'Agriculture résume ainsi le programme d'études de l'Administration en 1904.

---

l'Inde avaient poussé lentement et mal, mais les variétés Benders Mississipi, Benders Yassoo, Lamar Texas et Red River Texas étaient incontestablement supérieures au coton indigène.

1. Ces essais furent dirigés par M. Vuillet, ingénieur agronome alors inspecteur de l'Agriculture.

2. Un essai industriel à la filature Walter Seitz à Granges (Vosges) donna un excellent résultat.

Le marché cotonnier impose la nécessité de produire un coton type américain.

Deux méthodes nettement distinctes se présentaient au début de 1904 et ont été suivies pendant cette campagne : *a*) Amélioration des types indigènes ; *b*) remplacement des types indigènes par des types américains.

La première posait en principe, que toute tentative rationnelle devait avoir, comme point de départ, l'utilisation des types locaux de cotonniers et leur amélioration par voie de sélection. En faveur de cette thèse, militaient de sérieuses raisons qui se résumaient toutes d'ailleurs dans la plus grande résistance des types locaux au climat du Soudan et aux procédés rudimentaires usités par les noirs.

La seconde soutenue ardemment par la plupart des industriels français estimait que si l'amélioration des variétés locales présentait un réel intérêt, ce n'était qu'un intérêt lointain étant données la longueur des opérations de sélection et la difficulté de les mener à bien dans un pays ou l'agriculture est encore dans l'enfance.

Les essais effectués par l'A.C.C. avec le concours de l'Administration paraissaient avoir montré : 1º que la plupart des types américains se développent et fructifient au Soudan ; 2º que le coton fourni est de belle qualité et a conservé tout ses caractères de coton type américain. Ces résultats semblaient indiquer nettement que les efforts devaient porter de ce côté, tout en poursuivant les recherches sur la sélection des types indigènes.

Présumant que les cotonniers américains trouvaient au Soudan un milieu favorable, quel était, parmi les types différents, celui qui, en fournissant le plus haut rendement résisterait le mieux à la dégénérescence ? Tout le problème semblait là désormais (1).

La distribution des graines de la campagne 1904-1905

1. En 1904, M. Vuillet procéda à des expériences de métissage par croisement de coton américain Mississipi et de coton indigène Gossypium punctatum de Perrottet. Elles réussirent à Koulikoro (Rapport du chef de service de l'Agriculture au Gouverneur Général, 1906).

commença le 15 juin et tout était terminé le 10 juillet dans 100 villages. Les indigènes, livrés à eux-mêmes se conformèrent tant bien que mal aux recommandations faites. Ils choisirent leurs terrains, formèrent des billons ou poquets dans lesquels ils semèrent 3 ou 4 graines par trou à la distance indiquée.

Les essais comparatifs confirmèrent la justesse des pratiques culturales indiquées dans le programme à savoir : les semis doivent dans tous les cas être faits en cuvette ou à plat. Le système des buttes et des billons s'est montré particulièrement défectueux en 1904 ou la sécheresse a été grande. Par suite du déchaussement des plantes au collet et de la dessication des buttes, les cotonniers ainsi cultivés avaient particulièrement souffert. C'était donc un système à rejeter. Il fallait rejeter également le procédé consistant à laisser deux plants par poquet : ces plants souffrent dans leur croissance ; on n'a, si on le juge utile, qu'à rapprocher les plants. Enfin, il est apparu qu'il fallait instruire l'indigène à une culture plus approfondie des poquets et au besoin à fumer le terrain avec des éléments pris sur place.

La quantité de graines employées pour ensemencer un hectare était de 15 à 20 kilogrammes suivant la manière adoptée (billons ou buttes).

L'apparence de la récolte, en octobre 1904, était bonne. Les cotonniers atteignaient 0 m. 70 à 1 m. 50 de hauteur. Tous étaient bien ramifiés et couverts de fruits. Cependant, plusieurs champs avaient souffert de la sécheresse.

Dans la première quizaine de novembre, les surveillants noirs, après avoir appris la manière de faire la cueillette dans un champ soigné par un européen partirent dans les villages remettre les sacs d'emballage. Ils séjournèrent dans leurs rayons jusqu'à la fin de la récolte et firent ensuite arracher et brûler les pieds et graines qui pouvaient rester afin d'éviter l'hybrication.

Les cotonniers avaient souffert de la sécheresse et principalement de l'harmattan, vent d'Est persistant. Malgré leur végétation hâtive, les racines n'avaient pas eu le temps d'aller assez profondément atteindre un sous-sol frais. Le rendement s'en ressentit et fut très faible. On n'obtint pas plus de 6 tonnes de coton brut et le Fama Mudemba, souverain de Sansanding, qui disposait de moyens énergiques et de l'appui de l'Administration, ne récolta que 4 tonnes sur 63 hectares, soit 63 kilos de coton brut à l'hectare. Dès lors se posait la question de l'irrigation en vue d'éviter le retour d'accidents semblables : on résolut de faire des semis très hâtifs, dès le mois de juin l'année suivante. La campagne 1904-1905 confirmait, en les complétant, les résultats de la campagne précédente à savoir que, sauf les accidents dus à la sécheresse, les variétés américaines à moyenne soie des types Upland et Louisiane végètent normalement dans la vallée du Niger, tandis que l'Excelsior et le Mississipi se comportent particulièrement bien. Le King, essayé en 1904, se montra rustique et intéressant par sa précocité et sa maturité très groupée.

Comme suite aux circonstances atmosphériques très défavorables, on estima indispensable d'essayer la culture bisannuelle et même trisannuelle en faisant une expérience dans huit villages du rayon de Zinzana et dans trois du rayon de Barouéli, avec des variétés américaines du Mississipi et la Louisiane.

On constata, en effet, que les cotonniers de deux ans avaient mieux résisté parce que leurs racines avaient pu atteindre un sous-sol frais ; par contre, les cotonniers provenant des graines américaines semées en juin, c'est-à-dire de l'année même, étaient moins atteints que les cotonniers indigènes de même âge.

Les observations suivantes furent formulées en conclusion aux expériences de 1904-1905 :

Lorsque les pluies sont peu abondantes, comme elles l'ont été dans le cercle de Ségou, la végétation cependant rapide des cotonniers exotiques se trouve surprise par la sécheresse et l'harmattan ; la production des capsules mûres se restreint et il en résulte une diminution notable dans le rendement des fibres. Ce rendement sera toujours moins élevé à Ségou qu'à Mopté, Djenné, Bandiagara, San où les infiltrations du Niger apportent au sol une humidité persistante.

Pour augmenter le rendement obtenu, tout en tenant compte de ce que les plantations avaient été faites en terrain vierge et insuffisamment désouché, la plupart du temps (par conséquent peu productif au début) il convenait de chercher une nouvelle orientation du système cultural en le transformant en culture bisannuelle et même trisannuelle. On estimait qu'au Soudan, le cotonnier est chez lui et ne doit pas être considéré comme une plante annuelle simplement herbacée, mais bien comme une plante arbustive, qui reprend le cours de sa végétation au début de chaque hivernage. On espérait obtenir ainsi des plants plus élevés et par suite plus productifs.

Il fut constaté que les graines de coton conservaient leur qualité germinative durant trois ans même au Soudan, à la condition d'être mises à l'abri de l'humidité pendant l'hivernage. Celles de deux ans germent et se développent tout aussi bien que celles de l'année et l'on peut les utiliser sans craindre un insuccès.

Tout le coton destiné à l'exportation fut acheté aux indigènes par l'A. C. C. et égrené à Koulikoro. On tentait en même temps de créer un marché cotonnier à Ségou.

Un essai industriel en filature et tissage avec le coton de cette récolte démontra que les filés et tissus fabriqués avec les cotons du Soudan se comportaient exactement de la même façon que les filés et tissus exécutés avec le coton d'Amérique (1).

Campagne cotonnière 1905-1906. — Au cours d'une conférence réunie à Paris le 22 avril 1905, M. Merlaud-Ponty, Gouverneur du Haut Sénégal Niger, estimait que les essais faits parallèlement par l'administration et l'A. C. C. avaient prouvé que les indigènes étaient prêts à développer la culture du coton. Ils ont, disait-il, adopté avec empressement les nouvelles graines qui leur furent fournies, à tel point que ceux de Djenné et de San, auxquels il n'en avait pas été distribué l'année précédente allaient jusqu'à Ségou, à 200 kilomètres, supplier qu'on leur en donnât.

Aussi l'A. C. C. distribuait 27 tonnes de graines exotiques

1. Rapport du directeur de l'usine de Giromagny, 18 août 1905.

contre six l'année précédente. Cinq cents hectares étaient ensemencés dans la région de Ségou avec des graines provenant de la récolte prédédente. Des essais de plants américains, Excelsior, King et Mississipi par le service de l'agriculture étaient poursuivis parallèlement à ceux de l'association cotonnière suivant le mode indigène, en différents points de la vallée.

Malheureusement, la maladie qui frappa deux des trois agents de l'Association, désorganisa ses forces vives au Soudan, au moment où elle se préparait à y reprendre les expériences sur de nouvelles bases et dans des conditions plus favorables.

Les pluies furent abondantes et la croissance normale. Les cotonniers étaient moins hauts mais plus rameux que l'année précédente. La condition de la plante était supérieure à celle de 1904 et tout semblait faire présager une bonne récolte. De son côté, le Fama Mademba, souverain de Sansanding, donnait d'excellentes nouvelles de sa culture. Il se proposait d'aller en France en 1906 (1).

Il y a lieu de signaler ici le premier résultat d'une culture bisannuelle dans le champ de Sibila, territoire de Sansanding. Ce champ d'une surface de 18 hectares, cultivé sous surveillance européenne comprenait 12 hectares de 2 ans, qui seuls avaient donné, les cotonniers de l'année étaient à peine arrivés à la floraison par suite des semis tardifs. La récolte fut de 8.039 kilos de Mississipi et de 2.696 kilos d'Excelsior (2). Cette récolte de 10.735 kilos sur 12 hectares, à raison de 893 kilos par hectare, rendement égaux à ceux d'Amérique, dans une année où les conditions climatériques

1. M. le gouverneur général Roume, à la séance d'ouverture du conseil du gouvernement de l'A. O. F. le 4 décembre 1905, se faisait l'interprète de l'espoir de tous dans l'avenir de la culture cotonnière. « Les essais culturaux faits dans la vallée du Niger, disait-il, ont mis en évidence les sortes de semences qui conviennent au sol et au climat. Les expertises industrielles faites en France ont confirmé l'excellence de la qualité du coton produit en 1904 ».

2. Rapport de M. Estève, agent de culture de l'Administration affecté à Nyamina, Ségou et Sansanding, 1905.

étaient médiocres, sur un terrain léger avec une chute d'eau
à peine suffisante était inespérée et très supérieure aux
rendements obtenus au Soudan en culture annuelle. Elle
montrait que la culture bisannuelle,non seulement était praticable, mais offrait des avantages incontestables.

Les essais de 1905-1906 donnèrent lieu aux observations
suivantes (1). Les cultures furent faites dans des régions
très diverses, de climat et de sol absolument différents ;
les unes ont souffert d'une sécheresse excessive, les autres
d'une trop grande humidité ; pour les unes, le sol était trop
léger, pour d'autres, il était trop argileux.

Les différentes variétés n'ont pas été ensemencées à la
même époque.

Toutes les cotonneraies n'ont pas reçu les mêmes soins.

Les graines distribuées avaient été sélectionnées, très imparfaitement. Dans le cercle de Ségou, où portait le principal effort, les indigènes n'avaient pas semé le tiers des
graines distribuées.

Les cryptogames avaient atteint les plantes souffreteuses.
Vers la mi-novembre, les plantes furent prises de follotage
par suite de sécheresse et du vent d'est dans de nombreux
endroits.

Les rendements en coton brut obtenus dans des cotonneraies indigènes ensemencées en graines exotiques étaient
les suivants : 100 kilos à l'hectare dans un champ de 2 hectares à Bandiagara ; 130 kilos à l'hectare dans un champ à
Konda (cercle de Djenné) ; 290 kilos à l'hectare dans un
champ d'un hectare à Djenné ; 100 kilos à l'hectare dans un
champ de 2 hectares à Terikouta (cercle de San).

Deux variétés américaines de cotonniers, le Mississipi et
l'Excelsior, cultivées à la mode indigène en mélange avec du
maïs et du gros mil, paraissaient susceptibles d'adaptation
dans la vallée du Niger-Bani, mais les rendements des plus
médiocres étaient loin d'être des rendements payants, même
avec une main-d'œuvre à très bas prix.

Le mode arriéré de culture des indigènes, l'absence de

1. D'après un rapport de M. Vuillet, inspecteur de l'Agriculture
au Soudan.

méthode dans le choix des terrains, le manque de préparation de ceux-ci, les dates inégales et irréfléchies des semis, l'absence d'engrais montraient la nécessité d'instruire les indigènes et d'employer des procédés modernes.

Les indigènes avaient eu trop de graines en mains et les cultures avaient manqué de surveillance. Il ne fallait pas ensemencer plus d'hectares qu'on n'en pouvait surveiller, car les cotons américains ne devaient pas être abandonnés à eux-mêmes, comme le coton du pays. Des graines avaient été distribuées en pure perte à des populations peu disposées à la culture et d'ailleurs si éloignées que les résultats obtenus furent inconnus. Beaucoup d'indigènes ne vendirent pas leur récole à l'Association ou en gardèrent une bonne part. Les administrateurs n'ont eu aucune responsabilité dans ce manque de surveillance. Ils avaient fidèlement exécuté les ordres reçus, mais on ne pouvait faire mieux en raison des espaces considérables sur lesquels on voulait opérer. D'autre part, on avait voulu aller trop vite. On ne pouvait, en quelques semaines, agir sur l'indigène et faire toute la propagande nécessaire.

Avec la méthode adoptée, on n'avait pas à regretter d'avoir engagé des sommes d'argent bien inférieures à l'Association britannique en Nigéria (1).

Un essai en filature et tissage du coton de cette récolte donna lieu aux observations suivantes (2).

On obtient avec ce coton, sans changement à la marche des machines, des filés de première qualité sous tous les rapports, propreté. régularité et résistance. La marche à la filature à été parfaite. Il est hors de doute que les cotons du Soudan des variétés américaines pourront remplacer avantageusement les cotons d'Amérique supérieurs que l'on travaille

----

1. D'après un rapport de M. Maigret, industriel à l'A. C. C.

2. La même année des lots provenant du Soudan, du Sénégal ou du Dahomey furent traités avec succès par MM. Ancel Seitz, C. Berger, A Boigeol, Boucher, Mura et Cie, Lefebvre et Bastien, E Crépy et Fils, Georges Koechlin, Waddington Fils et Cie, Jules Marchal, J. G Schmidt, Walter-Seitz, Société de filature et tissage de Giromagny, Steines et Cie à Belfort, Japuis à Claye, David à Arcueil,

dans les bonnes filatures des Vosges. Très bonne marche au tissage ; la chaîne est très résistante, la trame est bien régulière, la casse des filés est plutôt moindre qu'avec les cotons d'Amérique. Le tissu très souple au toucher, a un beau grain et un aspect plus blanc et plus brillant que les articles similaires en coton d'Amérique (1).

Au blanchiment, apprêt, teinture et mercerisage, les pièces traitées se comportèrent comme les pièces en coton Louisiane et terminées, elles ne laissaient voir aucune différence avec ce dernier ; même fini et nuances identiques (2).

Campagne cotonnière 1906-1907. — En vue d'éviter les échecs des années précédentes, le Lieutenant Gouverneur Merlaud-Ponty donna aux administrateurs des instructions précises.

« Nous allons, disait-il, reprendre cette année, sur une plus grande échelle l'essai de 1905, en employant des graines mieux sélectionnées et appartenant uniquement aux variétés reconnues les meilleures pour la colonie. Sans compter 4.000 kilos de graines Excelsior, provenant de la récolte de Sansanding de 1905, que le Fama Mademba se propose d'ensemencer cette année dans ses territoires, nous disposons pour la campagne prochaine de 53.488 kilos de semences. Nous les répartirons comme suit :

Cercle de Ségou,	10 tonnes Mississipi	et	4 excelsior	
— San,	6	—	4	—
— Djenné,	5	—	3	—
— Bandiagara,	2	—	2	—
— Koury,	1	—	1	—
— Kayes,	1	—	1	—
— Koutiala,	2	—	2	—
— Bafoulabé	1	—	1	—
— Kita,	1	—	1	—
— Bamako,	2	—	2	—

Le reste sera donné aux stations agronomiques. « Pendant

1. D'après un rapport de l'usine David et Maigret à Epinal, 1906.

2. D'après un rapport de la Société de Blanchisserie et Teinturerie de Thaon, 1906.

une de ses tournées, le chef du service de l'Agriculture a pu remarquer l'année dernière que les gens de certains villages avaient consacré au cotonnier indigène les meilleures de leurs terres et au cotonnier américain des emplacements stériles ; pour empêcher le renouvellement de ce fait, je vous prie de demander aux cultivateurs, dès maintenant et avec insistance, de réserver leurs champs les plus fertiles pour y ensemencer les graines que vous distribuerez... »

Les semis avaient été faits en temps voulu mais l'hivernage fut déplorable. Les trois quarts du coton de San furent totalement inondés ainsi qu'une bonne partie de celui de Djenné. A Ségou, les pertes étaient sérieuses et à Koulikoro, toutes les cultures de la station agronomique étaient inondées (1).

La quantité de la récolte 1906-1907 égrenée dans les stations de l'Association fut seulement de 13 tonnes, le prix moyen de vente de 76 francs les 50 kilos. L'usine de Ségou était devenue le grand centre d'égrenage.

Ces essais, comme ceux qui suivirent furent exécutés dans les conditions de la culture indigène, afin qu'une fois terminés ils puissent y prendre place tout naturellement.

Pour qui connaît l'attachement du noir à ses pratiques culturales et l'impossibilité matérielle où il se trouve le plus souvent de les modifier, dit M. Yves Henry, il est indiscutable que c'était la voie à suivre (2).

Campagnes cotonnières 1907-1908 et *1908-1909*. — Les graines sélectionnées sur place ne suffisant pas, il fut envoyé par l'Administration 50 tonnes des variétés américaines qui avaient le mieux réussi.

Afin d'éviter autant que possible les déceptions des années précédentes, le but était d'étendre l'action de l'A. C. C. en vue d'arriver à déterminer les régions où les accidents survenus antérieurement ne se produiraient pas, il s'agissait

1. Aux mois de juin 1906, l'A. C. C. engageait M. Level en remplacement de M. Quesnel, comme agent exclusif dans le Haut Sénégal Niger. Il était depuis deux ans aux Etats-Unis où il avait étudié la culture et l'égrenage du coton et devait être secondé sur place par des sous-agents indigènes déjà au courant des travaux.

2. *Matières premières africaines*, 1 vol. in-8, 1918.

de trouver les régions et les sols où le cotonier ne souffrirait pas d'un excès de sécheresse ou d'un excès d'humidité. Les insuccès ne permettaient pas de tirer des conclusions générales applicables à cet immense pays du Soudan, ceci avec d'autant plus de raison que les résultats avaient été excellents sur quelques points. On était loin de connaître toutes les régions où la culture du coton est pratiquée et d'où ce produit est exportable. L'attention était portée sur la région de Koutiala.

Malheureusement, l'A. C. C. ne disposait que d'un seul agent sur le Niger, M. Level qui malgré la meilleure bonne volonté ne pouvait suffire à la besogne. Son activité fut absorbée durant ces deux années par l'agrandissement et la transformation de l'usine d'égrenage de Ségou et des reconnaissances à travers le pays. Ses observations confirmaient les rapports précédents. Il semblait que les sécheresses ou les inondations dont on avait eu à se plaindre étaient locales et que, pour ne pas avoir à en souffrir, il fallait étendre l'action de l'Association sur le plus grand nombre de points possibles. Les résultats stationnaires de 1908, dus le plus souvent à une sécheresse exceptionnelle, vinrent confirmer cette opinion, les nouvelles reçues ayant signalé de nombreux points où les conditions climatériques avaient été normales et où les récoltes eussent été excellentes.

Afin de lutter efficacement contre les insuffisances climatériques. l'Association projetait d'essayer l'irrigation.

Le Fama Madémba avait considérablement étendu ses ensemencements dans l'Etat de Sansanding et restait optimiste sur l'avenir de la culture cotonnière. Il écrivait à l'A. C. C. en novembre 1907 : « La récolte que nous venons de commencer s'annonce bien malgré le pessimisme des gens qui, de parti pris, ont condamné à l'avance cette culture au Soudan, sans raison aucune. » J'ai été habitué ici à entendre des critiques injustes et inqualifiables.

Les exportations passèrent de 17 tonnes en 1908 à 47 tonnes en 1909 (1).

1. Les statistiques sont contradictoires et ne doivent être acceptées qu'à titre indicatif.

Campagne 1909-1910. — Dans la réalité, les essais faits jusqu'alors avaient finalement causé des déceptions. Les variétés américaines, cultivées, il est vrai, à la méthode primitive indigène, ne donnaient pas un rendement supérieur aux variétés indigènes. Elles dégénéraient après trois ou quatre ans et ce fait détermina l'administration à condamner par une circulaire administrative l'introduction des variétés américaines. On se consacra, dès lors, en culture sèche, à la culture et à la sélection des variétés indigènes.

« Cette condamnation, dit M. Yves Henry (1) tirait sa seule force du principe d'autorité et non de la critique des faits ; elle était contraire à la plus élémentaire logique. L'expérience a simplement montré, que l'Excelsior et le Mississipi ont une période trop longue de végétation et qu'il faudrait recourir à des variétés plus hâtives, analogues à celles cultivées au Soudan par les indigènes, en culture annuelle, qui tiennent le sol pendant trois mois à trois mois et demi environ. »

« Quand on voit avec quelle foudroyante rapidité le vent d'Est, dès la cessation des pluies, ravage un champ de cotonniers, on est amené à penser qu'un travail profond du sol permettrait un bon développement du système radiculaire et la maturation normale des capsules. L'expérience acquise à la station de Koulikoro montre qu'il n'en est pas ainsi. »

Campagne cotonnière 1909 1910. — La culture indigène fut continuée en 1909-1910 sur les mêmes errements que les années précédentes, mais sans importation de graines américaines. Grâce à une saison des pluies particulièrement favorable, les champs de coton donnèrent d'excellents résultats partout. L'agent de l'Association continua à étendre la zone d'action. Il ouvrit à l'exploitation la région de Koutiala, riche en coton, où une nouvelle usine d'égrenage était installée à M' Pésoba. Cette usine venant après celle de Kayes et de Ségou était la troisième station érigée au Soudan.

L'Administration du cercle de Koutiala, réunissait les chefs

1. *Matières premières africaines,* 1 vol. in-8, 1918.

de cantons et de villages des régions productives et leur donnait des conseils et des instructions détaillées. Les chefs de
cantons étaient constamment tenus en haleine pendant toute
la durée des pluies ; ils apportèrent, à date convenue, leur
récolte, soit à Koutiala, soit à M' Pésoba. Aussi les livraisons
passèrent-elles de 3 tonnes en 1908 à 45 tonnes en 1909 et à
146 tonnes en 1910. Cette expérience permettait de mieux
déterminer les zones de production et de se rendre compte
de ce qu'il y avait à faire pour les campagnes suivantes.
L'aire de production s'étendait à tout le Cercle, moins les
cantons situés au delà du 13° de latitude et limitrophes du
Bani, dans la zone immédiate d'inondation.

Une question se posait, celle de savoir si la production
acquise était susceptible de s'accroître considérablement. Il
était évident que non, l'augmentation des cotonneraies étant
subordonnée au moindre développement des cultures de
maïs et de mil rouge : songer à accroître la production cotonnière au delà de certaines limites, c'est diminuer du même
coup les autres cultures vivrières.

On essaya la monoculture dans les cantons de Bobola
Zangasso, Sao et Zangasso. Les résultats ne furent pas
satisfaisants par suite de l'ignorance des indigènes pour ce
mode nouveau de culture. Ils n'avaient pas su choisir les
terrains appropriés, n'avaient pas l'outillage agricole et,
s'ils l'eussent eu, n'auraient pas su s'en servir. La production ne pouvait s'accroître que par des procédés de culture
rationnelle au-dessus de la portée des indigènes (1).

Dans les autres cercles, les expériences de culture directe
furent faites sur une petite échelle, en traitant à forfait avec
les chefs de villages, la surveillance s'exerçant sur les champs
Les résultats donnèrent une moyenne de 166 kilos de coton
brut à l'hectare, ce qui est très peu. Ces essais confirmèrent
les précédents relativement au rendement minime des
cotonniers américains provenant de graines introduites
depuis quatre ans, l'importation de nouvelles graines demeu-
rant interdite. Les cotonniers indigènes donnèrent une

1. D'après un rapport de M. Colliaux, administrateur, sur la
culture du coton dans le cercle de Koutiala.

récolte meilleure sans qu'elle fut sensiblement plus forte. L'Association se développait dans la région de San, où une usine d'égrenage était montée, la quatrième dans la colonie.

Campagnes 1911-1912 et 1912-1913. — Les crédits affectés à la culture au Soudan furent divisés en trois parts : 1º Essais directs, champs d'expériences ; 2o Essais de culture par contrat avec les indigènes ; 3º Gratifications pour encouragement au développement de la culture du coton dans certaines régions où l'Association ne pouvait facilement poursuivre ni surveiller des essais de culture par contrat avec les indigènes.

I. — Les essais directs furent entrepris par l'Agent de l'Association, M. Level, avec main-d'œuvre salariée et façons aratoires à l'aide de charrues et de cultivateurs.

Faute de crédits suffisants, ces essais ne portèrent que sur quinze hectares. Le rendement fut d'environ 250 kilos de coton brut à l'hectare. Ils démontraient une fois de plus que la culture sans irrigation ne convenait pas dans cette partie du Soudan, où la chute annuelle des pluies n'atteint pas un mètre et qu'il fallait se porter plus au sud, où la chute annuelle dépasse un mètre. Un programme de culture irriguée était en conséquence établi pour l'année 1913.

II. — Les essais de culture par contrat avec les indigènes consistèrent à faire cultiver moyennant indemnité préalablement consentie un certain nombre d'hectares par les indigènes des villages de brousse, avec plus de soins qu'ils n'en donnent d'ordinaire à leurs propres lougans. L'Association fournissait les meilleures graines sélectionnées, en faisait surveiller la culture par ses propres agents et assurait aux indigènes l'achat des quantités ainsi produites de façon à pouvoir étudier les améliorations de qualité et de rendement.

Ces essais réussirent partiellement avec les indigènes du cercle de Ségou. Le nombre d'hectares ainsi cultivé était de 45 en 1911-1912. D'assez nombreux villages vinrent demander à l'Association de les accepter dans cette nouvelle combinaison qui offrait l'avantage de permettre de faire des avances sur récoltes. Alors qu'en 1909-1910, le rendement moyen était resté légèrement inférieur à 125 kilos de coton brut à l'hectare, il atteignait près de 200 kilos en 1911-1912. Une culture rationnelle, comme aux Etats-Unis eût peut-être doublé les rendements.

III. — Les gratifications pour encouragement aux cultures dans les cercles éloignés étaient de 1.500 francs par an. Elles étaient distribuées en fin de campagne par l'agent de l'association en présence de l'Administrateur commandant le cercle intéressé. L'effet produit parut satisfaisant, notamment dans le cercle de Koutiala.

En mars 1912, le Gouvernement général envoyait à tous les administrateurs des instructions sur la nécessité de développer les ensemencements. Ces instructions étaient commentées en grand palabre dans les cercles et l'acréage fut sensiblement augmenté. Les champs de mil et maïs étaient semés de coton de façon intercalaire,

Campagne cotonnière 1913-1914. — L'acréage planté en coton dans les régions où l'A. C. C. exerçait son action dépassait de 35 o/o environ celui de l'année précédente et faisait prévoir une récolte de 500 à 600 tonnes. La sécheresse ne permit pas d'atteindre ce chiffre.

Sur des champs d'essais directs avec main-d'œuvre salariée et façons aratoires à l'aide de charrues et de cultivateurs indigènes dirigés par des cultivateurs européens, l'A. C. C. étudiait l'utilisation et le rendement au Soudan des méthodes de dry-farming employées dans l'Amérique du Nord pour la mise en valeur des régions semi-arides. L'intérêt de ces essais fut mis particulièrement en évidence dans la région de San où la sécheresse avait presque partout réduit à néant les cultures cotonnières. Le champ d'essai de Dielizagasso, où 50 hectares étaient cultivés en dry-farming donnait un résultat satisfaisant (1).

Un progrès relatif était acquis dans les essais de culture

1. En même temps, des essais étaient entrepris à Ségou sur de petites étendues pour la détermination des quantités d'eau nécessaires au développement des cotons égyptiens en culture irriguée. Faute de personnel de surveillance, on n'arriva pas à des conclusions précises.

par contrat avec les indigènes en fournissant des graines sélectionnées et en assurant l'achat des quantités produites. La région de Ségou se fit particulièrement remarquer.

L'amélioration du rendement par cette méthode paraissait assez sensible. Alors qu'en 1909-1910, le rendement moyen était resté un peu inférieur à 125 kilos de coton brut par hectare, il atteignait près de 200 kilos en 1911-1912, montant pour certains villages à 297 kilos.

Enfin, pour la première fois, les maisons de commerce établies au Soudan se mettaient à acheter du coton brut. Jusqu'alors, elles n'avaient pas cru devoir donner suite aux propositions de l'association. L'entrée en ligne de ces maisons marquait de façon très nette que l'installation des usines d'égrenage et les efforts faits jusqu'alors n'avaient pas été improductifs.

Campagnes cotonnières 1914-1923. — La mobilisation désorganisa complètement les services de l'administration et de l'association cotonnière coloniale. Cependant grâce aux mesures prises, les usines d'égrenage furent maintenues partiellement en activité, mais l'outillage en fut très fatigué par suite de l'impossibilité durant cinq ans de procéder aux réparations et renouvellements. Après les hostilités, la violente crise industrielle des années 1920-1922, la nécessité de se réorganiser sur des bases nouvelles et d'établir un programme basé sur l'expérience ajournèrent jusqu'aux années 1922-1923 l'activité de l'administration et de l'association cotonnière.

De 1922 à 1925 les usines d'égrenage ont été réinstallées avec un matériel moderne ; des stations d'essais et des fermes cotonnières ont été créées. Un spécialiste américain de la culture cotonnière et du dry farming, le Dr Forbes

1. Une étude sur la culture sèche du coton en A. O. F. ne serait pas complète si on ne mentionnait les essais de Kayes sur le Haut-Sénégal, qui appartient administrativement au Soudan.

Le Commandant Bernardy, directeur du Service de l'Artillerie à Kayes, a été un des pionniers de la culture du coton dans le Haut-Sénégal. Les premiers essais datent de 1901, mais la première expérience pratiquée sur une surface notable de terrain date de 1903. Il fit ensemencer au mois de juillet 1903 du coton

désigné par une longue expérience en Arizona et en Egypte a été engagé en 1922 par la Compagnie générale des Colonies pour procéder aux études agronomiques en culture irriguée et en culture sèche dans la région du Moyen Niger (1). Le Dr Forbes est passé au service de l'Administration coloniale en 1924.

Des expériences de dry farming portant sur onze variétés américaines, quelques variétés égyptiennes et le coton indigène ont été faites en 1923, sous la direction de M. le

indigène et six espèces étrangères (3 américaines et 3 égyptiennes). La culture fut faite à la mode indigène, sans irrigations ni amendements. La récolte du coton américain a commencé fin octobre et s'est poursuivie jusqu'aux premiers jours de janvier : celle du coton indigène a commencé fin novembre et s'est continuée jusqu'en mars. Les échantillons de coton étaient à peu près identiques à ceux des Indes dits Broach.

L'excelsior et le Russel étaient supérieurs au Broach. Le coton américain donna un rendement de 350 à 400 kilos à l'hectare.

On concluait de cette expérience que la culture des cotons égyptiens ne pouvait être traitée qu'avec l'irrigation, mais que la culture sèche de la variété Excelsior du coton américain pouvait réussir.

Sur l'initiative du lieutenant gouverneur Merlaud-Ponty et du commandant Bernardy, la première usine d'égrenage de la colonie du Haut-Sénégal était montée à Kayes en 1903.

Des graines exotiques étaient distribuées par l'administration en 1905. La culture s'étendait en 1906 et une récolte assez importante justifiait l'envoi d'une égreneuse de 60 scies. La récolte de 1906-1907 s'élevait à 10 tonnes de coton brut. M. Level, agent de l'A. C. C. annonçait que le mouvement d'extension des cultures indigènes se développait rapidement par suite des achats de récolte par l'A. C. C. L'absence d'agents européens ne permettait ni l'amélioration de la culture indigène ni les expériences. Aussi l'A. C. C. décida-t-elle en novembre 1907 de s'assurer le concours d'un correspondant à Kayes, M. Raffin, établi depuis longtemps dans le pays, qui assurerait la charge de diriger la station dégrenage de Kayes. M. Raffin assura l'achat et l'expédition du coton indigène et fit quelques expériences de culture directe, dont les résultats ne furent pas supérieurs à ceux du Niger. Il fut chargé en 1912 d'un essai de culture par irrigation à Fatola, près Kayes, interrompu par les hostilités.

Dr Forbes par M. Barthabura à Soninkura et par M. Froment, directeur de la ferme-école de Barouéli. Avec toutes les variétés essayées, on a obtenu en moyenne 97 kilos de fibres à l'hectare à Barouéli et 95 kilos à Soninkura. Les plus belles récoltes ont été fournies par les courtes soies américaines. Le Cleveland a rendu 187 kilos de fibres, le Simpkin's Ideal 177 kilos. Le D$_r$ Forbes conclut que dans les sols profonds, ayant les propriétés physiques requises et un bon degré de fertilité, on peut raisonnablement escompter, si l'on donne aux cultures les soins attentifs que réclame l'application du dry-farming une récolte de 150 kilos à l'hectare de coton américain à fibre courte et 100 à 120 kilos de fibres moyennes (1).

La culture en dry farming est compliquée. Elle exige un matériel agricole que l'indigène ne peut utiliser que sous une étroite direction européenne. A l'heure actuelle, après les essais tentés depuis vingt ans, la culture sèche paraît ne pas avoir d'avenir au Soudan, sauf dans la partie méridionale touchant la Côte d'Ivoire, où la chute annuelle d'eau atteint 1 m. 20 annuellement. Dans quelques lustres, si l'éducation agricole des indigènes est assez avancée et le pays pourvu d'animaux de trait, on se livrera au dry-farming et on étendra ainsi la zone cotonnière de l'A. O. F.

Certains estimeront qu'il eût été préférable d'exposer les essais sous forme d'une brève synthèse. Cette méthode aurait été adoptée si l'administration et l'association cotonnière ne continuaient pas les expériences dans cette région, qui, sauf les expériences du Dr Forbes en dry-farming n'ont donné que des déceptions. Une ferme-école est installée à Koutiala où la chute d'eau est insuffisante ; on construit une usine d'égrenage à Mopti, dans une région où la culture sèche n'a aucun avenir et qui profite momentanément des prix élevés du coton. On a vu qu'il existait en Haute Côte d'Ivoire de vastes territoires où la voie ferrée accède, où la chute d'eau est suffisante et où la culture sèche peut être pratiquée dès maintenant avec les plus grandes chances de succès.

1. *Annales coloniales*, numéro mensuel illustré, 4 nov. 1924.

APPENDICE III

Historique de l'intervention européenne et des essais de culture sèche au Dahomey

Dès l'année 1882, MM. Mante frères et Borelli, ingénieurs coloniaux établis au Dahomey s'étaient intéressés à la culture du coton ; ils avaient fait venir d'Angleterre des égreneuses à bras qui avaient donné des résultats satisfaisants. Puis, M. le gouverneur Liotard s'occupa de la question cotonnière depuis l'année 1900 ; il avait pour objectif de créer un premier centre d'achat.

L'A. C. C. en 1903 adressa des graines du Mississipi et du Texas à plusieurs planteurs et mit une égreneuse à la disposition du gouverneur à Cotonou. Un négociant de Porto-Novo, M. Olivier, se chargea des achats. L'administration encourageait la culture spécialement dans le cercle de Kotonou.

La station de l'administration installée à Savalou reçut de l'inspecteur de l'agriculture, en 1904, des instructions lui prescrivant d'étudier les types locaux, de les sélectionner et d'assurer la vulgarisation des meilleurs.

Un petit lot de coton récolté sur les bords de l'Ouémé était comparable au Pérou dur, d'une belle nuance beurrée et d'une soie très forte. Dès cette époque, la région de Dendi, près du Niger, était signalée comme riche en coton. La main-d'œuvre ne manquerait pas ; les chefs de village fourniraient des travailleurs.

Campagne cotonnière 1904-1905. — La maison Viator de Brême, était la seule qui fît quelques achats de coton. Pour remédier à cet état de choses, l'A. C. C. décida d'installer un agent et fit choix de M. Poisson qui connaissait bien le pays. M. le gouverneur Liotard l'accompagna jusqu'à la région cotonnière de Savalou afin de donner plus de poids aux démarches faites auprès des chefs indigènes à l'effet de propager le plus possible la culture existante du coton. La campagne commencée par le Gouverneur lui-même qui fit distribuer des graines américaines, avait porté ses fruits malgré une médiocre saison des pluies ; les chefs de Savalou l'attendaient pour lui remettre plus de 10 tonnes de coton qu'ils avaient gardées et demandaient des graines exotiques pour l'année suivante. M. Poisson leur fit distribuer une tonne de graines exotiques. Les indigènes déclarèrent à l'administrateur de Savalou qu'ils étaient très satisfaits de la vente et qu'ils soigneraient celui qui était planté afin de satisfaire à la demande.

La récolte 1904-1905 ne fut pas aussi abondante qu'on l'avait d'abord escompté. La sécheresse et la tardivité des pluies abaissait l'estimation de 50 à 60 tonnes, en octobre, dans les cultures surveillées par l'A. C. C.

Cependant, la première usine d'égrenage était installée à Abomey au début de 1905. Elle comprenait deux égreneuses avec un moteur de 11 H. P. et une presse hydraulique.

L'installation des machines produisit l'effet désiré ; tout le pays défila devant les égreneuses, qui étonnaient les noirs. Les chefs vinrent, amenés par l'administrateur et l'un d'eux, l'ex-chef de guerre de Béhanzin, après avoir examiné les égreneuses, déclara naïvement que si les Dahoméens avaient su que les blancs fussent si ingénieux, ils n'auraient pas fait la guerre.

Campagne cotonnière 1905-1906. — L'agent de l'A. C. C. distribua 1.850 kilos de graines américaines, en juin 1905, pour la campagne 1905-1906. Savalou 750 kilos, Abomey 650 kilos, Zagnanado-Hollis 300 kilos, Djougou 75 kilos, Bas-Dahomey 75 kilos.

M. Poisson attirait l'attention du gouverneur et de l'A.C C. sur la région de Djougou, qui paraissait susceptible d'exporter des quantités importantes de coton. A la séance d'ouverture du 4 décembre 1905, du Conseil du gouvernement de l'A. O. F. M., le gouverneur général Roume s'exprimait ainsi : « Le Moyen Dahomey paraît être une terre à coton ;

de nouvelles expertises industrielles ont démontré que le coton indigène pouvait, tel quel, sans l'intervention de semences étrangères, être utilisé par une partie de nos manufacturiers ; l'arrivée imminente de la voie ferrée à Paouignan doit faire entrer dans la période d'exploitation régulière toute cette région. »

Les essais de l'Administration furent faits sous la direction de M. Savariau, chef de Service de l'Agriculture. Deux buts étaient en vue : a) étudier dans une région où la culture du cotonnier est connue de tous les indigènes et couramment pratiquée par eux, la valeur comparative au point de vue de l'acclimatement de la végétation, du rendement, de la résistance aux insectes et aux parasites de sept variétés américaines appartenant à la catégorie des Upland Middling (1), b) commencer la sélection méthodique des cotonniers indigènes afin d'arriver à en faire dériver un ou plusieurs types ayant des qualités de fibres se rapprochant de celles des Upland Middling.

A. *Essais de variétés américaines*. — Cinq cent cinquante cinq kilos de graines américaines furent employés sur 40 hectares répartis dans les stations de Savé, Savalou et Doissa Coutago, sur des terrains de nature silicieuse et silico-argileuse.

Tous les travaux furent effectués d'après les méthodes indigènes ; c'est, en effet, sur l'indigène qu'on fondait l'espoir de voir s'accroître la culture du cotonnier au Dahomey et, pour obtenir ce résultat, il paraissait nécessaire de n'apporter aux habitudes des cultivateurs noirs que d'insignifiantes modifications. Le perfectionnement des méthodes culturales se ferait à la longue, sous l'impulsion permanente de l'Administration.

Le débroussement des trois stations fut fait à la houe et au coupe-coupe ; la culture faite en buttes atteignant en moyenne 1 m. 20 de diamètre à la base et 0 m. 50 de hauteur et distantes entre elles de 1 m. 40 au sommet Chaque

1. A savoir : 1° Mississipi River Benders ; 2° Tensas Parish Benders ; 3° Yasoo River Benders ; 4° Black Rattlers ; 5° Excelsior Prolific ; 6° Louisiane Red River ; 7° Pointe Coupée River.

butte occupait une superficie d'environ 2 m² avec 5.000 buttes à l'hectare.

Les semis furent faits en poquets établis, à raison de trois, au tiers inférieur de la base de chaque butte ; l'éclaircissage pratiqué à deux reprises, la première, quinze jours après la levée des cotonniers, en laissant deux pieds par poquet ; la seconde, trois semaines après, en conservant seulement le pied le plus vigoureux ; l'autre étant sectionné au couteau pour éviter de déchausser le système radiculaire du cotonnier restant. Après le deuxième éclaircissage, il ne restait plus que trois pieds par butte. Les binages furent exécutés superficiellement à la mode indigène.

La hauteur atteinte par les plants varia suivant les variétés. Ce sont les Black Rattlers, Mississipi, River Benders et le Louisiane Red River, qui se comportèrent le mieux en atteignant une hauteur de 1 m. 20 à 1 m. 50, sur un diamètre de 1 mètre à 1 m. 20, alors que les autres variétés ne dépassaient pas 40 à 50 centimètres.

L'apparition des premières fleurs eut lieu du soixante cinquième au soixante-dizième jours après les semis et l'ouverture des premières capsules quarante à quarante-cinq jours après la floraison. Cela faisait une période de cent cinq à cent quinze jours pendant laquelle les variétés essayées pouvaient profiter des pluies. Or, les pluies cessent dans la région de Savé et de Savalou aux premiers jours d'octobre. Tous les semis de cotonnier n'ayant pu être faits que dans le courant du mois de juillet avaient donc été trop tardifs ; et c'était là une cause certaine d'insuccès des essais dans une bonne partie des plantations (L'enseignement de cette expérience devait être mis à profit en 1906, en effectuant les semis en juin).

Les insectes, le bollworm et le red bug envahirent et attaquèrent les plantations et exercèrent une influence considérable sur les récoltes.

Le rendement moyen ne dépassa pas une moyenne de 100 kilos de coton brut à l'hectare donnant environ 32 o/o de fibres. Il était ridiculement bas. On pouvait toutefois conclure que le Black Rattlers, le Louisiane Red Rivers et l'Excelsior étaient les variétés qui s'étaient le mieux main-tenues dans les différents centres d'expériences. Le Black Rattlers avait donné 164 kilos, le Louisiane Red River 117, l'Excelsior Prolific 105, alors que les autres variétés ne dépassaient pas 85 kilos.

B. *Essais des variétés indigènes.* — Une station d'essai de 2 hectares, installée à Savalou, fut ensemencée avec des graines provenant des plus belles qualités. La culture fut faite à la mode indigène, sur buttes ; les façons culturales données furent les mêmes que pour les variétés américaines. Le terrain de la station était de nature argilo-silicieuse, de fertilité moyenne.

La période végétative du type indigène est d'environ cent cinquante jours. Les semis auraient pu être faits avanta-geusement fin mai, courant juin. Les indigènes ne man-quèrent pas de faire cette remarque, car c'est en juin au plus tard qu'ils effectuent leurs semis de cotonnier. L'essai fut donc organisé dans des circonstances défectueuses, puisque l'ensemencement n'eut lieu qu'au début de juillet.

Le rendement à l'hectare fut de 142 kilos de coton brut. Cette constatation était intéressante à noter, car elle mon-trait que le plant indigène dans de mauvaises conditions, avait pu donner une petite récolte.

En résumé, l'établissement des champs d'expériences avait été trop tardif, les conditions climatériques défavorables ; les insectes avaient attaqué les plants américains et les con-tremaîtres indigènes ne s'étaient pas montré à la hauteur de leur tâche. Ces essais ne pouvaient avoir un caractère définitifs (1).

Campagne cotonnière 1906-1907. — Dès le début de 1906, la station d'égrenage d'Abomey était devenue insuffi-sante pour traiter les cotons indigènes ; il fut décidé d'en créer une nouvelle plus au nord à Savalou, ce qui permet-trait d'égrener dans de bonnes conditions le coton prove-nant de la région des Hollis.

---

1. D'après le Rapport de M. Savariau, chef du Service de l'Agriculture, 1907.

Les indigènes se montraient satisfaits des résultats et la continuité des efforts de l'Association, qui depuis trois ans leur achetait leur coton eut pour effet de leur donner une grande confiance.

M. le Gouverneur Liotard, comme l'agent de l'Association, estima que l'amélioration des cultures pouvait être obtenue des indigènes en leur montrant dans des champs d'expériences, quels sont les meilleurs procédés à employer.

L'A. C. C. mit un crédit de 25.000 francs à la disposition de son Agent, secondé par des sous-agents indigènes, afin de faire de la culture directe avec les variétés américaines et indigènes ; cela servirait d'école aux indigènes, permettrait le dressage d'animaux de trait, et le sélectionnement des graines ; grâce à ce sélectionnement, on n'aurait pas à envoyer de nouvelles graines chaque année. Cent cinquante hectares furent ainsi ensemencés en coton américain.

D'autre part, le chef du service de l'Agriculture de la colonie, M. Savariau, fit également planter du coton américain sur une grande superficie de terrain dans les cercles de Savalou, d'Abomey et d'Allada. Cette dernière région où jamais encore le coton n'avait été cultivé et dans laquelle l'Association avait une culture de 40 hectares paraissait même supérieure à la région de Savalou.

Le cotonnier américain ne répondit pas à l'attente et se montra même inférieur au cotonnier indigène. Les plans étaient assez beaux comme poussée, mais ne portaient que peu de capsules. La qualité était bonne, mais la quantité minime. Les saisons, dans cette partie du Dahomey paraissaient trop irrigulières pour le cotonnier américain qui pousse et émet des capsules rapidement. Seules, les capsules de l'extrémité des branches offraient une résistance suffisante.

Les essais de l'Administration donnèrent le même résultat et ils sont à retenir, alors qu'on parle aujourd'hui d'une nouvelle introduction de variétés américaines hâtives.

On conclut à cette époque que l'avenir appartenait plutôt aux espèces indigènes sélectionnées.

Les essais de dressage de bœufs à la charrue avaient été

commencés ; ils se poursuivirent, mais présentaient des difficultés dont il a été parlé ailleurs (1).

Le nouveau lieutenant-gouverneur, M. Marchal, fit réunir Savalou à la ligne de chemin de fer par une voie de o m. 6o afin d'assurer dans de bonnes conditions le transport des cotons et autres produits.

L'usine d'égrenage de Cotonou, la troisième au Dahomey, était montée en février 1907. La récolte permit l'exportation de 60 tonnes de fibres par l'A. C. C. et 20 tonnes par diverses maisons de commerce, produites en parties à peu près égales par les trois régions de Savalou, d'Abomey et des Hollis. Cette dernière qui n'avait produit que 4 tonnes en 1905, rapporta 42 tonnes en 1906, mais la quantité produite était beaucoup plus importante. Une bonne partie prit le chemin d'Abeokuta, au Lagos. Le prix moyen de vente au Havre était de 75 francs les 5o kilos.

De toutes les colonies de l'A. O. F. le Dahomey était celle où la culture du cotonnier avait progressé le plus rapidement. Elle avait une organisation assez complète pour que cette contrée parut devoir être une base solide pour les travaux futurs.

Campagne cotonnière 1907-1908. — A la suite des médiocres résultats obtenus dans les essais d'acclimatement des cotonniers américains au Dahomey, l'agent de l'A. C. C. s'efforçait d'augmenter la production du coton indigène, qui, par ses qualités laineuses était recherché en filature pour la fabrication des tissus mélangés avec la laine.

Comme précédemment, le programme porta principalement sur la création des champs d'expériences destinés à servir d'école aux indigènes et à la production des graines sélectionnées pour les ensemencements. Les indigènes étaient surveillés par des moniteurs spécialement dressés.

Les champs d'expériences d'une surface de 200 hectares donnèrent d'assez bons résultats, sauf en un point où ils souffrirent de la sécheresse. Par ailleurs, la sécheresse persistante fit que la récolte indigène fut médiocre.

---

1. Voir le chapitre sur l'éducation agricole des indigènes.

On essaya la culture d'un cotonnier indigène à graines lisses, qui avait donné de bons résultats au Togo ; les essais furent satisfaisants et la culture fut étendue par la suite. Cette variété, le Togo Sea-Island, à graine nue, à défibrage aisé, a un rendement de 30 à 31 o/o, alors que le coton indigène a un rendement de 28 à 29 o/o seulement et est coté à un taux légèrement supérieur en Europe. Elle est aujourd'hui répandue dans la colonie et des distributions en ont été faites par l'Administration dans tous les cercles du Moyen-Dahomey depuis quelques années. On aboutira peut-être à un hybride qui par le jeu de la sélection peut acquérir les qualités de finesse et de rendement du coton américain et la rusticité du coton indigène.

Une nouvelle usine d'égrenage était construite dans le nord du Dahomey, au terminus du chemin de fer à Savé. Cette installation avait pour effet d'augmenter la production dans la région et de diminuer dans de fortes proportions le portage qui, non seulement grevait lourdement le prix de revient, mais encore immobilisait des bras plus utiles aux travaux des champs.

Cinq stations d'égrenage fonctionnaient au Dahomey en 1908 : Savalou, Bohicon, Cotonou, Djougou, Savé.

Campagne cotonnière 1908-1909. — Durant cette campagne, les conditions atmosphériques furent normales et la production augmenta. Les indigènes paraissaient prendre à la culture un intérêt d'autant plus grand qu'elle rémunérait leur travail. Il fallut distribuer 50 tonnes de graines pour répondre à leurs demandes. Les régions qui fournirent le plus furent les cercles d'Abomey et de Savalou. L'extension des cultures était aussi attribuée aux tournées fréquentes de l'agent de l'Association ; aussi crut-on utile de lui adjoindre deux agents afin de multiplier les visites dans les villages du cercle de Savalou. Ce cercle trop distant de la côte pour pouvoir participer à l'exportation toujours croissante du maïs et d'autre part, ne possédant pas de palmiers à huile, trouvait dans le coton un produit tout indiqué pour procurer à ses habitants les ressources pécuniaires que les produits vivriers consommés sur place ne leur fournissaient pas.

On fit des cultures directes sur environ 40 hectares de la variété à graines lisses Togo Sea Island qui donna des résultats satisfaisants.

Campagne cotonnière 1909-1910. — Cette campagne fut marquée par un événement important dans l'histoire de l'Association cotonnière. Il s'agit de la substitution de la Compagnie française du Coton colonial à l'Association dans l'exploitation des entreprises du Dahomey. Dès ses débuts, l'Association s'était préoccupée de fonder un organisme capable, le moment venu, d'assurer d'une façon définitive l'exploitation des entreprises cotonnières créées par elle. C'est de ces motifs qu'était née la Compagnie française d'Etudes et d'Entreprises coloniales, qui donnait une preuve de son activité en créant la Compagnie française du coton colonial, développement normal et prévu du consortium pour l'achat du coton en Afrique occidentale.

Par cette nouvelle organisation, l'Association se trouvait déchargée d'une grande partie de ses frais et pouvait consacrer ses ressources aux colonies où la question cotonnière n'avait pas encore atteint le même développement qu'au Dahomey. Elle louait à cette compagnie toutes ses usines d'égrenage à charge par elle de les entretenir en bon état de fonctionnement, tous les frais d'égrenage et de pressage incombant à la société.

On remarquera que le Dahomey où les progrès les plus sensibles en A. O. F. se trouvaient réalisés, était cependant bien inférieur au point de vue cotonnier à la Colonie allemande voisine du Togo. Alors que le Dahomey avait 5 usines d'égrenage avec, en tout, 9 égreneuses mues au moteur et un stock, il est vrai important, d'égreneuses à main, le Togo, d'une surface moins étendue, comptait 14 usines d'égrenage avec moteur. La production du Dahomey était de 136 tonnes, contre 60 l'année précédente, celle du Togo de 582 tonnes. L'outillage du Togo permettait une production quarante-cinq fois plus importante.

Cette infériorité était due à l'insuffisance des ressources de l'A. C. C. Pour les années 1905 à 1908, c'est-à-dire pour les quatre premières années subventionnées, l'A. C. C. avait

.Bloud   23

touché comme subventions 221.400 francs. Pour la même période, le Comité allemand avait reçu 854.000 francs. Un pareil concours financier facilitait grandement la mise en marche de la culture cotonnière. De plus, l'industrie textile allemande portait au Comité colonial un intérêt moral et financier supérieur à celui de l'industrie textile française à l'égard de l'Association cotonnière. Enfin, alors que les Allemands trouvaient le concours des maisons établies en Afrique occidentale, il n'y avait au Dahomey aucune maison française. Tout au contraire, l'Association s'était trouvée au Dahomey en face de maisons allemandes, comme la maison Vietor, qui savaient se procurer du coton dans nos propres colonies et l'envoyer à Hambourg.

L'action de l'Association n'était pas achevée par la fondation de la Société du Coton colonial. Les agents continuaient à surveiller les champs d'expériences. Les graines lisses Togo Sea Island récemment introduites donnaient de bons résultats tant au point de vue du rendement à l'hectare que de la qualité des fibres, aussi en distribua-t-on des quantités importantes aux indigènes.

Campagnes cotonnières 1911-1912 et 1912-1913. — L'A. C. C. distribua une centaine de tonnes de graines choisies à l'égrenage. Ses agents parcoururent les villages en vue d'obtenir de bonnes façons culturales et allouèrent des primes aux cultivateurs. Les expériences culturales étaient poursuivies dans les cercles de Savalou et d'Abomey, tant par l'Administration que par l'A. C. C. Elles portaient sur la détermination comparative des rendements dans les différentes natures de terrains et sur les qualités des variétés au point de vue de leur aptitude à mûrir convenablement et de la valeur de leur produit.

La Compagnie française du coton colonial établissait un courant commercial qui, espérait on, devait aller en se développant. Ainsi, elle entreprenait l'expédition de graines de coton aux huileries de Marseille.

Campagnes cotonnières de 1913 à 1922. — La production du coton était en voie de progression et il semblait que l'avenir dépendait principalement des moyens de transport.

Il fut acheté en 1913 par les diverses maisons européennes 585 tonnes de coton contre 443 en 1912. La majeure partie ne figure pas sur les statistiques d'exportation. La mobilisation ne laissa pas à l'A. C. C. un personnel suffisant pour continuer son œuvre au Dahomey.

Le soin des développements ultérieurs resta exclusivement entre les mains de l'Administration qui assura régulièrement les distributions de semences dans les centres de production. Le volume de la production s'y maintint pendant toute la durée de la guerre, mais la qualité du coton déclina et montra la nécessité de fournir aux indigènes des graines soigneusement sélectionnées. Comme dans le reste de l'A. O. F., il est indispensable d'avoir des stations d'études scientifiquement organisées et des centres d'instruction pour les indigènes.

Par suite de la crise économique qui suivit la guerre, cette situation provisoire se maintint jusqu'en 1922. Depuis trois ans, l'Administration a pris énergiquement en main le développement de la culture cotonnière. Des comptoirs nouveaux se sont établis et facilitent les achats aux producteurs (1).

1. Sur la situation présente 1922-1925, voir le chapitre sur la culture sèche au Dahomey.

APPENDICE IV

Historique des expériences en Côte d'Ivoire

Jusqu'en 1910 la question de la production du coton à la Côte d'Ivoire resta stagnante et cela pour une raison majeure; le coton existait bien dans la colonie et promettait un bel avenir, mais il ne commençait à être abondant qu'à 250 kilomètres de la côte, dans les régions découvertes au delà du barrage de la grande forêt, d'où impossibilité de l'exploiter par absence de voie d'écoulement économique. Enfin, la voie ferrée atteignit le Baoulé : c'est là que jusqu'à ces dernières années a porté le principal effort. Un agent de l'Association cotonnière (1) était affecté à un poste fixe à la Côte d'Ivoire et travaillait de concert avec l'Administration, qui employait la méthode de la culture obligatoire. Il poursuivit l'étude des variétés locales, notamment de la variété à graines lisses et assura la marche de la station d'égrenage montée à Bouaké. Une sélection avait été opérée par les soins de M. de Ravel, sur les nombreuses variétés de cotonniers que l'on rencontre dans le Baoulé. Elle avait consisté avant tout à séparer les variétés à graines lisses de celles à graines feutrées, afin de distribuer les premières aux indigènes. Deux variétés à graines lisses furent retenues, le Guiesse Yassoua ou Guiesse bla Polou (ou coton mâle) et le Guiesse bla (ou coton femelle) ce dernier adopté comme type commercial après une estimation des fibres par des experts du Havre.

De 1912 à 1917, des expériences de culture rationnelle furent faites dans les environs de Bouaké, sur une surface variant de 2 à 3 hectares. On arriva aux conclusions sui-

1. Cet agent était M. Reymond, qui avait été le collaborateur de M. Poisson au Dahomey et de M. Saadé à Richard-Toll.

vantes. La culture sur billons à faible écartement paraît préférable à la culture sur buttes. La variété à encourager auprès des indigènes est le Guiesse bla, à graines lisses isolées. L'année 1913 donna un rendement de 320 kilos, année 1915, 344 kilos de coton brut à l'hectare. Les années 1914, 1916, 1917 donnèrent des rendements inférieurs, soit à cause d'une culture mal faite et de semis tardifs, soit par suite de maladies cryptogamiques démontrant que le Baoulé était trop méridional et trop humide. Il n'est pas possible de tirer des conclusions d'ordre général avec des essais faits sur un seul terrain et sur deux ou trois hectares seulement dans le Baoulé, où la précipitation annuelle des pluies dépasse souvent deux mètres et rend la récolte aléatoire. Ces résultats ne changent rien aux conclusions précédentes à savoir que la Haute Côte d'Ivoire renferme les terres à coton d'avenir en A.O.F.

Historique des expériences en Guinée

Les premières expériences remontent à 1901. La culture du coton était tentée dans la Haute-Guinée au poste de Banco. Treize variétés exotiques étaient semées. Seules, deux variétés égyptiennes (Abassi et Mit-Afifi) s'étaient presque aussi bien comportées que les variétés indigènes. Cet essai n'eut pas de suite.

En 1903, un essai était fait à Kouroussa (1) sur une surface de 5 hectares. On prépara deux terrains de nature différente, l'un ferrugineux et caillouteux, l'autre légèrement sablonneux. Les variétés de semence étaient celles de Haïti, Egypte, Amérique, Pérou et indigène.

Les semis commencés le 25 juin étaient terminés le 7 juillet. Entre chaque variété exotique ou indigène, on avait intercalé une culture de mil pour empêcher, autant que possible l'hybridation.

Depuis le début de la plantation, jusque vers la mi-août,

---

1. L'essai fut exécuté par M. Poirey, qui avait procédé à l'essai de Banco et avait été chargé antérieurement d'essai au jardin de Kati.

les variétés d'Egypte (Mit-Afifi) et le Pérou dur semblaient vouloir s'acclimater assez facilement et montraient autant de vigueur que les variétés indigènes. Puis la végétation du Pérou s'est ralentie, les feuilles ont jauni, ont tourné au brun marron et sont tombées ; plusieurs de ces plantes étaient pourries dans la racine. Les autres variétés provenant du Texas, tout en paraissant d'abord de bonne venue, n'ont donné que des petits plans rachitiques et qui, au 5 novembre, n'avaient pas dépassé o m. 30 à o m. 40 de hauteur. En résumé, le Mit-Afifi seul s'était bien comporté et paraissait ne pas souffrir, ni de la trop forte chaleur, ni des longues pluies de l'hivernage. Les sortes égyptiennes, notamment le Mit-Afifi paraissaient seules susceptibles de s'implanter dans cette région. Ces résultats, médiocres en tous points, étaient semblables à ceux obtenus précédemment à Kati et à Banco (1).

En 1904, l'Administration assura en Basse-Guinée par l'installation d'une station cotonnière à Frigu la continuité des recherches d'acclimatement.

Durant les années 1906, 1907, 1908, de gros stoks de semences de variétés américaines à courte soie furent introduits dans la colonie. La plus grande part fut confiée à des cultivateurs indigènes ; on créa aussi, avec la même hâte que précédemment, des champs d'expérience en Basse, Haute et Moyenne-Guinée. Les indigènes négligèrent par apathie leurs cultures ; aucune indication sérieuse ne put être retirée de l'examen de leurs champs. Quant aux essais conduits par les agents agricoles, ils réussirent en un point seulement, à Banké, Guinée nigérienne, sur un sol très riche, nouvellement défriché. Ailleurs, ils aboutirent à des échecs.

D'une manière générale, les cotonniers américains se révélèrent d'une part très précoces, fleurissant brusquement dès les premières périodes de sécheresse alors que les retours de pluie sont à craindre. D'autre part, il apparut qu'ils manquaient de rusticité, étant très sensibles au vent d'est et aux attaques des insectes. Dès 1908, les essais de variétés américaines furent abandonnés.

1. D'après le rapport de M. Maigret à l'A.C.C., 1er mars 1904.

Comme autres cotonniers exotiques introduits en Guinée, on ne peut citer que le cotonnier à graines nues, plus ou moins accolées, connu au Dahomey et à la Côte d'Ivoire. En résumé, on n'est arrivé à aucun résultat probant avec les variétés exotiques. Les expériences ont manqué de surveillance et de méthode. On sait seulement, à l'heure actuelle, par l'examen des cultures indigènes et de la qualité des fibres que le climat de la Haute-Guinée, dans le voisinage de la Côte d'Ivoire, convient parfaitement à la culture sèche. Une usine d'égrenage est installée à Kankan et cette région commence à exporter des quantités assez importantes.

APPENDICE V

Les essais de culture irriguée sur le Sénégal

Une série d'expériences en culture irriguée par pompage
a été faite avant 1914 sur le Bas Sénégal. Nous croyons
devoir en exposer l'historique par ordre chronologique afin
de renseigner les planteurs qui à l'heure actuelle continuent
les essais sur le Sénégal et le Niger et d'éviter peut-être par
là le retour de certains essais qui se sont montrés défavorables.

Le régime des pluies sur le Moyen et Bas Sénégal donne
en moyenne o m. 3o d'eau par an, la presque totalité des
chutes se produisant de juillet à octobre. C'est dire que la
région ne reçoit presque pas d'eau et que sans irrigation
toute culture est impossible au delà de la bordure étroite du
fleuve. Du 20 octobre au 3o juin, il ne tombe en général pas
une goutte d'eau. Durant cette saison, dite sèche, souffle,
intermittant en novembre et de février à juin le vent du
désert, l'harmattan, desséchant tout et arrêtant complètement la végétation.

Les essais d'avant-guerre et d'après-guerre, aussi bien sur
le Sénégal que sur le Niger, ont démontré qu'un rendement
égal, sinon supérieur aux rendements égyptiens, était
obtenu lorsque les variétés de semence étaient bien adaptées au sol et au climat et lorsque la culture était faite avec
les mêmes soins qu'en Egypte.

En attendant l'exécution lointaine des grands travaux
d'irrigation par gravité, la culture irrigués par pompage,
avec une main-d'œuvre recrutée chez les fellahs d'Egypte,
pourrait être étendue dans le voisinage de Podor et Richard-
Toll sur de petites exploitations et en utilisant le plus possible la force du vent pour le pompage. Une étude scienti-

fique de l'harmattan donnant les vitesses maxima, minima
et moyennes faciliterait l'adoption des moteurs éoliens les
mieux adaptés au pays.

* * *

Les expériences d'irrigation à Richard-Toll. —M.Lécard
en 1864 et M. Perrachot e1 1899 avaient démontré la
possibilité d'obtenir par l'irrigation du coton type égyptien.
L'Association contonnière subventionna en 1903 M. Rabaud
qui possédait une propriété à Richard-Toll.

Le point de Richard-Toll présente cet avantage que le
Sénégal est navigable jusqu'à ce point, même aux basses
eaux, pour les navires de mer ayant un tirant d'eau de 14 à
15 pieds. Mais, d'autre part, la marée remonte jusqu'à
Richard-Toll durant une partie de la saison sèche et il arrive
assez souvent que l'eau salée envahit le vaste réservoir du
lac de Guiers utilisé pour l'irrigation.

M. Rabaud procéda aux essais sur une parcelle de 7 hectares avec des graines du Mississipi, du Texas, du Pérou et
d'Egypte. L'ignorance des méthodes de culture irriguée à
cette époque ne permit pas d'obtenir une première fois des
résultats concluants. Toutefois, les graines d'Egypte s'étaient
bien comportées. Les variétés qui avaient le mieux réussi
avec celle d'Egypte étaient le Colorado River, le Yasoo River
du Texas et l'Excelsior Prolofic.

Les essais de 1904-1905. — (1). L'inspection d'Agriculture de la Colonie décida de procéder à des essais en 1904.
Il ne pouvait être question, surtout pour une première
année d'essais, d'établir un prix de revient même approxi-
matif, tous les éléments de la production étant inconnus,
soit dans leur nature, soit dans leur action réciproque.

D'autre part, on avait à compter sur une sécheresse
excessive de l'année précédente, qui avait fait refluer les
eaux de la mer jusque dans le lac de Guiers, ce qui, par con-

1. D'après un rapport de M. Yves Henry, 1906.

séquent, ne permettait pas d'arroser les semis avant le début de l'hivernage et de prendre de l'avance sur celui-ci.

Aussi les instructions données à l'agent de culture chargé des essais, furent-elles très simples afin de bien préciser les points importants et de ne pas entraver son initiative :

1° La végétation des cotonniers, du semis jusque vers le troisième mois devait être assurée par les pluies d'hivernage ; les irrigations viendraient dès la cessation des pluies assurer la floraison et la fructification ;

2° Les essais devaient porter sur deux parcelles contiguës, dont une était excessivement argileuse, l'autre argilo-siliceuse. Ces deux parcelles représentent, en effet, à peu près les deux types de terrains que l'on rencontre couramment dans la vallée du Sénégal.

3° Les semis devaient être effectués en deux fois ; en premier lieu dès le début de l'hivernage, aussitôt que les premières pluies auraient permis d'exécuter le dernier labour, et en second lieu une fois que le sol aurait été bien humecté.

4° Les soins de démariage et d'écimage devaient être donnés conformément aux pratiques d'Egypte.

5° Les arrosages devaient être pratiqués tous les douze jours sur une partie du sol, tous les vingt jours sur l'autre ; cela afin d'être fixé sur la quantité d'eau nécessaire à la végétation des cotonniers sous le climat du Sénégal.

6° Les engrais devaient consister en une bonne fumure, au fumier de ferme, à raison d'environ 40 tonnes à l'hectare.

Les essais furent conduits par l'agent de la station suivant les instructions données.

L'hivernage commença le 18 juillet et se termina le 29 septembre, nécessitant peu après l'installation de l'irrigation. Le petit hivernage ou heug, consistant en pluies qui tombent en novembre, décembre et mars, généralement très inconstant, prit cette année 1904 une forme violente et tardive, causant même des dégâts appréciables à la récolte d'arachides et gênant la cueillette du coton. Cette première campagne ne pouvait donner un résultat concluant sur lequel il eût été permis de se baser.

Toutes les parcelles furent rayonnées dans le sens de la

largeur à un mètre ; sur les rangées furent faits, à l'aide de la binette, des poquets distants de o m. 5o et profonds de o m. o5, dans lesquels on jeta 5 à 6 graines de coton, recouvertes aussitôt de terre meuble.

L'écartement choisi de o m. 5o sur 1 mètre réussit sur le sol argileux, mais fut insuffisant sur le sol silico-argileux ; sur ce dernier, des distances doubles n'auraient pas été exagérées. A la récolte et malgré deux écimages, les branches s'entrecroisaient sur plus de la moitié de la longueur.

Avant l'ensemencement, les graines avaient subi un trempage de vingt-quatre heures dans l'eau ; cette durée était trop longue avec la température d'hivernage. Douze heures auraient suffi. On cherche en effet par cette opération à activer la germination ; si le séjour des graines dans l'eau se prolonge trop, les téguments éclatent et la radicule apparaît. Cela peut ne pas avoir d'inconvénient si, à ce moment, les semences sont déposées dans un sol bien mouillé et parfaitement meuble; mais si ces conditions ne sont pas remplies, les parties vitales de la graine sont brûlées et la levée n'a pas lieu. C'est ce qui s'est présenté pour le coton semé en fin juillet ; l'irrégularité dans la sortie tient aussi, il est vrai à la nature très argileuse du sol.

Les semailles avaient été faites du 29 juillet au 16 août à raison de 15 à 20 kilos à l'hectare. La levée se produisit après cinq ou six jours. Dans les deux derniers semis (5 et 16 août) la levée a été absolument uniforme, au contraire, le coton semé fin juillet a eu une levée lente et très irrégulière ; le 15 août, la moitié des poquets étaient vides et beaucoup de graines étaient pourries.

Après l'échec du premier semis de fin juillet, il en fut effectué un autre le 25 août qui, comme le premier eut une réussite médiocre, surtout sous les arbres qui n'avaient pas été abattus dans cette partie du terrain et qui paraissent devoir être bannis de toute culture de coton.

Le démariage, les binages, les irrigations et l'égrenage furent pratiqués suivant les méthodes d'Egypte. La récolte commença le 15 décembre et la deuxième récolte était terminée le 25 mars ; ces opérations avaient donc duré trois mois et demi. Dans la partie irriguée tous les vingt jours, la floraison, la maturité et la déhiscence des capsules avait un retard d'environ quinze jours sur la partie irriguée tous les douze jours

A chaque période de vent d'est, il fallait activer les cueillettes, car quatre ou cinq jours après la déhiscence des capsules, les touffes de coton étaient arrachées par le vent. Le Mit-Afifi fut la variété qui résista le mieux au vent d'est.

Les rendements furent les suivants :

PREMIER CHAMP

Sol argileux avec 63 ares 66 centiares ; écartement 1 m. $\times$ 0.50
Arrosage tous les vingt jours.

VARIÉTÉS essayées	MORTALITÉ	RENDEMENT A L'HECTARE en kilos et en coton brut			
		Première récolte		2e Récolte	TOTAL.
		Bon coton	Coton avarié		
Mit Afifi	10 0/0	600	50	70	720
Yanovitch	12 0/0	340	30	145	545
Abassi	18 0/0	160	30	40	230

DEUXIÈME CHAMP

Sol silico-argileux, 16 ares 37 centiares ; écartement, 1 m. $\times$ 0.50
Arrosage tous les douze jours.

VARIÉTÉS essayées	MORTALITÉ	RENDEMENT A L'HECTARE en kilos et en coton brut			
		Première récolte		2 Récolte	TOTAL
		Bon coton	Coton avarié		
SEMIS DU 5 AOUT					
Mit Afifi		700	80	120	900
Yanovitch		450	110	400	960
Abassi		500	80	450	1.030
SEMIS DU 16 AOUT					
Mit Afifi		1.300	150	1.100	2.550
Yanovitch		800	130	600	1 530
Abassi		950	150	300	1 400

Dans le deuxième champ les rendements auraient été sensiblement plus forts avec des écarts plus grands entre les pieds de cotonniers.

La variété de Mit-Afifi donna le plus haut rendement et se montra la plus tardive donnant une deuxième récolte presque aussi abondante que la première. Le rendement de 2.550 kilos en coton brut de cette variété pouvait laisser un bénéfice.

Quant aux autres variétés, les rendements étaient faibles et devaient être considérés comme insuffisants pour couvrir les frais élevés de l'exploitation.

Les essais de 1905-1906. — Il s'agissait de confirmer les résultats obtenus l'année précédente avec les variétés égyptiennes, de les mettre en lumière, de les compléter au besoin et de fournir des données nouvelles, principalement sur la question économique pouvant déterminer le planteur à se livrer à la culture irriguée.

L'ensemble du terrain de 13.480 mètres, le même que l'année précédente, auquel une parcelle était ajoutée comprenait une partie de sol argileux, 7.000 mètres, une partie de sol argilo-siliceux, 3.750 mètres, une partie de sol silico-argileux, 2.730 mètres.

Le sol fut labouré à o m. 30 de profondeur ; on répandit 40 tonnes de fumier. L'absence de pluie obligea à faire les semis fin juillet après une première irrigation. Auparavant, les graines avaient subi un trempage de dix heures. Les graines furent semées en poquets, à environ un mètre de distance, à 5 par poquets. La levée commença six jours après les semis, sauf dans le terrain argileux, où la résistance du sol retarda la levée de trois jours.

L'agent de culture fit procéder avec exactitude aux soins culturaux de buttage, éclaircissage, écimage et pincements.

Les premières eaux d'irrigation puisées dans la Taouey contenaient du sel qui contribua à la mortalité d'un assez grand nombre de jeunes plants. Ce nouvel essai montrait la nécessité de barrer la Taouey pour assurer la permanence de l'eau douce.

Du 26 septembre au 6 avril on procéda à 16 irrigations.

A chaque arrosage on répandait sur le sol une hauteur d'eau de o m. 113 de laquelle il y a lieu de réduire un tiers pour perte par évaporation et infiltration dans les rigoles de conduite de l'eau, ce qui réduit la hauteur utile à o m. 075. Pour les 16 arrosages, la hauteur d'eau utile était de 16 × o m. 075 = 1 m. 20 à laquelle il faut ajouter, pour avoir la quantité d'eau mise à la disposition des cotonniers, la hauteur des pluies, o m. 331, soit au total 1 m. 531. D'après les observations faites au cours des essais, le nombre des irrigations données était nécessaire pour assurer une bonne végétation des cotonniers. Exprimée en mètres cubes, la quantité totale d'eau apportée par les arrosages était d'environ 18.000 mètres cubes par hectare, dont 12.000 mètres cubes utiles.

A leur période de végétation la plus intensive, c'est-à-dire dans les premiers jours de novembre, les trois variétés avaient une hauteur moyenne de 0 m. 90 à 1 mètre sur le terrain argileux, une hauteur de 1 m. 75 sur le sol argileux-siliceux et une hauteur de 1 m. 80 sur la partie silico-argileuse. C'était là une indication utile sur la nature du terrain convenant le mieux au cotonnier.

Les rendements furent les suivants :

Champ A. B. — Sol argileux de 7.000 mètres carrés.
Ecartement 1 m × 0 m. 70. Arrosage tous les douze jours :

VARIÉTÉS	MORTALITÉS totales	RENDEMENT à l'hectare en coton brut
Mit-Afifi	16 %	972 k.
Yanovitch	24 %	1.200 k.
Abassi	26 %	1.093 k.

CHAMP B. C. — Sol argilo-siliceux, 3·750 mètres carrés. Ecartement 1 × 0 m. 70. Arrosage tous les 12 jours.

VARIÉTÉS	MORTALITÉS totales	RENDEMENT à l'hectare en coton brut
Mit-Afifi	7 %	1.608 k.
Yanovitch	11 %	1.568 k.
Abassi	9 %	1.568 k.

CHAMP C. D. — Sol silico-argileux, 2.730 mètres carrés. Ecartement 1 m. × 1 m. Arrosage tous les 12 jours.

VARIÉTÉS	MORTALITÉS totales	RENDEMENT à l'hectare en coton brut
Mif-Afifi	15 %	1.219 k.
Yanovitch	21 %	1.076 k.
Abassi	24 %	1.033 k.

Les mortalités élevaient tenaient aux causes suivantes :
1° La salure du sol au confluent de la Taouey ;
2° L'harmattan cassa 5 o/o des plants ;

3° Les termites ont attaqué les plants sur les témoins insuffisamment irrigués, principalement sur le sol argileux ;

4° Deux vols de sauterelles ;

5° Les perruches ont mangé un certain nombre de jeunes capsules ;

6° Un insecte, semblable à la punaise des bois, le domivitine, à perforé un certain nombre de jeunes capsules.

Les conclusions à tirer étaient les mêmes que l'année précédente. Malgré certaines conditions défavorables comme la salure des eaux de la Taouey et les vols de sauterelles, les rendements étaient suffisants pour justifier l'installation de cultures européennes. Ces rendements, grâce à une irrigation méthodique et, vraisemblablement, au plus grand écartement des plants, étaient plus homogènes que ceux de l'année précédente.

La parcelle qui n'avait pas subi d'irrigation d'eau salée donna un rendement de 1.508 à 1.608 kilos à l'hectare. Ces rendements étaient obtenus par une simple fumure : il ne semblait pas douteux qu'une culture intensive donnerait le même rendement qu'en Egypte.

Il est difficile, dit M. Yves Henry, de tirer des conclusions rigoureuses des essais de ces deux dernières années au point de vue de la productivité respective des terrains argileux et des terrains argilo-siliceux. C'est à peine si l'on peut noter, pour l'ensemble des variétés, une légère différence en faveur des derniers. Des essais sont encore nécessaires pour fixer les idées à ce sujet, ainsi d'ailleurs que sur la valeur comparée des variétés essayées.

Nous ne parlons pas intentionnellement des frais de culture par suite de la grande instabilité des prix, aussi bien des frais de main-d'œuvre que des prix de vente. Sachant que ces frais sont sensiblement moins élevés qu'en Egypte et aux Etats-Unis, il est certain qu'un rendement moyen doit laisser un bénéfice normal (1).

Les essais de l'année suivante ne donnèrent aucun résultat par suite d'une inondation exceptionnelle. Puis l'administra-

1. Résumé d'un rapport de M. Yves Henry.

tion abandonna ces essais qui furent repris en 1909 par l'Association cotonnière.

Les essais de 1909-1910. — Les agents de l'Association furent installés en mars 1909 seulement, alors que les terrains auraient dû être préparés plusieurs mois d'avance, mais l'Association n'avait pas été avertie en temps voulu sur les sommes mises à sa disposition par le Gouvernement général.

Douze hectares furent labourés avec des bœufs et disposés pour la culture par irrigation sur la station agronomique du service de l'agriculture et sur la concession Rabaud (1).

Les expériences portèrent sur quatre variétés égyptiennes : Mit-Afifi, Nubari, Yanovich, Ashmonni et sur trois variétés américaines : Excelsior, Bates, Toole.

Les terres reçurent plusieurs labours et une sérieuse fumure, à l'aide d'engrais trouvés dans les villages environnants ; on y mit également du superphosphate, du sulfure d'ammoniaque et de la kaïnite.

Les essais furent faits le 5 mai après irrigation et échelonnés sur plusieurs mois jusqu'au 30 septembre. La levée et la végétation se firent normalement et dans des conditions aussi bonnes que c'est généralement le cas en Egypte. Les binages ne furent pas considérables.

Le rendement comparable aux meilleurs rendements d'Egypte, fut de 500 kilos de coton fibre par hectare pour les variétés égyptiennes sur le champ n° 1 ou la station agronomique, et d'environ 300 kilos de coton fibre sur le champ n° 2 ou de la concession Rabaud.

Les variétés américaines donnèrent des résultats intéressants en culture irriguée et se montrèrent beaucoup plus précoces que les espèces égyptiennes.

On résolut de ne continuer à cultiver que des graines de la variété Mit-Afifi, pour les espèces égyptiennes, attendu que c'était elle qui s'était montrée la plus robuste, la plus hâtive et la plus prolifique ; le coton Mit-Afifi est de plus le coton le plus demandé par la filature française.

1. Essais dirigés par M. Saade, ingénieur agronome égyptien et M. Raymond.

ESSAIS DE 1909-1910

Surfaces et rendements des variétés cotonnières cultivées à Richard-Toll en 1909-1910, sur les champs n° 1 ou de la station économique, n° 2 où de la concession Rabaud.

VARIÉTÉS	Champ n° 1 ou de la station agronomique			Champ n° 2 ou de la concession Rabaud		
	Surface	Rendement total	Rendement à l'hectare	Surface	Rendement total	Rendement à l'hectare
Egyptiennes						
Mit-Afifi.............	0 h. 4135	1.059 k.	2.560 k.	2 h. 8280	2.482 k.	877 k.
Nubari..............	0 h. 1916	258 k.	1.346 k.	0 h. 4775	440 k.	921 k.
Yanovitch...........	0 h. 2006	222 k.	1.106 k.	0 h. 4649	387 k.	832 k.
Ashmonhi...........	0 h. 1609	196 k.	1.218 k.	0 h. 5072	398 k.	784 k.
Américaines						
Excelsior...........	0 h. 1537	229 k.	1.489 k.	1 h. 7825	1.873 k.	1.050 k.
Bates..............	0 h. 1296	187 k.	1.442 k.	0 h. 6618	789 k.	1.192 k.
Toole..............	0 h. 1440	296 k.	2.055 k.	0 h. 4978	514 k.	1.032 k.
Africaine						
Dahomey à graines lisses.....	0 h. 0352	59 k.	1.676 k.	0 h. 1026	111 k.	1 081 k.
	1 h. 4291	2.506 k.	—	7 h. 3223	6.994 k.	—
Les 4 variétés égyptiennes ci-dessus.............	0 h. 3000	4 k.	13 k.			
Excelsior...........	0 h. 3500	52 k.	148 k.			
Totaux.............	2 h. 0791	—	—	7 h. 3223		

9 hect. 4014

0 h. 6500. 1 h. 4291 + 7 h. 3223 = 8 h. 754

Ce qui frappe dans l'examen du tableau ci-dessus, c'est l'énorme différence de rendement des deux champs, pour toutes les variétés, le rendement moyen du champ nᵒ 1 ou de la Station étant de 1.753 kilos à l'hectare, contre 955 kilos seulement dans le champ nᵒ 2 ou de la concession Rabaud. Cette différence est surtout sensible pour le Mit-Afifi qui, sur le champ Rabaud n'a donné que 877 kilos à l'hectare contre 2.560 kilos à la station.

Les causes de cet écart paraissent devoir être recherchées dans le fait que l'on se trouvait, sur le champ nᵒ 1 dans des conditions de culture beaucoup plus favorables que sur le champ nᵒ 2.

Le champ nᵉ 1 offrait l'avantage d'être parfaitement nivelé, assez bien abrité contre le vent d'est par des rideaux d'arbres élevés ; il avait été défoncé, ameubli déjà par des cultures antérieures ce qui permit de le labourer plus profondément. La fumure qui lui fut donnée à raison de 3o tonnes à l'hectare fut aussi plus abondante, grâce aux stocks de fumier accumulés dans le voisinage immédiat.

Sur le champ nᵒ 2, on avait affaire à du terrain vierge, jamais cultivé, battu depuis des années par les pluies, piétiné par les hommes et les troupeaux. Les charrues eurent beaucoup de mal à entamer le sol, si dur par places qu'il était à peine attaquable au pic. En beaucoup d'endroits le labour n'atteignit que 10 centimètres au plus. La quantité de fumier répandue ne dépassa pas 10 tonnes à l'hectare. Le nivellement était défectueux. Sur certaines parcelles trop inclinées l'eau des pluies et des irrigations se trouva répartie peu régulièrement dans les rigoles. Dans les parties surélevées, les plantes restèrent frêles et maigres. Ce champ était situé dans une plaine rase, complétement déboisée, balayée de tous côtés par les vents en particulier par le vent d'Est, extrêmement desséchant et souvent si violent qu'il abat sur le sol quantité de capsules en formation et, lorsque ces capsules sont arrivées à maturité, en arrache la fibre et la jette sur le sol (1).

____

1. Cette cause de déchet ne peut être supprimée ou du moins

Le pompage fut irrégulier sur le champ n° 2. Le champ n° 1 avait été semé en mai et avait fourni du coton depuis le mois d'août jusqu'en juin 1910. Le champ n° 2 fut semé beaucoup plus tard, du 25 juillet au 30 septembre.

Les essais de 1910-1911. — La surface mise en culture fut de 19 hectares 41 mètres carrés. Les semis commencèrent en juillet. La levée fut très régulière et la végétation se développa normalement. Le champ de 1909 que l'on avait cessé d'irriguer vers le mi-avril avait si bien résisté à la sécheresse qu'on décida de laisser les cotonniers en terre une seconde année en se contentant de les recéper à 20 centimètres du sol. Tous repoussèrent et se montrèrent remarquablement vigoureux. Ce fait très important permettait d'envisager la culture bisannuelle et même trisannuelle du cotonnier, alors qu'elle est annuelle aux États-Unis et en Égypte. Il en résulterait une économie sensible des frais de culture.

Les rendements furent les suivants :

atténuée dans une large mesure que par la création d'abris permanents contre le vent.

ESSAIS DE 1910-1911

	VARIÉTÉS	SURFACES mises en coton	SURFACES totales mises en culture	RENDEMENT total	RENDEMENT à l'hectare
Champ. A — Terrain vierge travaillé et fumé pour la première fois.................... Engrais chimiques.....................	Mit-Afifi....... Excelsior.......	11 h. 1650 0 h. 8800	12 h. 0450	8.997 k. 468 k.	806 k. 531 k.
Champ B. — En terrain ayant déjà porté du coton l'an précédent. Relabouré, mais non fumé.............	Mit-Afifi.......	0 h. 9873	0 h. 9873	441 k.	446 k.
Champ C. — Cotonniers recépés.....	Mit-Afifi....... Excelsior....... Bates .... Toole .... Dahomey à graines lisses.....	1 h. 8000 0 h. 7848 0 h. 4660 0 h. 4580 0 h. 0460	3 h. 5548	783 k 447 k. 341 k 331 k 25 k.	435 k. 569 k. 733 k. 722 k. 543 k.
Totaux		16 h. 5871		11.833 k.	
Champ D. — Fourrages............. Total de la surface mise en fourrage.	Fourrages divers, luzerne, téosinte, sulla. Bersim........	Surfaces mises en fourrages .... 0 h. 9800 1 h. 4370 2 h. 4170	2 h. 4170 19 h. 0041		

Sur ancien champ Rabaud de 1909-1910

Les résultats de cette campagne donnèrent lieu à diverses observations.

Champ A. — Variété Mit-Afifi (en terrain vierge), l'expérience confirma les essais antérieurs du service de l'Agriculture, à savoir que, de toutes les variétés égyptiennes, le Mit-Afifi paraissait la plus rustique la plus productive et la plus rémunératrice. Le rendement fut en moyenne de 806 kilos à l'hectare, contre 877 kilos l'année précédente. Cette diminution de 71 kilos par hectare est attribuable en partie aux circonstances climatériques, en partie à l'insuffisance des labours sur terrain vierge. Le vent d'Est souffla de novembre à avril avec une violence et une persistance telles qu'elles étonnèrent les indigènes eux-mêmes. Les cotonniers souffrirent de cette sécheresse intense et continue de l'atmosphère qui contrecarra dans une assez forte mesure l'effet des irrigations presque ininterrompues. Sur un assez grand nombre de plants les capsules du haut du plant, s'atrophièrent avant maturité et tombèrent. Cette atrophie était imputable au manque de profondeur du premier labour sur un terrain vierge. A cet égard, on se trouva cette seconde année dans des conditions de travail aussi défavorables que la première. Pour un labour profond, il faut des charrues lourdes et des attelages puissants. Or, la puissance est précisément ce qui manque au bœuf sénégalais.

Champ A. — Variété Excelsior. Cette variété ne donna que 531 kilos à l'hectare, contre 1.050 l'année précédente. Pour expliquer cette forte diminution, il faut ajouter aux causes précitées la mauvaise qualité des graines semées. Celles-ci étaient vieilles de deux ans et à moitié avariées. Nombre de plants avortèrent, des billons entiers ne portaient pas de cotonnier et les plants étaient grêles et rabougris. Ce faible rendement dû à des causes accidentelles ne permettait pas de tirer des conclusions définitives et de nouveaux essais devaient être tentés.

Champ B. — Variété Mit-Afifi. Seconde année. Cette variété semée sur un terrain ayant déjà porté du coton l'année précédente ne produisit que 446 kilos à l'hectare.

Cet essai n'avait d'autre but que de savoir s'il ne serait pas impossible de cultiver du coton deux années de suite, dans le même terrain à Richard-Toll. Le résultat montrait qu'il convenait d'y renoncer.

Champ C. — Cotonniers récépés. Cette forme de culture permet d'obtenir deux récoltes avec des frais de culture réduits de plus de moitié la seconde année puisqu'ils ne portent que sur un récépage, opération peu coûteuse, des binages, l'entretien des canaux déjà existants et les irrigations. L'appréciation des experts sur la qualité et la valeur marchande de ces cotons recépés fut malheureusement peu favorable. Ils les déclarèrent de valeur moindre, de vente peu facile, par conséquent peu désirables. La question de la culture bisannuelle paraissait tranchée par la négative en ce qui concerne la culture par irrigation, tout au moins au Sénégal.

Champ D. — Plantes fourragères. Des semis de luzerne, de téosinte et de sulla furent effectués au milieu d'août sur un hectare environ. Ces semis se développaient bien mais furent saccagés par un troupeau de bœufs échappés d'un village voisin. Des observations faites, il résultait que la culture par irrigation de légumineuses européennes au Sénégal n'était pas sans engager de très gros frais en raison de la quantité d'eau qu'elles exigent. On aurait sans doute plus de succès avec des légumineuses indigènes.

Il ressortait en somme des résultats obtenus que trois obstacles principaux s'opposaient à une extension immédiate de la culture : la rareté de la main-d'œuvre, le manque de fumier, l'insuffisance des attelages (1).

Les essais de 1911 à 1913. — L'année suivante en 1911, les essais conduits par un agent intérimaire et incompétent ne donnèrent aucun résultat.

En 1912, l'expérience porta sur 14 hectares de coton et une dizaine d'hectares de cultures vivrières et fourragères. La superficie des cultures de coton, nettement délimitée par

1. D'après le rapport de M. Reymond, agent de l'association cotonnière.

le nombre de groupes moteurs-pompes disponibles, ne pouvait être augmentée.

Le rendement à l'hectare en variété égyptiennes fut encourageant, 1.000 kilos à l'hectare, soit 33o kilos de fibres. L'eau salée fit perdre au moins 2 à 3 tonnes et on aurait pu atteindre 1.200 à 1.3oo kilos à l'hectare, soit 4oo à 45o kilos de fibres.

Tout le coton récolté était de même espèce et d'une qualité très homogène. A la suite de ce succès, M. le gouverneur W. Ponty décidait de faire exécuter le barrage de la Taouey, qui permettrait d'éviter les inconvénients de l'eau salée.

Les essais de 1912 firent l'objet des principales remarques suivantes :

1º Il est nécessaire de précipiter le plus possible la végétation du cotonnier afin que les neuf mois qu'elle demande ne soient pas exagérés dans un pays où pendant neuf à dix mois il ne tombe pas une goutte d'eau et où les autres végétations annuelles prennent de trois à six mois.

2º Il faut que la végétation profite de toute la période des pluies ; comme l'époque de la première chute varie peu d'année en année, il n'y a pas d'inconvénient à semer quelque temps à l'avance en terrain sec. C'est ce qui fut fait, en choisissant des espacements de o m. 7o sur les lignes et ¦de o m. 8o entre les lignes : ces espacements parurent adaptés au coton égyptien et ne devaient être que peu modifiés, o m. 8o et o m. 9o.

3º Certaines parcelles souffrirent d'un excès d'eau et ceci est à retenir, car cela prouve combien la culture irriguée du cotonnier est délicate et s'accommode mal de l'à peu près. Il est indispensable d'être à tout moment maître de l'eau et un nivellement irréprochable est pour cela nécessaire. Celui de Richard-Toll était bon, corrigé au cours de plusieurs années de culture et semblait ne rien laisser à désirer ; l'expérience montra qu'il avait besoin encore de quelques rectifications.

4º Les travaux de buttage prirent une importance exagérée. Cela tenait aux qualités physiques déplorables du sol. Dur comme du ciment à l'état sec, il perd à l'état humide toute consistance et ne peut maintenir les plants de coton chargés de capsules.

5° La présence d'eau salée dès le 15 mars arrêta les irrigations (1).

La déclaration de guerre qui devait causer le départ du personnel européen ne permit pas de rédiger en temps voulu un rapport sur les essais de 1913-1914. Les expériences de culture irriguée à Richard-Toll, Pòdor et Fatola près de Kayes, ne purent être continuées avec méthode faute de personnel et durent être abandonnées en 1916, les subsides de la Colonie faisant défaut. Le matériel de Richard-Toll risquait de se détériorer sans surveillance, l'agent qui en avait la garde étant mort à son poste. Il fut offert au Gouvernement du Sénégal. Celui-ci n'en ayant pu faire usage, puis la construction du barrage permettant de l'utiliser ayant été rompue, on s'est vu contraint de le vendre.

Aucun essai sérieux n'a été fait à Richard-Toll ou Podor depuis 1913. L'emplacement de Richard-Toll est cependant très favorable. Il est à peu de distance de la côte à laquelle il est relié toute l'année par le fleuve et profite des eaux douces de la rivière la Taouey. Les résultats acquis démontraient, qu'avec de la méthode, il est possible d'établir une exploitation donnant les mêmes résultats qu'en Egypte en exécutant des travaux peu considérables. Les expériences commencées sur une échelle trop réduite par l'Administration ont été abandonnées sans motif valable puis reprises par l'Association Cotonnière dont le budget était très insuffisant. Une entreprise privée vient de reprendre l'exploitation (1925) et avec les cours actuels du coton, a toutes chances de réussir, si les capitaux engagés sont suffisants.

Les essais de Podor et de Kayes. — M. Maine fit un essai d'irrigation à Podor, en 1904, avec des graines du Mississipi, du Texas et d'Egypte dans sa concession de l'île à Morphil, après un travail profond du sol et un désouchage sérieux. La surface ensemencée était de 20 hectares.

Le rendement atteignit 550 kilos de coton fibre à l'hectare,

---

1. D'après le rapport de M. A. Lebert, chef de culture, agent de l'Association cotonnière. *Bulletin de l'Association*, n° 58.

soit 1.500 kilos de coton brut dans les champs cultivés à la charrue et à la houe attelée avec 27 centimètres de pluie (année médiocre). C'était un rendement industriel.

Le travail préparatoire de la charrue changeait complètement la végétation et les binages, sarclages à la houe, qui se firent ensuite accentuèrent la vigueur des champs. Le rendement était inférieur dans les champs cultivés à la main.

On continua la culture par irrigation en 1905 sur quatre hectares et demi seulement en semis de l'année. Sur le reste de la plantation, on n'enleva pas les plants de l'année précédente et on se contenta d'arracher et de remplacer les mauvais pieds.

Une partie de la plantation avait été préparée à la charrue et l'autre partie à la houe.

Cette expérience conduisit à des conclusions de première importance au sujet de l'emploi de la charrue d'abord, de la culture bisannuelle ensuite. Le travail préparatoire à la charrue change complètement la végétation de la culture et les binages, sarclages qui se font ensuite ne font que l'améliorer.

Grâce à l'emploi de la charrue, la végétation était d'un tiers supérieure à la partie cultivée à la houe. Les cotonniers avaient pu prendre assez de force pour résister aux criquets, alors qu'à l'arrivée du fléau, les plants semés en terrain travaillé à la houe n'avaient pas la moitié de la vigueur de leurs voisins poussés dans un sol mieux ameublé. En terres labourées, les semis avaient pu se faire facilement, en lignes régulièrement espacées, ce qui permettait le binage à la houe attelée, qui donne à meilleur marché une meilleure façon. L'emploi de la charrue s'affirmait comme nécessaire à un rendement industriel.

Les plants de deux ans, en terrain cultivé à la charrue, donnèrent un rendement de 1.700 kilos de coton brut à l'hectare, avec 500 kilos de coton fibre. Ils avaient une hauteur de 1 m. 80 à 2 mètres. Les plants de l'année valurent un cinquième en moins, tant en vigueur qu'en rendement.

En terrain cultivé à la houe, les rendements étaient de 400 kilos de coton fibre à l'hectare sur les plants de deux ans et 300 à 350 kilos sur les plants de l'année.

On n'a pas de renseignements précis sur les essais de 1905 à 1910. Quant à ceux des années suivantes, ils furent confiés à des personnes inexpérimentées et manquèrent de surveillance. Les résultats ne présentèrent pas d'intérêt.

Poursuivant méthodiquement sa marche en avant vers le Niger, l'Association Cotonnière chargea en 1912 M. Raffin, industriel, président de la Chambre de commerce de Kayes, de faire un essai de culture irriguée à Fatola près de Kayes.

Dix hectares sur 24 en culture cotonnière furent aménagés pour l'irrigation en 1913. On dut se consacrer tout d'abord à des travaux de nivellement. Un bon nivellement est, en effet, dans les cultures irriguées la première condition à remplir pour obtenir de bons résultats. L'absence de personnel européen suffisant durant les hostilités et depuis la fin de la guerre a entravé les expériences qui sont reprises (en 1925).

EXPORTATIONS EN COTON FIBRE DE L'AFRIQUE OCCIDENTALE
en balles de 200 kilos. Culture sèche

Afrique Occidentale Française

ANNÉES	SOUDAN	COTE D'IVOIRE	DAHOMEY	NIGERIA	TOGO	TOTAL
1901	»	»	»	20	47	67
1902	»	»	»	20	56	76
1903	»	»	»	488	128	616
1904	»	»	»	1.120	432	1.552
1905	»	»	36	2.425	536	2.997
1906	»	»	220	4.812	772	5.804
1907	56	»	320	7.302	1.112	8.790
1908	76	»	272	4.097	1.668	6.113
1909	84	»	520	8.987	2.040	11.631
1910	180	»	486	4.425	1.856	6.947
1911	84	»	528	3.997	2.068	6.677
1912	232	»	492	7.808	2.192	10.724
1913	240	72	832	11.259	2.008	14.411
1914	104	282	672	10.090	2.000	13.148
1915	64	376	272			
1916	222	1.428	396			
1917	132	2.160	2.120			
1918	464	788	788			

Les statistiques d'après-guerre sont des plus contradictoires.

Les exportations de l'A.O.F. en 1919, 1920, 1921, et 1922 ont été très faibles. Ce ralentissement était causé par la crise économique mondiale. Depuis 1923, les exportations sont en progression et on estime à 8.500 balles les exportations de l'A.O.F , en 1924, les deux tiers provenant du Dahomey du Togo et de Guinée, un tiers en provenance du Soudan.

BUDGET DE L'ASSOCIATION COTONNIÈRE COLONIALE

	Subvention de l'Etat et des colonies comprises dans les recettes	TOTAL des recettes	DÉPENSES
	fr.	fr.	fr.
1904		193.504	166.660
1905	10.000	179.910	129.092
1906	46.750	280 961	252.206
1907	39.750	359.853	321.231
1908	112.000	433.416	401.759
1909	111.000	437.226	425.441
1910	136.000	291.604	270 328
1911	134.000	335 782	322 621
1912	131.000	311 483	298.693
1913	118.500	325.928	301.048
1914 au 31 déc. 1919	413.176	1.121.433	888.987
1920			
1921		148 942	139 219
1922	424.000	557.314	250 521
1923 (1)	428 999	1.596.581	836.456

1. L'A. C. C., en plus de la subvention annuelle de l'Etat et des Colonies, a reçu en 1924 une subvention exceptionnelle de 4.000.000 prise sur le fonds de liquidation du consortium cotonnier. Elle doit être employée exclusivement à l'aménagement d'usines d'égrenage.

La plus-value du total des recettes constatée en 1923 provient principalement de la contribution de 1 franc par balle payée par les filateurs et des recettes des usines d'égrenage.

BIBLIOGRAPHIE

OUVRAGES GÉNÉRAUX

Dislère, président de section au Conseil d'Etat. *Traité de législation coloniale.*

François et Rouget, fonctionnaires du ministère des Colonies. *Manuel de législation coloniale.*

Girault (Arthur.), professeur d'économie politique à l'Université de Poitiers, membre de l'Institut colonial international. *Principe de colonisation et de législation coloniale*, 4 vol. in-16, 1923.

Leroy-Beaulieu (Paul.), de l'Institut, *De la colonisation chez les peuples modernes.*

Mérignhac (A.), professeur de droit international public et de législation et d'économie coloniales à la Faculté de droit de Toulouse, membre de l'Institut de droit international. *Traité de législation et d'économie coloniales*, 1 vol. in-8, 1925.

REVUES ET RAPPORTS

Annuaire du Gouvernement général de l'A. O. F. Paris.

L'Afrique française, bulletin du Comité de l'Afrique française, mensuel, Paris.

L'Afrique Occidentale française, numéro spécial de la Revue la *Vie technique, industrielle, agricole et coloniale.* Paris.

L'Agriculture pratique des pays chauds, revue mensuelle d'agronomie coloniale. Paris.

L'Agronomie coloniale, bulletin mensuel du jardin colonial.

Bulletin de l'Association Cotonnière Coloniale, n° 1 à 69, Paris.

Bulletin du Comité d'Etudes Historiques et Scientifiques de l'A. O. F. Paris.

Bulletin et Publications de la British Cotton Growing Association. Manchester.

Bulletin et Publications du Kolonial Wirtshaftliches Komitee. Berlin.

Congrès d'Agriculture Coloniale, 21-25 mai 1918, compte rendu des travaux publiés sous la direction de M. J. Chailley, président du Congrès, par D. Zolla, secrétaire général du Comité d'Action agricole coloniale, 4 vol. in-8. Paris.

Le Monde Colonial Illustré, revue mensuelle. Paris.

Le Problème du coton en A. O. F. Compte rendu de la séance du 9 juillet 1924 du Conseil supérieur des Colonies, section des textiles. Paris.

Rapports officiels des dix premiers Congrès internationaux des délégués représentant les Associations patronales des filateurs et manufacturiers de coton. Manchester.

Revue Colonies et Marine, mensuelle. Paris.

La Revue indigène, mensuelle. Paris.

Revue scientifique, bimensuelle. Paris, février mars 1925, articles de M. Auguste Chevalier.

OUVRAGES SPÉCIAUX

Barois (M.). — *Les Irrigations en Egypte*, in-8. Paris.

Bailleux (Géo.). — Chargé de mission du Ministère belge des colonies.

La Culture du coton aux Etats-Unis, 1 vol. in-8. Bruxelles 1923.

Barbier (Louis le.). — *La Côte d'Ivoire, agriculture, commerce, industrie, questions économiques*, préface de Gabriel Bonvalot, in-8. Paris.

Mission Bélime. — *Les irrigations du Niger*, études et projets avec 5 graphiques et 2 cartes hors texte. Paris. 1919-1920.

Bélime (E.). — *Les irrigations du Niger*. Discussions et controverses, 1 vol. Paris, 1923.

Chevalier (Auguste.). — Docteur ès-sciences, chef de la Mission permanente d'Agriculture Coloniale. *Les Végétaux utiles de l'Afrique Tropicale française*, 9 vol. in-8. Paris.

La Côte d'Ivoire en 1920, 1 broc. in-8 publiée par le Gouverneur général de l'A. O. F. Paris. Situation de la culture du cotonnier et de la production du coton à la Côte d'Ivoire au 31 décembre 1917, 1 broc. in-8, Bingerville. Imp. du gouvernement.

Dewarin (Maurice), Delibert (Paul) et Houdard (Marcel). — *Comment mettre en valeur notre Domaine colonial*, 1 vol. in-8, Paris, 1920.

Delafosse (Maurice), ancien gouverneur des Colonies, professeur à l'Ecole coloniale et à l'Ecole des langues orientales. *Les Noirs de l'Afrique*, 1 vol. in-16. Collection Payot. Paris, 1922.

Fauchère (A.), inspecteur principal d'agriculture coloniale. *Guide pratique d'agriculture tropicale*, 1 vol. in-8. Paris, 1918.

— *A. O. F. Rapport agricole pour l'année 1906*, in-8, Paris.

— *Irrigations et cultures irriguées en Afrique tropicale*, in-8. Paris.

François (G.), délégué du Gouvernement Général de l'A. O. F. *Les productions de l'A. O. F.*, in-8. Paris.

— *Ce que tout Français doit savoir sur l'A. O. F.*, une brochure in-8. Paris.

— *L'A. O. F. et ses matières premières*, 1919, in-8. Paris.

— *Notre colonie du Dahomey, sa formation, son développement, son avenir*, in-8. Paris.

Henry (Yves), inspecteur général de l'Agriculture. *Culture pratique du cotonnier*, un vol. in-16. Paris, Challamel.

— *Le Coton dans l'A. O. F.*, 1906, 1 vol. in-8. Paris, Challamel.

— *Campagne cotonnière de 1906 en A. O. F.*, 1 vol. in-8. Paris, Challamel.

— *Détermination de la valeur commerciale des fibres de coton*, in-8, 1902. Paris, Challamel.

— *Matières premières africaines*, t. I, in-8, 1918, Larose.

— *Plantes à fibres*, 1 vol. in-16. Paris, 1924.

— *Les Irrigations au Niger et la culture du cotonnier*, 1 vol. in-8. Paris, 1922 en collaboration avec F. Vuillet et H. Lavergne.

Hélo (Général). — *La colonisation et la main-d'œuvre au Soudan et en Haute-Volta*, 1 brochure in-8, 1923.

Proust (Louis), député, membre du Conseil supérieur des colonies. *Visions d'Afrique*, 1 vol. in-8, 1925.

Vuillet (F.), inspecteur général de l'Agriculture. *La culture du coton égyptien dans l'Arizona*. Rapport de mission aux Etat-Unis, 1 vol. in-8, 1922.

TABLE DES MATIÈRES

TROISIÈME PARTIE

Pour une politique du coton en A. O. F.

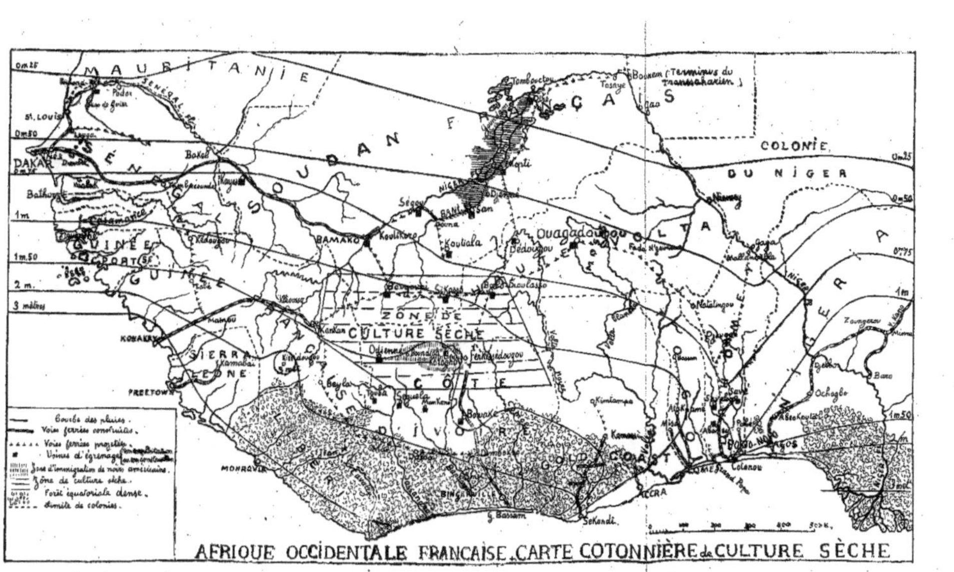

AFRIQUE OCCIDENTALE FRANÇAISE. CARTE COTONNIÈRE de CULTURE SÈCHE
MAURITANIE
SOUDAN FRANÇAIS
COLONIE DU NIGER
SÉNÉGAL
GUINÉE PORT.
GUINÉE FRANÇAISE
SIERRA LEONE
CÔTE D'IVOIRE
GOLD COAST
HAUTE VOLTA
NIGERIA
DAHOMEY
TOGO
ZONE DE CULTURE SÈCHE
St LOUIS
DAKAR
Bathurst
FREETOWN
MONROVIA
Tombouctou
Gao
Mopti
Ségou
Djenné
BAMAKO
Koulikoro
Koutiala
Ouagadougou
Niamey
Bobo-Dioulasso
Podor
Bakel
Kayes
Kankan
ACCRA
Cotonou
LAGOS
Porto-Novo
Sekondi
Grand Bassam
Courbe des pluies.
Voies ferrées construites.
Voies ferrées projetées.
Usines d'égrenage.
Zone d'irrigation de riz.
Zône de culture sèche.
Forêt équatoriale dense.
Limite de colonies.
0m25
0m50
1m
1m50
2m
3 mètres

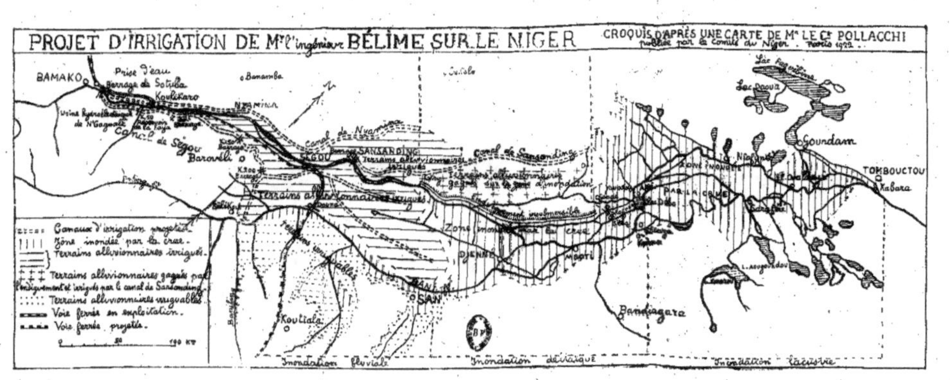

PROJET D'IRRIGATION DE Mr l'ingénieur BÉLIME SUR LE NIGER
CROQUIS D'APRÈS UNE CARTE DE Mr LE Cel POLLACCHI
publiée par le Comité du Niger. Février 1922
BAMAKO
Prise d'eau
Barrage de Sotuba
Koulikoro
Usine hydroélectrique de N'Gogoali
Canal de Ségou
Baroueli
N'Mina
SANSANDING
SÉGOU
Canal de Nya
Canal de Sansanding
Terrains alluvionnaires
Terrains alluvionnaires irrigués
Koutiala
SAN
Goundam
TOMBOUCTOU
Kabara
Lac Débo
Mopti
Bandiagara
Canaux d'irrigation projetés.
Zône inondée par la crue.
Terrains alluvionnaires irrigués.
Terrains alluvionnaires gagnés par l'endiguement et irrigués par le canal de Sansanding.
Terrains alluvionnaires irrigables.
Voie ferrée en exploitation.
Voie ferrée projetée.
Inondation fluviale
Inondation déltaïque
Inondation lacustre
100 KM

Imprimerie Jouve et Cie, 15, rue Racine, Paris — 6691-25

ERRATA

Au lieu du texte donné lire ce qui suit :

Pages	Pages
10, deux dernières lignes, 800.000 balles, 1.179.000 balles.	142, ligne 1 de la note, Rapport du Dr Forbes au gouvernement général.
11, 2ᵉ ligne, 1.400.000 balles.	145, ligne 16, en 1908.
11, 5e ligne, 1.200.000 balles.	166, ligne 21, Chambre de commerce de Rouen.
11, dernière ligne de la note, 400.000 balles.	185, ligne 16, supprimer : mais elle, etc.
12, ligne 29, 1.179 000 et 1.200.000 balles.	198, ligne 14, est en réalité.
12, ligne 30, 1.300.000 balles.	202, ligne 15, les droits paternels
12, ligne 31, 1.200.000 balles.	244, ligne 12, du Congo et celui de l'A. O. F.
24, ligne 11, 20 à 30 degrés.	342, dernière ligne, L'Adminis-trateur.
47, ligne 6, Siné-Saloum.	
66, ligne 13, 24 à 27 millimètres.	
78, ligne 3 de la note, en 1685.	382, ligne 27, ameubli.

BIBLIOGRAPHIE (supplément)

Maurice Delafosse, ancien gouverneur des colonies, professeur à l'Ecole coloniale et à l'Ecole des langues orientales. *Les Traditions historiques et légendaires du Soudan occidental*. Paris, Afrique française, 1913.

— *Les Frontières de la Côte d'Ivoire, de la Côte d'Or et du Soudan.* Paris, Masson, 1908.

— *Haut-Sénégal-Niger*, Pays, Peuples Langues, Histoire et civilisation, 3 vol. Paris, Larose, 1912.

Rondet-Saint. — *Dans notre Afrique noire*, 1 vol., 1912.

Antonetti. — *La Côte d'Ivoire porte du Soudan*, 1 vol., 1913.

Roland-Lebel (A.). — Docteur ès-lettres. *L'Afrique occidentale dans la littérature française depuis 1870*, 1 vol., Larose, 1925.

Maunier (R.), professeur à la Faculté de droit de Paris. Voir ses travaux.